Die Vorschriften über die
Prüfungen für den höheren Justiz- und Verwaltungsdienst in Bayern

und die

Vorschriften über die Praxis der geprüften Bewerber um Anstellung im höheren bayerischen Justizstaatsdienst

(geprüfte Rechtspraktikanten)

mit einem Anhang, enthaltend die Studienpläne und die Promotionsordnungen der Juristenfakultäten der drei Landesuniversitäten.

3. Auflage.

Mit Einleitung, Anmerkungen und alphabetischem Sachregister

herausgegeben von

J. Schiedermair

II. Staatsanwalt in Nürnberg.

München 1907.

J. Schweitzer Verlag (Arthur Sellier).

Einleitung.

1. Durch die Königlich Allerhöchste Verordnung vom 12. Juli 1893 (GVBl. S. 257; JMBl. S. 137; InnMBl. S. 189; KMBl. S. 191; FMBl. S. 155) und die Bekanntmachung der Staatsministerien der Justiz, des Innern, des Innern für Kirchen- und Schulangelegenheiten und der Finanzen vom 14. Juli 1893 (JMBl. S. 150; InnMBl. S. 202; KMBl. S. 204; FMBl. S. 168), beide die Prüfungen für den höheren Justiz- und Verwaltungsdienst und die Vorbereitung für diese Prüfungen betr., waren das juristische Prüfungswesen in Bayern und die Vorbereitung für diese Prüfungen neu geregelt worden. Im Laufe der Zeit erwiesen sich Aenderungen als wünschenswert, insbesondere machte sich die Einführung des BGB. geltend. Eine vorläufige Regelung war durch die Bekanntmachung der damaligen fünf Zivilstaatsministerien vom 3. Mai 1897, die Abänderung der Bestimmungen der Allerhöchsten Verordnung vom 12. Juli 1893, die Abänderung 2c. betr., (GVBl. S. 191; JMBl. S. 75) und die Entschließung des Staatsministeriums des Innern für Kirchen- und Schulangelegenheiten vom 3. Mai 1897, die künftige Gestaltung des Rechtsstudiums betr. (JMBl. S. 77; InnMBl. S. 175; KMBl. S. 141) erfolgt.

Die endgültige Regelung erfolgte durch die Königlich Allerhöchste Verordnung vom 4. Juli 1899 und die Bekanntmachung der Staatsministerien der Justiz, des Innern, des Innern für Kirchen- und Schulangelegenheiten und der Finanzen vom 6. Juli 1899, beide die Prüfungen für den höheren Justiz- und Verwaltungsdienst und die Vorbereitung für diese Prüfungen betr. (erstere GVBl. S. 367; JMBl. S. 179; InnMBl. S. 245; KMBl. S. 331; letztere JMBl. S. 194; InnMBl. S. 261; KMBl. S. 346). Damit wurde die vorerwähnte VO. vom 3. Mai 1897 mit der Vollzugsbekanntmachung vom gleichen Tage gegenstandslos.

Die VO. vom 4. Juli 1899 erhielt Zusätze durch die Königlich Allerhöchste Verordnung, die Zulassung von Ausländern zu den juristischen Prüfungen betr., vom 22. Mai 1904 (GVBl. S. 161; JMBl. S. 109; InnMBl. S. 201; KMBl. S. 237). Die § 130 Abs. 2 und § 132 Abs. 3 der Ministerialbekanntmachung vom 6. Juli 1899 sind aufgehoben durch die Bekanntmachung des Staatsministeriums des Innern für Kirchen- und Schulangelegenheiten, die Prüfungen für den höheren Justiz- und Verwaltungsdienst und die Vorbereitung für diese Prüfungen betr., vom 27. Dezember 1902 (KMBl. 1903 S. 3, in den Amtsblättern der übrigen Ministerien nicht abgedruckt.).

2. Die Vorschriften über die Praxis der geprüften Rechtspraktikanten, soweit sie sich um Anstellung im Justizstaatsdienste bewerben, waren früher in der Königlich Allerhöchsten Verordnung vom 27. April 1880 (GVBl. S. 277; JMBl. S. 121) und in der Bekanntmachung des Staatsministeriums der Justiz vom 15. Juni 1880 (JMBl. S. 237), beide die Praxis der Bewerber um Anstellung im Justizstaatsdienst betr., enthalten; hiezu kamen einige teils veröffentlichte, teils autographierte Ministerialentschließungen, die einzelne Punkte regelten. Die Neuordnung erfolgte hier durch die Königlich Allerhöchste Verordnung vom 4. Januar 1901 und die Bekanntmachung des Staatsministeriums der Justiz vom 7. Januar 1901, beide die Praxis der Bewerber um Anstellung im höheren Justizstaatsdienst betr., (erstere GVBl. S. 31; JMBl. S. 50; letztere JMBl. S. 54). Aenderungen der Verordnung und der Bekanntmachung sind bisher nicht erfolgt. Dagegen sind über die Auslegung und den Vollzug einige nicht veröffentlichte Entschließungen ergangen.

3. Die Anmerkungen geben eine Verweisung auf die weiteren zu den betreffenden Paragraphen einschlägigen Bestimmungen; sie enthalten die Ansicht des Verfassers hinsichtlich der Auslegung von Bestimmungen, die zu Zweifeln Anlaß geben können und berücksichtigen, soweit es anging, die zum Vollzug ergangenen nicht veröffentlichten Entschließungen. Soweit in den beiden Verordnungen und in den beiden Ministerialbekanntmachungen auf anderweite Bestimmungen hingewiesen ist, deren Wiedergabe wünschenswert ist, sind diese abgedruckt. Die im Anhang abgedruckten Studienpläne und

Promotionsvorschriften wurden mir von den Universitäten überlassen.

Zu beachten ist, daß die Verordnungen und die Vollzugsbekanntmachungen unter der „ersten Prüfung" die zeitlich zweite und unter der „zweiten Prüfung" die zeitlich dritte Prüfung verstehen; die „erste Prüfung" im Sinne der Bestimmungen ist jene, die am Schlusse des Universitätsstudiums stattfindet, die „zweite Prüfung" jene, die am Schlusse der dreijährigen Vorbereitungspraxis abgelegt wird. Die zeitlich erste Prüfung ist als „Zwischenprüfung" bezeichnet.

Auch die Vorbedingungen für den höheren Finanzdienst bemessen sich nach der Verordnung vom 4. Juli 1899 gemäß K. Verordnung vom 10. Mai 1903 (GVBl. S. 340; FMBl. S. 232).

Soweit die Bestimmungen über die Praxis der geprüften Rechtspraktikanten in Betracht kommen, ist deren Bearbeitung eine Neuauflage der von Th. von der Pfordten herausgegebenen Vorschriften für die Praxis der geprüften Rechtspraktikanten in Bayern.

Der Ministerialbekanntmachung vom 7. Januar 1901 wurden bei der Veröffentlichung Uebersichten über die Anstellungsverhältnisse beigefügt; diese sind gegenstandslos geworden; sie wurden nicht mehr abgedruckt.

Die Bekanntmachung vom 6. Juli 1899 ist in der Fassung des Amtsblatts des Ministeriums des Innern für Kirchen- und Schulangelegenheiten abgedruckt.

Inhalts-Verzeichnis.

A. Hauptteil.

B. Anhang.

I. Anhang.

Abkürzungen:

BO. I = K. Allh. Verordnung, die Prüfungen für den höheren Justiz- und Verwaltungsdienst und die Vorbereitung für diese Prüfungen betr. vom 4. Juli 1899.

MB. I = Bek. der Staatsministerien der Justiz, des Innern, des Innern für Kirchen- und Schulangelegenheiten und der Finanzen gl. Betr. vom 6. Juli 1899.

BO. II = K. Allerh. Verordnung, die Praxis der Bewerber um Anstellung im höheren Justizstaatsdienste betr. vom 4. Januar 1901.

MB. II = Justizministerialbekanntmachung, die Praxis der Bewerber um Anstellung im höheren Justizstaatsdienst betr. v. 7. Januar 1901.

I. Verordnung vom 4. Juli 1899.[1])

Im Namen Seiner Majestät des Königs.

Luitpold,

von Gottes Gnaden Königlicher Prinz von Bayern, Regent.

Wir finden Uns bewogen, unter Aufhebung der Verordnung vom 12. Juli 1893, die Prüfungen für den höheren Justiz- und Verwaltungsdienst und die Vorbereitung für diese Prüfungen betreffend, zu verordnen, was folgt:

Bedeutung und allgemeine Organisation der Prüfungen.

§ 1. Die Fähigkeit zum Amte eines Richters, Staatsanwalts oder Notars, zu einem Amte der inneren Verwaltung oder des höheren Finanzdienstes und zur Rechtsanwaltschaft wird durch die Ablegung zweier Prüfungen erlangt. Die Zulassung zur ersten Prüfung setzt das Bestehen einer Zwischenprüfung voraus.

Erste Prüfung.

Gegenstände der Prüfungen.

§ 2. Die Gegenstände der ersten Prüfung sind:

1. das deutsche bürgerliche Recht (das Bürgerliche Gesetzbuch nebst den reichs- und landesrechtlichen Ergänzungen),
2. das Handels- und Wechselrecht,
3. die Rechtsentwickelung in Bayern,

---

[1]) Abgedr.: GVBl. S. 367; JMBl. S. 179; InnMBl. S. 245; KMBl. S. 331.

4. das Zivilprozeßrecht,
5. das Strafrecht,
6. das Strafprozeßrecht,
7. das Staatsrecht und die Hauptgrundsätze des Völkerrechts,
8. das katholische und das protestantische Kirchenrecht,
9. das Verwaltungsrecht,
10. die Volkswirtschaftslehre einschließlich der Volkswirtschaftspolitik,
11. die Finanzwissenschaft.

1. Diese Fächer sind im allgemeinen in demselben Umfange Gegenstand der Prüfung, in dem sie Gegenstand der Vorlesungen sind.

2. Das Seerecht sollte nicht geprüft werden; es ergibt sich das aus der gesonderten Anführung dieser Disziplin neben dem Handelsrecht in § 4 Abs. 5 MBek. I.

§ 3. Die Gegenstände der Zwischenprüfung sind:

1. die römische Rechtsgeschichte und das System des römischen Privatrechts,
2. die deutsche Rechtsgeschichte und die Grundzüge des deutschen Privatrechts.

1. Vgl. die Anm. zu § 2.

2. Bei der Prüfung aus der deutschen Rechtsgeschichte sind auch Fragen über besonders wichtige Vorkommnisse aus der allgemeinen deutschen Geschichte zu gewärtigen (§ 35 Abs. 3 MBek. I).

3. Eine förmliche Prüfung aus den Gegenständen der Zwischenprüfung findet bei der Hauptprüfung nicht mehr statt. Gelegentliche Fragen hieraus sind nicht unzulässig.

Verteilung der Prüfungen auf das Universitätsstudium.

§ 4. Die Zwischenprüfung kann der Kandidat nicht früher als am Schlusse des dritten Semesters des akademischen Studiums ablegen. Von den drei Semestern müssen mindestens zwei dem Studium der Rechtswissenschaft gewidmet gewesen sein.

Zur ersten Prüfung wird nur zugelassen, wer nach dem Bestehen der Zwischenprüfung noch mindestens drei Semester dem Studium der Rechtswissenschaft gewidmet hat.

1. Nach § 11 Abs. 3 MBek. I findet die Zwischenprüfung in jedem Semester statt. Nach § 14 VO. I kann ein Kandidat, der die Zwischenprüfung nicht bestanden hat, zur Wiederholung der Prüfung nur dann zugelassen werden, wenn er noch ein weiteres Semester Rechtswissenschaft studiert hat.

2. Die freiwillige Wiederholung der Zwischenprüfung oder der ersten Prüfung durch einen Kandidaten, der die Zwischenprüfung oder die erste Prüfung zwar bestanden hat, aber mit dem erzielten Resultate nicht zufrieden ist, ist nicht vorgesehen. Sie ist sonach nur im Wege der Dispensation zulässig (§ 54 VO. I). Hierbei wird auch zu bestimmen sein, ob mit der freiwilligen Wiederholung der Zwischenprüfung ein Verzicht auf das frühere Ergebnis der Prüfung auch dann verbunden ist, wenn der Kandidat bei dem wiederholten Versuche die Prüfung nicht besteht.

3. Unter welchen Voraussetzungen ein Semester als dem Studium der Rechtswissenschaft gewidmet gilt, bestimmen die §§ 6, 7 u. 8 MBek. I.

4. Der Erläuterung des § 4 VO. I dient auch der § 11 MBek. I.

Prüfungsort.

§ 5. Die Zwischenprüfung und die erste Prüfung werden an den Sitzen der Landesuniversitäten abgelegt. Zu diesem Zwecke wird alljährlich am Sitze einer jeden der drei Universitäten eine Prüfungskommission gebildet; im Falle des Bedürfnisses können am Sitze einer Universität zwei Kommissionen gebildet werden.

Wegen des Zeitpunkts der Zwischenprüfung s. §§ 11 Abs. 3 u. 24 Abs. 4 der MBek. I; wegen des Zeitpunkts der Ersten Prüfung s. §§ 12 u. 27 MBek. I.

Prüfungskommission.

§ 6. Die Prüfungskommission besteht aus einem Beamten des höheren Justiz- oder Verwaltungsdienstes als Vorsitzenden und Leiter des Prüfungsgeschäfts und der erforderlichen Zahl prüfender Mitglieder. Zu prüfenden Mitgliedern werden in der Regel Universitätslehrer bestellt; es können auch Justiz- und Verwaltungsbeamte dazu bestellt werden.

Die Bestellung des Vorsitzenden und der Mitglieder erfolgt durch Ministerialentschließung. Für den Fall der Verhinderung des Vorsitzenden oder der Mitglieder können Stellvertreter bestellt werden.

1. Geprüft wird der Kandidat bei der Zwischenprüfung in der Regel von zwei, bei dem mündlichen Teile der ersten Prüfung in der Regel von vier Mitgliedern der Kommission (§ 15 MBek I).

2. Die Stellung des Vorsitzenden regelt der § 16 MBek. I, die der Kommissionsmitglieder der § 18 MBek. I.

3. Bei Verhinderung des Vorsitzenden für den Fall, daß kein Stellvertreter des Vorsitzenden bestellt ist, kommt § 17 MBek. I zur Anwendung.

Verteilung der Kandidaten auf die Prüfungsorte.

§ 7. Die Wahl des Prüfungsortes steht den Kandidaten frei.

Im Falle übermäßigen Andrangs von Kandidaten an einem Prüfungsorte kann ein Teil zur Ablegung der Prüfung an einen anderen Prüfungsort verwiesen werden.

Aus diesem Paragraph mit § 13 MBek. I ergibt sich, daß ein Kandidat in dem Semester, in dem er sich der Prüfung unterzieht, an einer Universität seine Studien fortsetzen und sich zur Prüfung an einer andern Universität anmelden kann.

Voraussetzungen der Zulassung; Gesuch um Zulassung.

§ 8. Mit dem Gesuch um Zulassung zur Zwischenprüfung ist zum Nachweise der nach § 4 Abs. 1 erforderlichen Dauer des Studiums das Kollegienbuch einzureichen.

1. Die näheren Bestimmungen über das Gesuch um Zulassung zur Zwischenprüfung gibt der § 22 MBek. I.

2. Das Gesuch eines Kandidaten, der mit dem Wintersemester 1899/1900 an die Universität übertritt und seine Zwischenprüfung nach drei Semestern ablegen will, wird etwa lauten:

a) Rechte Hälfte der Seite.

München, den 10. Januar 1901.

Ich bitte hiermit um Zulassung zur nächsten Zwischenprüfung für den höheren Justiz- und Verwaltungsdienst. Da ich im nächsten Semester wegen Umzugs meines Vaters nach Erlangen die dortige Universität zu besuchen gedenke, bitte ich die Prüfung noch in diesem Semester und zwar möglichst bald ablegen zu dürfen. Die Bestätigung meines Vaters liegt bei.

Ich habe gehört: Im Wintersemester 1899/1900 römische Rechtsgeschichte bei Professor M. an der Universität Berlin,

im Sommersemester 1900 System des römischen Privatrechts bei Privatdozent N. und deutsche Rechtsgeschichte und Grundzüge des deutschen Privatrechts bei Professor O., beide an der Universität München.

In diesem Semester nehme ich teil an den von Professor P. veranstalteten exegetischen Übungen im römischen Rechte und höre Strafrecht bei Professor Q. in München.

Mein Kollegienbuch liegt bei.

Die Benachrichtigung von der Prüfung bitte ich mir hier, Maximiliansstraße 20/2 r., zuzustellen.

N. N., München, Klenzestraße 1/4 r.

b) Linke Hälfte der Seite.

An den Admissionsausschuß für die Prüfungen für den höheren Justiz- und Verwaltungsdienst bei der Universität München.

Betreff: Die Zwischenprüfung für den höheren Justiz- und Verwaltungsdienst.

Mit 2 Anlagen.

c) Umschlag. (Verschließen und frankieren!)

An Herrn Universitätsprofessor N. N., Dekan der juristischen Fakultät München,

hier,

Universitätskanzlei.

3. Zeitpunkt für die Eingaben um Zulassung zur Zwischenprüfung: 1.—15. Januar für die Kandidaten, die am Ende des Wintersemesters oder am Anfang des Sommersemesters geprüft werden wollen; 15.—30. Juni für die Kandidaten, die am Anfang des Wintersemesters geprüft werden wollen (§ 22 MBek. I). Ueber die Folgen der verspäteten Einreichung oder der Einreichung unvollständiger Gesuche s. § 33 MBek. I.

§ 9. Mit dem Gesuch um Zulassung zur ersten Prüfung sind einzureichen:

1. das Gymnasialabsolutorium;
2. der Nachweis eines vierjährigen Studiums an einer deutschen Universität, wovon das erste Jahr dem philosophischen Studium oder dem Rechtsstudium gewidmet sein kann, die übrigen drei Jahre dem Rechtsstudium gewidmt sein müssen;
3. der Nachweis, daß der Kandidat während der Zeit des Universitätsstudiums acht ordentliche philosophische Vorlesungen gehört hat;
4. der Nachweis über die Führung des Kandidaten;
5. der Nachweis, daß er die Zwischenprüfung bestanden und nach dieser noch drei Semester dem Studium der Rechtswissenschaft gewidmet hat;
6. eine von dem Kandidaten verfaßte und geschriebene kurze Beschreibung seines Lebenslaufs, in der insbesondere auch der Gang seines Universitätsstudiums geschildert und angegeben ist, ob, wann und wo er seiner Militärpflicht genügt hat;
7. der Nachweis des Besitzes der deutschen Reichsangehörigkeit.

1. Ziff. 7 ist eingesetzt durch VO. v. 20. Mai 1904 (GVBl. S. 161; JMBl. S. 109; InnMBl. S. 201; KMBl. S. 237).

2. Erläuterungen zu § 9 bringen §§ 20 und 21 MBek. I; § 26 MBek. I erläutert insbesondere den Begriff „Gymnasialabsolutorium“.

3. Der Begriff „deutsche Universität“ im Sinne der Ziff. 2 ist erläutert in § 9 MBek. I; dort ist auch geregelt, inwieweit das Studium an einem bayerischen Lyzeum oder an einer ausländischen Universität gerechnet wird.

4. Das Gesuch ist an den Admissionsausschuß des Prüfungsortes zu richten (§ 10 VO. I).

5. Die Gesuche sind in der Zeit v. 1.—15. Mai einzureichen s. § 26 MBek. I. Wegen der Folgen der verspäteten Einreichung oder der Einreichung unvollständiger Gesuche s. MBek. I § 33.

§ 10. Die Gesuche um Zulassung zur Zwischenprüfung und zur ersten Prüfung sind an den Admissionsausschuß des Prüfungsortes zu richten. Der Admissionsausschuß besteht aus dem Dekan und zwei von ihm berufenen Mitgliedern der juristischen Fakultät.

Der Ausschuß hat die eingereichten Gesuche zu verbescheiden und im Benehmen mit dem Vorsitzenden der Prüfungskommission die Kandidaten zur Prüfung einzuberufen.

Die näheren Bestimmungen über die Zulassung geben hinsichtlich der Zwischenprüfung die §§ 23, 24 und 32 MBek. I, hinsichtlich der ersten Prüfung die §§ 28, 29 und 32 MBek. I.

Zwischenprüfung.

§ 11. Bei der Zwischenprüfung wird ein Kandidat vierzig Minuten lang mündlich aus den im § 3 bezeichneten Gegenständen geprüft.

Es kann gestattet werden, daß eine Prüfungskommission gleichzeitig mehrere Kandidaten prüft. In diesem Falle ist die Prüfungszeit entsprechend zu verlängern.

1. Dieser Paragraph leitet die Bestimmungen ein, die von der Zwischenprüfung selbst handeln; sie umfassen die §§ 11—16 VO. I.

2. Zur Erläuterung dienen die §§ 35—39 MBek. I.

§ 12. Unmittelbar nach der Beendigung der Prüfung hat die Kommission über das Ergebnis zu beraten und zu beschließen.

Die Entscheidung erfolgt nach der Mehrheit der Stimmen. Der Vorsitzende hat an der Abstimmung teilzunehmen.

1. Die näheren Bestimmungen über die Abstimmung gibt der § 38 MBek. I.

2. Der Vorsitzende hat im allgemeinen nur eine Stimme. Es bleibt ihm jedoch (wie jedem Mitglied der Kommission), wenn er

glaubt, daß die Entscheidung der Kommission unzutreffend ist, unbenommen, die Ausübung des ministeriellen Oberaufsichtsrechts anzuregen, kraft dessen die Entscheidung der Prüfungskommission geändert werden kann.

3. Der Stichentscheid bei Stimmengleichheit ist dem Vorsitzenden hier (anders § 21 Abs. 1 VO. I) nicht eingeräumt. Ein Bedürfnis hiernach kann bestehen, da die Kommission nicht immer außer dem Vorsitzenden nur zwei Mitglieder enthält (§ 15 MBek. I).

4. § 12 Abs. 2 gilt auch für den mündlichen Teil der ersten Prüfung s. § 21 VO. I.

§ 13. Das Ergebnis der Prüfung wird ausgedrückt in der Erklärung der Kommission, daß der Kandidat die Zwischenprüfung

bestanden,
nicht bestanden

hat, und, falls er hervorragende Kenntnisse bewiesen hat, in der Erklärung, daß er die Prüfung „mit Auszeichnung" bestanden hat.

§ 13 gilt auch für den mündlichen Teil der ersten Prüfung s. § 21 VO. I.

§ 14. Ein Kandidat, der die Zwischenprüfung nicht bestanden hat, kann zur Wiederholung der Prüfung nur dann zugelassen werden, wenn er mindestens noch ein weiteres Semester dem Studium der Rechtswissenschaft gewidmet hat.

Vgl. Anm. 1 zu § 4 VO.

§ 15. Ein Kandidat, der ohne genügende Entschuldigung oder ohne das Gesuch um Zulassung zur Prüfung rechtzeitig zurückgenommen zu haben, der Einberufung zur Prüfung nicht Folge leistet oder nach dem Beginne der Prüfung ohne genügenden Grund den Rücktritt von der Prüfung erklärt, ist einem Kandidaten gleichzuachten, der die Prüfung nicht bestanden hat.

1. Unter welchen Voraussetzungen die Zurücknahme rechtzeitig ist, bestimmt § 34 Abs. 2 MBek. I.

2. Daß der zu Prüfende einem Kandidaten gleich zu achten ist, der die Prüfung nicht bestanden hat, muß durch einen Beschluß der Prüfungskommission ausdrücklich festgestellt werden.

3. Erfolgt die Zurücknahme des Gesuches um Zulassung rechtzeitig, so bedarf es nicht der Angabe von Gründen.

4. Das Eintreten eines Unwohlseins nach dem Beginne der Prüfung ist kein genügender Grund, der den Rücktritt rechtfertigt.

Das Verfahren, das bei Unwohlsein einzuschlagen ist, regelt § 39 Abs. 2 MBek. I.

5. § 15 gilt auch für den mündlichen Teil der ersten Prüfung s. § 21 VO. I.

§ 16. Zeigt bei der Prüfung ein Kandidat in einem oder in mehreren der Prüfungsgegenstände einen solchen Mangel an Kenntnissen, daß er nach dem einstimmigen Urteile der Kommissionsmitglieder die Prüfung unter keinen Umständen bestehen wird, so kann, nachdem er hierauf aufmerksam gemacht wurde, mit seiner Zustimmung die Prüfung schon vor dem Ablaufe der vorgeschriebenen Dauer geschlossen werden.

§ 16 gilt auch für den mündlichen Teil der ersten Prüfung s. § 21 VO. I.

Erste Prüfung.

§ 17. Die erste Prüfung ist teils schriftlich teils mündlich.

§ 17 leitet die Bestimmungen ein, die von der ersten Prüfung selbst handeln; sie umfassen die §§ 17—22; und zwar regeln die §§ 18 und 19 besonders den schriftlichen Teil, die §§ 20 und 21 den mündlichen Teil der ersten Prüfung.

§ 18. Bei dem schriftlichen Teile der Prüfung wird den Kandidaten eine Anzahl von Aufgaben vorgelegt, die sie binnen einer bestimmten Frist unter Klausur und Aufsicht sogleich zu bearbeiten haben.

Die Aufgaben sind an den drei Prüfungsorten die gleichen.

Als Hilfsmittel dürfen nur die Bücher gebraucht werden, deren Gebrauch ausdrücklich gestattet ist.

Die Zensur erfolgt durch Mitglieder der Prüfungskommissionen.

1. Zur Erläuterung der Vorschriften über den mündlichen Teil der Prüfung s. die §§ 40—51 MBek. I.

2. Die Zensur der schriftlichen Arbeiten erfolgt durch die einzelnen Mitglieder der Kommission, nicht durch die gesamte Kommission vorbehaltlich der Bestimmung des § 50 Abs 3 MBek I.

§ 19. Ein Kandidat, der bei dem Gebrauch eines nicht zugelassenen Hilfsmittels betroffen wird oder sich fremder persönlicher Hilfe bedient, ist für das laufende Jahr von der Fortsetzung der Prüfung auszuschließen. Im Falle der gleichen Zuwiderhandlung bei der nächsten Prüfung ist er von der Zulassung zu einer weiteren Prüfung überhaupt auszuschließen.

1. Vgl. § 45 Abs. 5 und 6 und § 48 Abs. 5 und 6 MBek. I.

2. Ein Kandidat, der nach den Bestimmungen dieses Paragraphen von der Fortsetzung der Prüfung ausgeschlossen wird, wird nicht so angesehen, als habe er die Prüfung nicht bestanden. Ein Kandidat, gegen den der § 19 zur Anwendung gebracht wurde, der sodann das nächste Jahr die Prüfung nicht bestanden hat, kann deshalb ohne weiteres ein drittesmal sich der Prüfung unterziehen.

3. Der § 19 VO. I regelt nur den Fall, daß der Kandidat beim Gebrauche des nicht zugelassenen Hilfsmittels betroffen wird, trifft aber keine Bestimmung darüber, wie es zu halten ist, wenn der Kandidat nicht auf frischer Tat ertappt, sondern wenn erst nachträglich (etwa durch Denunziation, durch eigenes Geständnis oder aus der Beschaffenheit der Arbeit) erkannt wird, daß der Kandidat eines nicht zugelassenen Hilfsmittels sich bedient hat. Es wird der Absicht der VO. entsprechen, auch im letzteren Falle nach § 19 zu verfahren. Der Kandidat wird in einem solchen Falle von der Zulassung zur mündlichen Prüfung ausgeschlossen werden. Der § 48 Abs. 5 u. 6 MBek. I zieht diese Konsequenz ausdrücklich für den Fall, daß sich ein Verdacht im Sinne des § 19 VO. I bei der Zensur ergibt.

§ 20. Bei dem mündlichen Teile der Prüfung wird der Kandidat eine und eine halbe Stunde lang aus den im § 2 bezeichneten Gegenständen geprüft.

Es kann gestattet werden, daß eine Prüfungskommission gleichzeitig und ungetrennt oder gleichzeitig, aber getrennt mehrere Kandidaten prüft. In dem ersten Fall ist die Prüfungszeit entsprechend zu verlängern.

1. Früher war die Prüfungszeit zwei Stunden.

2. Zur Erläuterung der §§ 20 und 21 VO. I dienen die §§ 52—58 MBek. I.

§ 21. Unmittelbar nach der Beendigung des mündlichen Teiles der Prüfung hat die Kommission über das Gesamtergebnis der Prüfung zu beraten und zu beschließen. Die Bestimmungen im § 12 Abs. 2 und im § 13 finden hiebei entsprechende Anwendung. Bei Stimmengleichheit gibt die Stimme des Vorsitzenden die Entscheidung.

Für den mündlichen Teil der Prüfung gelten die Bestimmungen der §§ 15, 16.

1. Auf Grund des schriftlichen Teiles allein kann eine endgültige Entscheidung nicht getroffen werden. Es muß sonach jeder Kandidat, gleichgültig wie die Zensur der schriftlichen Arbeiten ausfiel, zur mündlichen Prüfung zugelassen werden.

2. Vgl. die Anm. 1—3 zu § 15 VO. I.

3. Nach § 34 Abs. 2 und § 29 Abs. 3 MBek. I kann die Zurücknahme des Zulassungsgesuchs noch rechtzeitig am dritten Tage vor

dem Termine des § 29 Abs. 3 MBek. I erfolgen. Es kann also der Kandidat auch, nachdem die schriftliche Prüfung vollendet ist, sein Zulassungsgesuch ohne weiteres zurückziehen.

4. Auch bei der ersten Prüfung gilt, soweit der mündliche Teil in Frage kommt, der Satz, daß der Eintritt von Unwohlsein während der Prüfung einen genügenden Grund zum Rücktritt von der Prüfung nicht abgibt (§ 56 Abs. 4 MBek. I).

5. Über die Folgen, die eintreten, wenn ein Kandidat an dem schriftlichen Teil der Prüfung nicht teilnimmt, s. § 49 MBek. I.

6. Wegen der Zensuren für den schriftlichen Teil der ersten Prüfung s. § 48 MBek. I.

§ 22. Ein Kandidat, der die erste Prüfung nicht bestanden hat oder nach § 15 einem solchen Kandidaten gleichgeachtet ist, kann zur Wiederholung der Prüfung nur einmal und nur dann zugelassen werden, wenn er zwei weitere Semester dem Studium der Rechtswissenschaft gewidmet hat.

Mit ministerieller Dispensation (§ 54 VO. I) ist auch eine mehrmalige Ablegung zulässig (s. § 57 Abs. 1 MBek. I).

Nachprüfung.

§ 23. Wenn bei der Zwischenprüfung oder bei der ersten Prüfung nach dem Ablaufe der vorgeschriebenen Prüfungszeit das Ergebnis noch zweifelhaft sein sollte, kann der Vorsitzende ein Mitglied oder mehrere Mitglieder der Kommission auffordern, noch einige Fragen an den Kandidaten zu richten, oder eine förmliche Nachprüfung des Kandidaten anordnen. Bei der Nachprüfung zur Zwischenprüfung kann der Kandidat bis zur Dauer von vierzig Minuten, bei der Nachprüfung zur ersten Prüfung kann er bis zur Dauer einer Stunde mündlich geprüft werden. Die Nachprüfung kann ausnahmsweise auf einen folgenden Tag verlegt werden.

Bei der Nachprüfung zur ersten Prüfung können Kandidaten auch Aufgaben zur schriftlichen Bearbeitung vorgelegt werden. Die Bestimmungen im § 18 Abs. 1, 3 und im § 19 finden in diesem Falle entsprechende Anwendung.

Öffentlichkeit, Aufrechthaltung der Ordnung.

§ 24. Die Zwischenprüfung und der mündliche Teil der ersten Prüfung werden öffentlich abgehalten.

Die Aufrechthaltung der Ordnung im Prüfungssaale liegt dem Vorsitzenden ob. Zuhörer, die seinen Anordnungen nicht gehorchen, kann er aus dem Prüfungssaale entfernen lassen. Im Falle einer erheblicheren Störung oder Gefährdung der Ordnung kann er die Öffentlichkeit ausschließen.

Vergütung der Mitglieder der Prüfungskommissionen.

§ 25. Die Mitglieder der Prüfungskommissionen erhalten für ihre Tätigkeit eine angemessene Vergütung.

Gebühren.

§ 26. Die Kandidaten haben für die Zwischenprüfung eine Gebühr von 15 Mark, für die erste Prüfung eine Gebühr von 40 Mark zu entrichten

Die Gebühr ist bei der Einreichung des Gesuchs um Zulassung zur Prüfung zu erlegen.

1. Weitere Gebühren normiert § 65 MBek. I.
2. Erlaß der Gebühren § 66 MBek. I.
3. Folgen der Nichtzahlung der Gebühren § 68 MBek. I.
4. Zurückzahlung der Gebühren § 69 MBek. I.

Vorbereitungsdienst.

Dauer des Dienstes.

§ 27. Vor der Zulassung zur zweiten Prüfung ist ein Vorbereitungsdienst von drei Jahren abzuleisten.

Der Vorbereitungsdienst muß darnach schon zur Zeit der Zulassung vollendet sein, d. h. zu der Zeit, zu der die Kgl. Regierung, Kammer des Innern, die Erlaubnis zur Teilnahme an der Prüfung erteilt. Es genügt nicht, wenn diese Voraussetzung erst mit dem Beginne der Prüfung erfüllt ist. Eine Erleichterung bringt jedoch § 99 Abs. 5 MBek. I. Bei der Anmeldung zur Zulassung braucht die Voraussetzung noch nicht erfüllt zu sein.

Einteilung des Dienstes.

§ 28. Von diesem Zeitraume sind in ununterbrochener Dauer achtzehn Monate im Dienste bei Gerichten, zwölf Monate im Dienste bei einer Behörde der inneren Verwaltung und nach der Vollendung dieses zweieinhalbjährigen Dienstes sechs Monate bei einem an einem Landgericht oder einem Oberlandesgerichte zugelassenen und am Sitze dieses Gerichts wohnenden Rechtsanwalte zuzubringen.

Die Aussetzung des Vorbereitungsdienstes infolge der Erfüllung der Militärdienstpflicht ist als eine Unterbrechung (Abs. 1) nicht zu erachten.

1. Der § 28 der VO. I bringt gegenüber dem § 20 der VO. vom 12. Juli 1893 die Änderung, daß der Rechtsanwalt, bei dem der Vorbereitungsdienst abgeleistet werden soll, an einem Landgericht oder einem Oberlandesgerichte zugelassen sein muß; früher genügte die Zulassung bei einem Kollegialgerichte. Es ist darnach jetzt ausgeschlossen, bei einem nur bei dem Obersten Landesgerichte zugelassenen Rechtsanwalt in Praxis zu treten. Bei einem nur an einem Amtsgerichte zugelassenen Rechtsanwalte kann der Vorbereitungsdienst nicht abgeleistet werden.

2. Beginnen kann der Rechtspraktikant mit der Praxis bei den Gerichten oder bei den Verwaltungsbehörden; den Schluß bildet stets die Rechtsanwaltspraxis. Die gerichtliche Praxis beginnt stets mit dem Dienste bei einem Amtsgerichte.

3. Bei welchen Gerichten der Dienst zu leisten ist, bestimmt der § 73 MBek. I.

4. Bei welchen Verwaltungsbehörden die Praxis zu nehmen ist, ist in § 75 MBek I geregelt.

5. Die Praxis kann auch bei einem Gerichte eines anderen Bundesstaates abgeleistet werden; doch ist die Genehmigung des Staatsministeriums der Justiz notwendig (§ 74 MBek. I). Die Ableistung des Dienstes bei nicht bayrischen Verwaltungsbehörden, bei einem Rechtsanwalte, der nicht an einem bayrischen Gerichte zugelassen ist, und bei einem Gerichte, das keinem deutschen Bundesstaate angehört, wird nur auf dem Wege der Dispensation gemäß § 54 VO. I möglich sein.

6. Kein Hindernis besteht dagegen, daß der Rechtspraktikant bei mehreren Amtsgerichten, Landgerichten oder Rechtsanwälten nacheinander in Praxis tritt. Doch soll dies vermieden werden (§ 78 MBek. I). Hinsichtlich der Dienstleistung bei mehreren gleichartigen Verwaltungsbehörden vergleiche die Bemerkungen zu § 75 MBek. I.

7. § 28 Abs. 2 beschäftigt sich nur mit dem aktiven Dienst, sei es nun dem Dienst als Einjährig-Freiwilliger oder dem gewöhnlichen aktiven Dienst. Inwieweit sonstiger Militärdienst (zufolge von Übungen) auf den Vorbereitungsdienst angerechnet wird, ist in § 37 VO. I bestimmt.

8. Die Rechtspraktikanten haben auch während des Vorbereitungsdienstes bei dem Rechtsanwalte Pflichtverteidigungen zu übernehmen (Autogr. JME. v. 11. Juli 1902 Nr. 24143).

Beeidigung.

§ 29. Der Vorbereitungsdienst beginnt mit dem Tage der eidlichen Verpflichtung.

Der in den Vorbereitungsdienst Eintretende — Rechtspraktikant — hat den Eid zu leisten, daß er die ihm zugewiesenen dienstlichen Aufgaben nach den bestehenden Gesetzen und Verordnungen und nach den ihm erteilten Weisungen treu erfüllen, den dienstlichen Aufträgen seiner Vorgesetzten pünktlich nachkommen und das Amtsgeheimnis sorgfältig bewahren werde.

Bei dem Eintritt in den gerichtlichen Vorbereitungsdienst wird der Gerichtsschreibereid (Art. 61 des Ausführungsgesetzes vom 23. Februar 1879 zum Gerichtsverfassungsgesetze, Gesetz- und Verordnungs-Blatt Seite 273) mit dem im Abs. 2 vorgeschriebenen Eide in der Weise verbunden, daß nach dem Worte „Weisungen" die Worte: „insbesondere bei der Verwendung als Gerichtsschreiber die ihm als solchem obliegenden Amtspflichten" eingeschaltet werden.

Außerdem findet die Vorschrift der Verordnung vom 15. März 1850, die Teilnahme der Staats- und öffentlichen Diener an Vereinen betreffend (Regierungsblatt Seite 241), auch auf die Rechtspraktikanten Anwendung.

Bei den Gerichten findet die Beeidigung in öffentlicher Sitzung statt. Der einmal geleistete Eid gilt für die ganze Dauer des Vorbereitungsdienstes.

Beim Übertritt eines nach Abs. 2 verpflichteten Rechtspraktikanten vom Vorbereitungsdienste bei einer Verwaltungsbehörde zum Vorbereitungsdienste bei einem Gerichte genügt die Leistung des weiteren Eides, daß der Rechtspraktikant bei seiner Verwendung als Gerichtsschreiber die ihm als solchem obliegenden Amtspflichten treu erfüllen werde.

1. Der Eid wird dem Rechtspraktikanten von der Behörde abgenommen, bei der er in Dienst tritt. Es ist nicht ausgeschlossen, daß eine andere Behörde auf Ersuchen der zuständigen Behörde den Eid abnimmt. Die Eidesleistung im Wege des Ersuchens kann angezeigt sein, um dem Rechtspraktikanten, der z. B. durch Militärdienst verhindert ist, sofort den Dienst aufzunehmen, aber gleichwohl sofort die Praxis beginnen will, die Reise nach dem Orte zu ersparen, an dem er in Praxis tritt.

2. Der beim Eintritt in die gerichtliche Praxis zu leistende Eid wird lauten: „Ich schwöre, daß ich die mir zugewiesenen dienstlichen Aufgaben nach den bestehenden Gesetzen und Verordnungen und nach den mir erteilten Weisungen insbesondere bei der Verwendung als Gerichtsschreiber die mir als solchem obliegenden Amtspflichten treu erfüllen, den dienstlichen Aufträgen meiner Vorgesetzten pünktlich nachkommen und das Amtsgeheimnis sorgfältig bewahren werde.

Ich schwöre weiter, daß ich keinem Vereine, dessen Bildung dem Staate nicht angezeigt ist, angehöre, noch je angehören werde, dann, daß ich in keinem Verbande mit einem Vereine verbleiben werde, dessen Schließung von der zuständigen Polizeistelle oder Behörde verfügt worden ist, oder an welchem mir die Teilnahme in Gemäßheit der jeweils bestehenden Disziplinarvorschriften untersagt sein wird."

3. Den Verfassungseid leistet der Rechtspraktikant nicht, da er nicht „angestellt" ist (s. Tit. X § 3 Verfassungsurkunde vom 26. Mai 1818; vgl. hierzu ME. vom 22. Juni 1818, die Verkündung und Beschwörung der neuen Staatsverfassung bei den unteren Polizeibehörden betreffend [Weber I S. 711] und AE. vom 18. September 1823, die Verpflichtung der Rechtspraktikanten auf die Verfassungsurkunde betreffend [Weber I S. 711 Anm. b]).

4. Über die Verpflichtung wird nach näherer Maßgabe der §§ 11 und 12 der Dienstvorschriften für die Gerichtsschreibereien vom 14. September 1879 (JMBl. S. 743; s. hierzu auch §§ 24 und 25 JMBek. vom 30. Dezember 1901 [JMBl. 1902 S. 1]) ein Protokoll aufzunehmen sein.

5. Für den Beginn des Vorbereitungsdienstes ist zwar die Beeidigung notwendige Voraussetzung. Dagegen wird bei dem Übertritt aus der Praxis bei den Verwaltungsbehörden zur gerichtlichen Praxis der tatsächliche Eintritt entscheiden, wenn auch die Beeidigung später erfolgt.

6. Die VO. vom 15. März 1850 ist im Anhang abgedruckt.

Art der Verwendung.

§ 30. Alle mit der Vorbereitung der Rechtspraktikanten befaßten Beamten und Rechtsanwälte haben dafür zu sorgen, daß der Vorbereitungsdienst den Rechtspraktikanten volle Gelegenheit bietet, sich in allen Geschäftszweigen wissenschaftlich und praktisch genügend auszubilden und den Dienst in materieller und formeller Hinsicht kennen zu lernen.

Aufsicht und Leitung. Zeugnisse.

§ 31. Die Beaufsichtigung und Leitung des Vorbereitungsdienstes liegt den Vorständen der Behörden und den Rechtsanwälten ob, bei denen die Rechtspraktikanten den Vorbereitungsdienst ableisten.

Bei der Beendigung des Vorbereitungsdienstes hat der Vorstand der Behörde oder der Rechtsanwalt dem Rechtspraktikanten ein Zeugnis über die Dauer des Vorbereitungsdienstes, über sein dienstliches und außerdienstliches Verhalten, sowie über seine Leistungen und die hierbei hervorgetretenen Mängel auszustellen. Jede Unterbrechung des Vorbereitungsdienstes ist in dem Zeugnis unter genauer Angabe ihrer Dauer und ihrer Veranlassung anzuführen.

1. Außerdem wird der Rechtspraktikant einem oder mehreren Beamten zur besonderen Beaufsichtigung zugeteilt (§ 82 MBek. I).

2. Vgl. § 94 MBek. I.

Urlaub.

§ 32. Urlaub darf dem Rechtspraktikanten in jedem Jahre des Vorbereitungsdienstes nur in der Gesamtdauer von drei Wochen bewilligt werden. Den Urlaub erteilt der Vorstand der Behörde oder der Rechtsanwalt.

Die Urlaubszeit ist auf die vorgeschriebene Dauer des Vorbereitungsdienstes anzurechnen, jedoch im Zeugnis anzugeben.

1. Vgl. § 95 MBek. I.

2. Der Urlaub beträgt nunmehr drei Wochen; früher betrug er nur zwei Wochen. Längerer Urlaub kann durch Dispensation nach § 54 VO. I erteilt werden.

3. Ein Recht auf Urlaub hat der Rechtspraktikant nicht.

4. Die Landgerichtspräsidenten sind nicht berechtigt, dem Rechtspraktikanten während des Vorbereitungsdienstes bei dem Landgerichte Urlaub bis zu sechs Wochen zu erteilen, wenn auch der Urlaub so verteilt wird, daß er, für jedes Jahr des Vorbereitungsdienstes berechnet, die Dauer von drei Wochen nicht überschreitet. Im Sinne des § 32 liegt es, daß unter der Beschränkung, daß überhaupt in jedem Jahr des Vorbereitungsdienstes die Gesamtdauer des Urlaubs drei Wochen nicht übersteigen darf, kein Rechtspraktikant dem Vorbereitungsdienste bei dem Amtsgerichte und dem bei dem Landgerichte durch Urlaub länger als je drei Wochen entzogen sein soll. Es ist daher bei dem Landgerichte einem Rechtspraktikanten Urlaub von längerer Dauer auch dann nicht zu erteilen, wenn er bei dem Amtsgerichte gar keinen Urlaub genommen hat. Rechtspraktikanten, die um Urlaub von längerer Dauer nachsuchen, haben sich an das Staatsministerium der Justiz zu wenden (Autogr. JME. v. 16. Juni 1901 Nr. 26111).

Disziplin.

§ 33. Der Rechtspraktikant steht während des Vorbereitungsdienstes bei einer Behörde unter der Disziplin des Vorstandes.

Läßt sich der Rechtspraktikant in dienstlicher oder außerdienstlicher Beziehung ein ungeeignetes oder ordnungswidriges Benehmen zu schulden kommen, so hat der Vorstand ihn zurechtzuweisen und, wenn die Zurechtweisung fruchtlos bleibt, oder ein Verschulden schwererer Art vorliegt, dem vorgesetzten Staatsministerium Anzeige zu erstatten. Die Staatsministerien der Justiz und des Innern können die zeitweilige oder dauernde Entlassung des Rechtspraktikanten aus dem Vorbereitungsdienst oder die Auflage der Verlängerung des Vorbereitungsdienstes verfügen.

Bis zum Eintreffen der Entscheidung der Staatsministerien kann dem Rechtspraktikanten die Fortsetzung des Vorbereitungsdienstes vom Vorstand untersagt werden.

1. Der beaufsichtigende Beamte (§ 82 MBek. I) hat keine Disziplinargewalt.

2. Vgl. weiter § 96 MBek. I.

§ 34. Während des Vorbereitungsdienstes bei einem Rechtsanwalte steht die Befugnis zur Erteilung einer Zurechtweisung dem Rechtsanwalte zu. Bleibt die Zurechtweisung fruchtlos oder liegt ein Verschulden schwererer Art vor, so hat der Rechtsanwalt hiervon den Landgerichtspräsidenten des Ortes, an dem der Rechtsanwalt seinen Wohnsitz hat, behufs Erstattung der im § 33 Abs. 2 vorgeschriebenen Anzeige sofort in Kenntnis zu setzen.

Die im § 33 Abs. 3 bezeichnete Maßregel kann vom Rechtsanwalte mit Zustimmung des Landgerichtspräsidenten verhängt werden.

Vgl. weiter § 96 MBek. I.

Zweite Prüfung.

Zeit und Ort der Prüfung.

§ 35. Die zweite Prüfung wird jährlich einmal im Monate Dezember an Orten abgelegt, die der Sitz einer Kreisregierung sind.

Die nähere Bezeichnung der Prüfungsorte und die Zuweisung der Kandidaten an die einzelnen Prüfungsorte erfolgen jährlich durch Ministerialentschließung.

1. Um die Zulassung zur zweiten Prüfung zu erlangen, ist eine zweifache Tätigkeit notwendig:

a) die vorläufige Anmeldung in der Zeit vom 1.—15. Juni des Jahres der Prüfung (näher geregelt in § 97 MBek. I),

b) die Einreichung des Gesuches um Zulassung zur Prüfung in der Zeit vom 1.—15. Oktober des Jahres der Prüfung (näher geregelt in § 99 MBek. I).

2. Die Prüfung findet nicht notwendig an den sämtlichen Orten statt, die der Sitz einer Kreisregierung sind.

3. Über die Art und Weise der Bezeichnung der Prüfungsorte und der Zuweisung der Kandidaten an die einzelnen Prüfungsorte vgl. § 98 MBek. I.

4. Beginn der Prüfung regelmäßig am ersten Werktage des Monats Dezember (§ 105 MBek. I).

Zulassungsgesuch.

§ 36. Mit dem Gesuch um Zulassung zur Prüfung sind einzureichen:

1. das Zeugnis über die mit Erfolg abgelegte erste Prüfung;
2. der Nachweis, daß der Kandidat den dreijährigen Vorbereitungsdienst vorschriftsmäßig abgeleistet hat;
3. der Nachweis, daß der Kandidat der aktiven Militärdienstpflicht genügt hat, oder daß er vom Militärdienste ganz oder teilweise befreit oder zurückgestellt ist;
4. den Nachweis des Besitzes der deutschen Reichsangehörigkeit.

1. Ziff. 4 ist eingesetzt durch VO. vom 20. Mai 1904 (GVBl. S. 161; JMBl. S. 109; InnMBl. S. 201; KMBl. S. 237).

2. Vgl. § 99 MBek. I.

§ 37. Die Zeit, während der ein Kandidat infolge unverschuldeter Hindernisse (Krankheit, Militärdienst) dem Vorbereitungsdienst entzogen war, ist auf dessen vorgeschriebene Dauer anzurechnen, sofern die Unterbrechung während eines Jahres des Vorbereitungsdienstes den Zeitraum von neun Wochen nicht übersteigt. War der Kandidat in einem Jahre länger als neun Wochen dem Vorbereitungsdienst entzogen, so kann eine Anrechnung dieser längeren Unterbrechung nur mit Genehmigung der zuständigen Staatsministerien erfolgen.

1. Vgl. § 28 Abs. 2 VO. I, wonach die Aussetzung des Vorbereitungsdienstes infolge der Erfüllung der Militärpflicht (regelmäßig der Dienst als Einjährig-Freiwilliger) nicht als „Unterbrechung" gilt. § 37 bezieht sich daher, soweit er sich mit dem Militärdienst befaßt, nur auf Übungen im Beurlaubtenstande.

2. Wegen des Zeitpunkts und des Inhalts der Gesuche um Anrechnung von Unterbrechungen des Vorbereitungsdienstes s. § 100 MBek. I.

3. Daraus, daß nach § 37 eine Unterbrechung auf die vorgeschriebene Dauer des Vorbereitungsdienstes angerechnet werden muß, folgt nicht, daß sie gerade auf den Zweig des Vorbereitungsdienstes ausschließlich anzurechnen ist, auf den sie gefallen ist. Wenn ein Zweig des Vorbereitungsdienstes durch Unterbrechungen besonders verkürzt zu werden droht, so ist Abhilfe dahin zu versuchen, daß die Unterbrechungen auf die ganze Dauer des Vorbereitungsdienstes verteilt werden. Dies wird immer dann veranlaßt sein, wenn der Vorbereitungsdienst bei dem Landgerichte schon eine Unterbrechung von neun Wochen erlitten hat und dann abermals von einer mehrwöchigen Unterbrechung betroffen wird. Aber auch dann, wenn der amts-

gerichtliche Vorbereitungsdienst schon eine Unterbrechung von neun Wochen erlitten hat und auf den landgerichtlichen Vorbereitungsdienst wiederum eine Unterbrechung von längerer Dauer fällt, wird es sich empfehlen, zu versuchen, einen Teil der Unterbrechungen auf den übrigen Vorbereitungsdienst abzuwälzen. Es ist daher im gegebenen Falle über den Sachverhalt an das Staatsministerium der Justiz zu berichten und anzuregen, ob nicht ein Teil der Unterbrechungen auf den übrigen Vorbereitungsdienst angerechnet werde. (Autogr. JME. vom 16. Juni 1901 Nr. 26111).

§ 38. Die Prüfung des Zulassungsgesuches liegt derjenigen Regierung, Kammer des Innern, ob, bei welcher der Rechtspraktikant die zweite Prüfung abzulegen hat.

Kandidaten, die sich über die vorschriftsmäßige Ableistung des Vorbereitungsdienstes, über entsprechende Leistungen in diesem und über ein tadelloses Verhalten nicht auszuweisen vermögen, sind unter Angabe der Gründe zurückzuweisen, die übrigen sind zur Prüfung einzuberufen.

Über die Zurückweisung eines Kandidaten ist sofort an das Staatsministerium des Innern zu berichten. Die erlassene Entschließung ist dem Berichte beizulegen.

Zu vgl. §§ 101 und 102 MBek. I.

Prüfungskommission.

§ 39. Mit der Abhaltung der Prüfung wird an jedem Prüfungsort eine aus Justiz- und Verwaltungsbeamten gebildete Kommission betraut.

Den Vorsitz in der Kommission führt das rang- oder dienstälteste ortsanwesende Mitglied.

1. Zu unterscheiden sind zwei Kommissionen:

a) die Kommission zur Abhaltung der Prüfung, bestellt für jeden Prüfungsort,

b) die Kommission zur Zensur der Bearbeitungen, bestellt für die Zensur einer oder mehrerer Aufgaben.

2. Zu vgl. §§ 103 und 104 MBek. I.

Schriftlichkeit.

§ 40. Die Prüfung ist schriftlich.

Die §§ 40—45 regeln die zweite Prüfung selbst, zur Erläuterung dienen §§ 105—117 MBek. I.

Prüfungsgegenstände.

§ 41. Die Gegenstände der Prüfung sind:

erste Abteilung

1. das bürgerliche Recht, Reichsrecht (Recht des Bürgerlichen Gesetzbuchs, Handels-, Wechsel-, Konkursrecht usw.) und Landesrecht,
2. das Zivilprozeßrecht einschließlich des Zwangsvollstreckungs- und Konkursverfahrens,
3. das Strafrecht,
4. das Strafprozeßrecht;

zweite Abteilung

1. das Staatsrecht des Königreichs Bayern und des Deutschen Reichs,
2. das katholische und das protestantische Kirchenrecht,
3. das Polizeirecht,
4. die Volkswirtschaftslehre und die Sozialgesetzgebung,
5. die Staatsfinanzwirtschaft.

1. Die bisher teilweise bestehende Verschiedenheit in den Prüfungsgegenständen für die Prüfungen in den Landesteilen rechts des Rheins und in der Pfalz ist beseitigt.

2. Die Arbeiten, die die Kandidaten aus den einzelnen Prüfungsgegenständen zu erwarten haben, bestimmt der § 117 MBek. I näher.

Hinsichtlich der Auswahl der Prüfungsgegenstände ist in der JME. vom 4. Mai 1903 Nr. 17273 (Bl. f. RA. Bd. 68 S. 271) ausgeführt:

Die aus dem Justizfache zu lösenden Aufgaben sind ohnehin so eingerichtet, daß einerseits Fragen, die sich in den Kommentaren und sonstigen Schriften beantwortet finden, wenn möglich vermieden werden, andererseits entlegene Rechtsgebiete, die den Kandidaten in der Vorbereitungszeit nicht oder nur selten vorkommen, regelmäßig überhaupt nicht gewählt, oder wenn ein solches Rechtsgebiet gewählt ist, Fragen gestellt werden, die sich an der Hand des Gesetzestextes und nach allgemeinen Grundsätzen beantworten lassen.

Weiter ist in dieser Entschließung darauf hingewiesen, daß die Kandidaten damit zu rechnen haben, daß ihnen Aufgaben aus dem Bürgerlichen Rechte und dem Zivilprozeßrecht und Aufgaben aus dem Strafrecht und dem Strafprozeßrecht abwechselnd vorgelegt werden.

Dauer der Prüfung. Der „praktische Fall".

§ 42. Die Prüfung dauert in jeder Abteilung fünf Tage; zwischen beiden Abteilungen findet eine Unterbrechung von einigen Tagen statt.

Den Kandidaten werden in jeder Abteilung neun Aufgaben, darunter je ein größerer praktischer Fall, vorgelegt, die sie binnen einer bestimmten Frist unter Klausur und Aufsicht zu bearbeiten haben.

Aufgaben.

§ 43. Die Bestimmung der Aufgaben erfolgt durch die Staatsministerien. Das Oberste Landesgericht und die Oberlandesgerichte, der Verwaltungsgerichtshof und die Kreisregierungen können veranlaßt werden, Aufgaben für bestimmte Gegenstände vorzuschlagen.

Hilfsmittel.

§ 44. Der Gebrauch gedruckter und geschriebener Hilfsmittel ist nur nach Maßgabe der von den Staatsministerien hierüber erlassenen Vorschriften gestattet.

1. Die Folgen der Zuwiderhandlung gegen die Vorschriften dieses Paragraphen sind geregelt § 49 VO. I.
2. Der Erläuterung des Paragraphen dient § 112 MBek. I.
3. Einschlägig ist insbesondere auch der § 113 MBek. I: Anführung der benützten Werke.

Unterschleise.

§ 45. Das Zusammenarbeiten mehrerer Kandidaten und die Benützung von Anderen gefertigter Bearbeitungen der Aufgaben sind verboten.

Vgl. Anm. 1 zu § 44 VO. I.

Zensur.

§ 46. Die Zensur der Bearbeitungen wird besonderen Kommissionen übertragen. Diese werden für die Zensur der Bearbeitungen der ersten Abteilung bei den Oberlandesgerichten, für die Zensur der Bearbeitungen der zweiten Abteilung bei den Kreisregierungen gebildet.

Für die Zensur der Bearbeitungen einzelner Aufgaben, insbesondere der praktischen Fälle, können auch Kommissionen aus Mitgliedern des Obersten Landesgerichts für die erste Abteilung, aus Mitgliedern des Verwaltungsgerichtshofs für die zweite Abteilung gebildet werden.

Die Zahl der Zensurkommissionen und ihre Mitglieder werden jährlich durch Ministerialentschließung bestimmt.

Die §§ 46—51 regeln die Bestimmungen über die Zensur der Arbeiten. Zur Erläuterung sind zu vergleichen die §§ 118—125 MBek. I.

§ 47. Bei der Zensur haben die Noten

I = sehr gut,
II = gut,
III = genügend,
IV = ungenügend

sowie die Zwischennoten I$^{1}/_{2}$, II$^{1}/_{2}$ und III$^{1}/_{2}$ zur Anwendung zu kommen.

Für die Bearbeitung jeder einzelnen Aufgabe ist eine besondere Note (ganze Note oder Zwischennote) zu geben.

Es sind folgende *Noten zu unterscheiden*:

a) Die Note aus der Bearbeitung der einzelnen Aufgabe. Diese kann sein entweder eine „ganze Note“ (II) oder eine „Zwischennote“ (II$^{1}/_{2}$).

b) Die Note aus dem Stil und der Darstellungsgabe hinsichtlich jeder Aufgabe: „Nebennote“ (1).

c) Die „Hauptnote“; diese wird gewonnen durch Zusammenzählen der Einzelnoten einer Abteilung und Teilung der Summe durch die Zahl der Einzelnoten (regelmäßig durch 10, § 117 MBek. I) mit nachfolgender Abrundung gemäß § 50 Abs. 4 BO. I.

I, II, II$^{1}/_{2}$, III$^{1}/_{2}$, II, I$^{1}/_{2}$, II, III, II$^{1}/_{2}$;
XXII$^{1}/_{2}$: 10 = II$^{5}/_{20}$ = II.
II, II$^{1}/_{2}$, III, III, III$^{1}/_{2}$, II$^{1}/_{2}$, II$^{1}/_{2}$, II, II;
XXV : 10 = II$^{5}/_{10}$ = II.

d) Die „Gesamtnote“, gewonnen durch Zusammenzählen der sämtlichen Einzelnoten und Teilung der Summe durch die Zahl der sämtlichen Einzelnoten (regelmäßig durch 20, § 117 MBek. I) mit nachfolgender Abrundung gemäß § 50 Abs. 4 BO. I, z. B. II$^{29}/_{40}$ = II; II$^{16}/_{20}$ — III.

e) Die „Gesamtnebennote“, gewonnen durch Zusammenzählen sämtlicher Einzelnoten und Teilung der Summe durch die Zahl der Einzelnoten, gewöhnlich durch 20, und nachherige Abrundung nach § 124 Abs. 2 MBek. I, z. B. 2$^{11}/_{20}$ = 3.

§ 48. Stil und Darstellungsgabe der Kandidaten sind durch die Noten

1 = sehr gut,
2 = gut,
3 = genügend,
4 = ungenügend

(Nebennoten) zu würdigen.

§ 49. Hat ein Kandidat bei der Bearbeitung einer Aufgabe den Vorschriften im § 44 oder im § 45 zuwidergehandelt, oder hat ein Kandidat seine Bearbeitung ganz oder teilweise einem anderen Kandidaten zur Benützung überlassen, so sind die von diesen Kandidaten gelieferten Bearbeitungen der Aufgabe mit der Note IV zu würdigen. Auch können diese Kandidaten durch Ministerialentschließung zur Wiederholung der Prüfung verwiesen werden.

§ 50. Nach der Vollendung der Zensur haben die Vorsitzenden der Zensurkommissionen die Arbeiten der Kandidaten nebst den erteilten Noten den vorgesetzten Staatsministerien vorzulegen. Die Staatsministerien setzen das Ergebnis der Zensur fest.

Für jede Abteilung wird eine Hauptnote durch Zusammenzählen der Einzelnoten und Teilung der Summe durch die zahl der Einzelnoten festgesetzt, für beide Abteilungen eine Gesamtnote durch Zusammenzählen der sämtlichen Einzelnoten und Teilung der Summe durch die Zahl der sämtlichen Einzelnoten.

Die für die Bearbeitung des praktischen Falles erteilte Note ist in beiden Abteilungen doppelt in Anrechnung zu bringen.

Bei der Festsetzung der Hauptnote und der Gesamtnote werden Zwischennoten nicht gegeben; die bei der Berechnung der Hauptnote und der Gesamtnote sich ergebenden Bruchteile, die drei Viertel eines Ganzen übersteigen, sind als Ganzes zu rechnen.

Nach der Feststellung der Hauptnoten und der Gesamtnote durch die Staatsministerien wird das Ergebnis der Prüfung den Kandidaten durch Vermittlung der Kreisregierungen der Prüfungsorte mitgeteilt.

1. Vgl. die Anm. zu § 47 VO. I.

2. Bei der Festsetzung des Ergebnisses der Noten ist Gelegenheit gegeben, in Fällen, in denen eine Zensurkommission die Aufgabe nicht nach der Ansicht der Ministerien löste, eine Änderung zu treffen.

Wiederholung der Prüfung.

§ 51. Ein Kandidat, dessen Bearbeitungen von vier Aufgaben einer Abteilung oder von sechs Aufgaben der beiden Abteilungen mit der Note IV gewürdigt wurden, ist zur

Wiederholung der Prüfung zu verweisen. Je zwei mit der Note III ½ gewürdigte Bearbeitungen werden einer mit der Note IV gewürdigten Bearbeitung gleichgeachtet.

Auch hiebei ist die für die Bearbeitung eines praktischen Falles erteilte Note den für die Bearbeitung von zwei Aufgaben erteilten Noten gleichzuachten.

1. Es ist sonach möglich, daß ein Kandidat mit der Note $I^{19}/_{20}$ = I die Prüfung nicht besteht, z. B. bei folgendem Ergebnis:

I, I, I, I, I, I, I, I, I Justiz.
I, I, I, I, I, I, IV, IV, IV Verwaltung.
Gesamtnote: $^{35}/_{20}$ = $I^{15}/_{20}$ = I.

2. Bisher erfolgte die Verweisung zur Wiederholung der Prüfung erst, wenn die Bearbeitungen von 5 Aufgaben in einer Abteilung oder von 8 Aufgaben in beiden Abteilungen mit der Note IV gewürdigt waren.

§ 52. Kandidaten, die zur Wiederholung der Prüfung verwiesen wurden, sowie Kandidaten, die ohne ausreichenden Grund nach dem Beginne der Prüfung zurücktraten, können nur noch einmal zur Prüfung zugelassen werden. Bis zur Wiederholung der Prüfung haben sie den Vorbereitungsdienst bei Gerichten, Verwaltungsbehörden oder Rechtsanwälten fortzusetzen.

Verweisung zur Wiederholung der Prüfung erfolgt gemäß §§ 49 und 51 VO. I.

Einstellung unter früher Geprüfte.

§ 53. Kandidaten, die vor der Ablegung der ersten Prüfung ihrer Militärpflicht Genüge leisten und deshalb erst im fünften Jahre nach der Absolvierung des Gymnasiums sich der ersten Prüfung unterziehen, sowie Kandidaten, die nach der Ablegung der ersten Prüfung ihrer Militärpflicht Genüge leisten und deshalb erst im vierten Jahre nach dem Bestehen der ersten Prüfung sich der zweiten Prüfung unterziehen, sind nach dem Bestehen der zweiten Prüfung auf Ansuchen nach Maßgabe ihrer Prüfungsnote in die Reihenfolge der im vorhergegangenen Jahre Geprüften einzustellen.

In gleicher Weise dürfen Kandidaten behandelt werden, welche durch Krankheit oder andere unverschuldete zwingende Ursachen an der rechtzeitigen Ablegung oder an der Vollendung der ersten oder der zweiten Prüfung gehindert waren.

1. Dispensation ist nicht ausgeschlossen (§ 54 VO. I).

2 Nähere Bestimmungen über die Gesuche, insbesondere über die Frist zur Einreichung § 128 MBek. I.

3. Im Wege der Dispensation (§ 54 VO. I) kann auch verfügt werden, daß Kandidaten, bei denen die Gründe des Abs. 2 für zwei (oder mehrere) Prüfungen zutreffen, oder bei denen für die eine Prüfung der Grund des Abs. 1, für die nächste Prüfung (oder die nächsten Prüfungen) der Grund des Abs. 2 zutrifft, um zwei (oder mehr) Jahre zurückversetzt werden.

Es ist auch nicht ausgeschlossen, daß Kandidaten, für die bei der einen Prüfung ein Grund des Abs. 1 oder des Abs. 2 zutraf, die sodann der nächsten Prüfung sich unterzogen haben, aber hierbei zur Wiederholung der Prüfung verwiesen wurden, oder sie freiwillig wiederholten, nach Bestehen der Prüfung um zwei Jahre zurückversetzt werden.

Gleiche Behandlung wird in anderen analogen Fällen eintreten können.

Dispensationen.

§ 54. Die Staatsministerien der Justiz, des Innern beider Abteilungen und der Finanzen werden mit dem Vollzuge dieser Verordnung und mit der Erlassung der erforderlichen Übergangsvorschriften beauftragt, sowie zur Erteilung der etwa veranlaßten Dispensationen ermächtigt.

Dem Praktikanten ist Ausfertigung oder beglaubigte Abschrift der die Dispensation erteilenden Entschließung zu behändigen (vgl. § 99 Abs. 4 MBek. I).

Übergangsbestimmungen.

§ 55. Die Vorschriften der §§ 2 bis 26 finden zum ersten Male Anwendung im Jahre 1900. Die übrigen Vorschriften treten mit den in den Übergangsvorschriften enthaltenen Maßgaben sofort in Wirksamkeit.

Die Übergangsvorschriften siehe §§ 130—135 MBek. I

München, den 4. Juli 1899.

Luitpold, Prinz von Bayern,
des Königreichs Bayern Verweser.

Dr. Frhr. v. Crailsheim. Dr. Frhr. v. Riedel.
Dr. Frhr. v. Leonrod. Dr. v. Landmann.
Staatsrat v. Neumayr.

Königlich Allerhöchste Verordnung, die Prüfungen für den höheren Justiz- und Verwaltungsdienst und die Vorbereitung für diese Prüfungen betr.

Auf Allerhöchsten Befehl:
Der Generalsekretär,
Ministerialrat
Thelemann.

II. Bekanntmachung vom 6. Juli 1899.[1])

Königliches Staatsministerium der Justiz.
Königliches Staatsministerium des Innern.
Königliches Staatsministerium des Innern für Kirchen- und Schulangelegenheiten.
Königliches Staatsministerium der Finanzen.

Zur Ausführung der Königlich Allerhöchsten Verordnung vom 4. Juli 1899, die Prüfungen für den höheren Justiz- und Verwaltungsdienst und die Vorbereitung für diese Prüfungen betreffend, werden auf Grund des § 54 folgende Vorschriften erlassen:

Erster Abschnitt.

Vorbereitung für die erste Prüfung (§§ 1 bis 9).

§ 1. Die Prüfungen für den höheren Justiz- und Verwaltungsdienst und die Art ihrer Einrichtung haben den Zweck, einerseits ein sicheres Urteil darüber zu gewinnen, ob die Kandidaten die für diesen Dienst nötige Befähigung besitzen und sich die erforderlichen Kenntnisse angeeignet haben, andererseits allen, die wegen des Mangels der Befähigung oder wegen ungenügenden Fleißes den umfangreichen und schwierigen Lernstoff für die Prüfungen nicht zu bewältigen vermochten, den Eintritt in den Staatsdienst zu verschließen.

Kandidaten, die sich dem Studium der Rechtswissenschaft in der Absicht zuwenden, die vorgeschriebenen Prüfungen für den höheren Justiz- und Verwaltungsdienst abzulegen, sollen sich daher dessen bewußt sein, daß sie ihr Ziel nur dann erreichen können, wenn sie gute Fähigkeiten besitzen, auf dem Gymnasium sich die Grundlagen einer hinreichenden allgemeinen Bildung erworben haben und schon vom Beginn ihrer Uni-

[1]) Abgedruckt JMBl. S. 194; InnMBl. S. 261; KMBl. S. 346.

versitätszeit an dem erwählten Studium mit unermüdlichem Fleiße und mit Verständnis obliegen.

§ 2. Nach § 25 der Satzungen für die Studierenden an den Kgl. bayerischen Universitäten vom 22. Februar 1891 dauert die akademische Studienzeit für jeden Studierenden, der sich für den höheren Justiz- und Verwaltungsdienst vorbereitet, einschließlich des philosophischen Studiums vier Jahre; davon müssen nach § 2 Abs. 2 des Gerichtsverfassungsgesetzes drei Jahre dem Studium der Rechtswissenschaft gewidmet sein. Nach § 26 der Satzungen steht es jedem Studierenden frei, entweder das ganze erste Jahr seiner Universitätszeit nur den philosophischen Wissenschaften zu widmen oder die philosophischen Vorlesungen im Laufe seiner Studienzeit neben den Vorlesungen seines Fachstudiums zu hören. Die Kandidaten werden jedoch mit Rücksicht auf den Umfang und die Vielseitigkeit des zu bewältigenden Lernstoffes ausdrücklich darauf aufmerksam gemacht, daß sie gut daran tun werden, schon im ersten Jahre mit dem Studium der Rechtswissenschaft zu beginnen, und daß die Studienpläne der bayerischen Universitäten tatsächlich auf ein vierjähriges oder doch dreiundeinhalbjähriges Rechtsstudium eingerichtet sind.

Die Universitätsatzungen sind veröffentlicht mit KMBek. vom 22. Februar 1891 (KMBl. S. 73). Änderungen sind erfolgt: hinsichtlich § 12 Abs. 1, § 23 Abs. 1, § 24 Abs. 1 u. 2 durch KMBek. vom 7. Mai 1897 (KMBl. S. 145); hinsichtlich § 74 durch KMBek. vom 16. Juni 1897 (KMBl. S. 259); hinsichtlich §§ 88 und 89 durch KMBek. vom 6. Juli 1897 (in den amtlichen Blättern nicht veröffentlicht); hinsichtlich §§ 26 und 27 Abs. 1 nach Notiz KMBl. 1899 S. 315; hinsichtlich der §§ 4, 5, 7, 8 durch KMBek. vom 24. April 1906 (KMBl. S. 279), hierdurch auch neuer § 16a.

§ 3. Mit den hinsichtlich der Benützung der Studienzeit an die Kandidaten gestellten Anforderungen sind die Anforderungen nicht vereinbar, welche die Ableistung des Einjährig-Freiwilligen-Dienstes stellt. Die Kandidaten werden daher, wenn sie diesen Dienst vor der ersten Prüfung ableisten wollen, zweckmäßigerweise sich der Prüfung erst nach dem Ablaufe von fünf Jahren seit der Absolvierung des Gymnasiums unterziehen, oder sie werden den Einjährig-Freiwilligen-Dienst erst nach dem Bestehen der ersten Prüfung ableisten. Unter allen Umständen wird den Kandidaten widerraten, eines der drei letzten Universitätsjahre zur Ableistung des Einjährig-Freiwilligen-Dienstes zu verwenden.

Den Kandidaten, die wegen der Ableistung des Einjährig-Freiwilligen-Dienstes der ersten Prüfung sich erst nach dem Ablaufe von fünf Jahren seit der Absolvierung des Gymnasiums unterziehen oder den Einjährig-Freiwilligen-Dienst erst nach dem Bestehen der ersten Prüfung ableisten, erwächst daraus im Hinblick auf die Bestimmung im § 53 der Verordnung regelmäßig ein Nachteil für ihre spätere amtliche Laufbahn nicht.

Es bleibt jedoch den Kandidaten die Möglichkeit, die Prüfung, trotzdem sie während der Universitätszeit den Einjährig-Freiwilligen-Dienst abgeleistet haben, schon nach dem Ablaufe von vier Jahren seit der Absolvierung des Gymnasiums abzulegen. Erleichtert wird ihnen die Ableistung des Militär-Dienstes durch die Bestimmung, daß die Zwischenprüfung nicht notwendig schon am Schlusse des dritten Semesters des akademischen Studiums abzulegen ist. Die Kandidaten müssen aber während der Ableistung des Militärdienstes an der Universität immatrikuliert sein und in jedem Semester eine ordentliche Vorlesung belegen.

§ 4. Die Kandidaten sollen bei der Einrichtung ihres Studiengangs folgende Gesichtspunkte beachten:

Das Studium der Rechtswissenschaft soll mit dem Besuche der Vorlesungen über die Einführung in die Rechtswissenschaft und über die römische Rechtsgeschichte und die Grundzüge des römischen Privatrechts beginnen.

Die Vorlesung über das bürgerliche Recht soll in der Regel innerhalb der ersten Hälfte des dem Rechtsstudium gewidmeten Zeitraums gehört werden. Ihr kommt in Zukunft die Bedeutung zu, die bisher den beiden Vorlesungen über die Pandekten und über das deutsche Privatrecht eingeräumt war. Wird sie als Doppelvorlesung in einen ersten und einen zweiten Teil zerlegt, so soll die Vorlesung über den zweiten Teil nicht vor und nicht gleichzeitig mit der Vorlesung über den ersten Teil gehört werden.

Neben den Vorlesungen über das bürgerliche Recht sollen nur einzelne Vorlesungen über öffentliches Recht, z. B. die Vorlesungen über allgemeines Staatsrecht, Kirchenrecht, Strafrecht gehört werden. Im übrigen ist es zweckmäßig, die Vorlesungen über das bürgerliche Recht denen über das öffentliche Recht vorangehen zu lassen.

Die Vorlesungen über das Handels-, Wechsel- und Seerecht, über das Zivilprozeßrecht und die Übersicht über die Rechtsentwicklung in Bayern sollen erst nach den Vorlesungen über das bürgerliche Recht gehört werden, die Vorlesung über das Strafprozeßrecht erst nach der Vorlesung über das Strafrecht.

Die Vorlesungen über das Zivilprozeßrecht und das Strafprozeßrecht sollen nicht in dem nämlichen Semester gehört werden.

Das Studium der staatswirtschaftlichen Fächer soll neben dem Studium der juristischen Fächer betrieben werden. Das Hören der Vorlesungen über die Nationalökonomie soll dem Hören der Vorlesungen über die Finanzwissenschaft und über die Wirtschaftspolitik vorangehen.

1. Die Bestimmungen des Paragraphen sind nur instruktionell.

2. Es ist weiter zu empfehlen, diejenigen Disziplinen, die regelmäßig Gegenstand der schriftlichen Prüfung sind, nicht erst im achten Semester zu hören, da die schriftliche Prüfung nicht erst nach Schluß, sondern schon gegen Ende des Sommersemesters stattfindet. Nach § 40 MBek. I kann zwar der Inhalt der Aufgaben der schriftlichen Prüfung sämtlichen Prüfungsgegenständen entnommen werden. Ihrer Natur nach aber werden Aufgaben aus den Vorlesungen über die Rechtsentwicklung in Bayern, über die Hauptgrundsätze des Völkerrechts, über katholisches und protestantisches Kirchenrecht und über die wirtschaftlichen Fächer in der Regel nicht zu erwarten sein.

3. Über die Einrichtung des Studiums sind von den drei Universitäten Studienpläne herausgegeben worden; diese sind im Anhang abgedruckt.

§ 5. Die Kandidaten haben sich auf der Universität nicht nur die nötigen theoretischen Kenntnisse für ihre künftige amtliche Laufbahn zu erwerben, sondern sich auch eine genügende formelle juristische Bildung anzueignen. Sie sollen zu scharfer juristischer Auffassung, zur Selbständigkeit des Urteils, zu einer korrekten juristischen Ausdrucksweise erzogen werden und die nötige Gewandtheit erlangen, um einfachere Rechtsfälle richtig erfassen und logisch richtig bearbeiten zu können.

Dieses Ziel werden sie nur schwer durch das Hören der theoretischen Vorlesungen und das Selbststudium allein erreichen. Die Kandidaten müssen auch lernen, wie die Rechtssätze auf die Verhältnisse des Lebens anzuwenden sind. Zu dem Zwecke, das Verständnis der praktischen Anwendung des Erlernten zu vermitteln, sind an den Universitäten die Übungsvorlesungen eingerichtet.

Es wird das größte Gewicht darauf gelegt, daß die Kandidaten sich an diesen Vorlesungen und zur Erlangung der für ihren künftigen Beruf unentbehrlichen Gewandtheit im schriftlichen Ausdruck auch an den mit den Vorlesungen verbundenen schriftlichen Arbeiten fleißig beteiligen.

Die Übungsvorlesung soll in innerer Verbindung stehen mit der systematischen Vorlesung über das Fach. Sie wird daher am zweckmäßigsten in dem auf das Hören der systematischen Vorlesung folgenden Semester besucht werden.

Soll die Übungsvorlesung ihren Zweck erreichen, so darf die Zahl der Teilnehmer nur eine beschränkte sein. Bei Beachtung der in den Absätzen 4, 9 enthaltenen Ratschläge werden sich die Kandidaten auf die einzelnen Übungsvorlesungen angemessen verteilen.

Die Übungsvorlesungen sollen nur diejenigen Kandidaten besuchen, welche die systematische Vorlesung über das Fach schon gehört haben oder, wenn die Übungsvorlesung im unmittelbaren Anschluß an die systematische Vorlesung gehalten wird, diese Vorlesung im nämlichen Semester hören.

Der Bedeutung des bürgerlichen Rechtes entspricht es, mindestens zwei darauf bezügliche Übungsvorlesungen und außerdem eine das bürgerliche Recht mit umfassende zivilprozeßrechtliche Übungsvorlesung zu besuchen.

Da es für jeden Juristen unerläßlich ist, von den Quellen des römischen und des deutschen Rechtes wenigstens die leichteren Teile im Urtexte zu verstehen, und da insbesondere diejenigen, welche sich dem bayerischen Staatsdienste widmen wollen, noch für eine sehr lange Zeit das Verständnis der Quellen des römischen Rechtes im Urtexte nicht entbehren können, werden sich die Kandidaten auch an wenigstens einer exegetischen Übung im römischen Rechte und, wenn es irgend möglich ist, auch an einer solchen Übung im deutschen Rechte zu beteiligen haben.

Die Kandidaten werden jedoch davor gewarnt, zu viele Übungsvorlesungen, namentlich im nämlichen Semester, zu besuchen, weil sie im Falle der Beteiligung an einer zu großen Zahl von schriftlichen Übungen Gefahr laufen, die theoretischen Studien zu vernachlässigen. Wenn sie schon von ihrem zweiten Studiensemester an mit dem Besuche von Übungsvorlesungen beginnen, wird es im allgemeinen genügen, daß sie sich in jedem Semester — abgesehen von den exegetischen Übungen —

an einer Übungsvorlesung, mit der schriftliche Arbeiten verbunden sind, beteiligen.

Die Kandidaten sind berechtigt, von dem Leiter der Übungsvorlesung die Ausstellung eines Zeugnisses darüber zu verlangen, ob sie mit Fleiß an der Übung teilgenommen haben und mit welchem Erfolge (§ 37 der Universitätssatzungen).

1. Wegen der Universitätssatzungen s. Anm. zu § 2 MBek. I.

2. § 37 der Universitätssatzungen bestimmt: Die Studienzeugnisse werden regelmäßig nur in der Form von Inskriptionszeugnissen ausgestellt.

Wenn jedoch das Privatinteresse des Studierenden oder seiner Eltern und Angehörigen eine Prüfung wünschenswert erscheinen läßt oder fordert, wie z. B. bei Bewerbung um ein Stipendium oder um Honorarbefreiung, dann bei seminaristischen und sonstigen mit Übungen verbundenen Vorlesungen, sind den Studierenden auf Verlangen Prüfungszeugnisse bezw. Zeugnisse über Fleiß und Leistungen auszustellen.

§ 6. Nach den Universitätssatzungen wird als Semester des philosophischen Studiums nur dasjenige Semester gezählt, in welchem der Studierende als Studierender der Philosophie immatrikuliert und wenigstens auf eine ordentliche philosophische Vorlesung inskribiert war, als juristisches Semester nur dasjenige, in welchem der Studierende als Studierender der Rechtswissenschaft immatrikuliert und wenigstens auf eine ordentliche juristische Vorlesung inskribiert war.

Hiemit ist nur das Mindestmaß dessen bestimmt, was erforderlich ist, damit ein Semester auf die vorgeschriebene Studienzeit angerechnet werden darf. In der Regel wird sich aber kein Studierender auf das Hören einer einzigen ordentlichen Vorlesung in einem Semester beschränken können.

Die Studierenden werden zunächst Vorlesungen über die sämtlichen Fächer zu hören haben, die Gegenstand der Prüfungen sind. Sie sollen sich aber nicht hierauf beschränken, sondern daneben, soweit die Gelegenheit dazu gegeben ist, auch Vorlesungen über solche Gegenstände hören, die ihnen das Verständnis der übrigen Vorlesungen erleichtern oder ihnen für die künftige Stellung im Staatsdienste von Nutzen sein können, z. B. Vorlesungen über Rechtsphilosophie, römischen Zivilprozeß, gerichtliche Medizin, Psychiatrie, Statistik u. dergl.

Die acht ordentlichen Vorlesungen aus dem Lehrkreise der philosophischen Fakultät, die zu hören die Studierenden verpflichtet sind, sollen sie auf die Studienzeit angemessen verteilen. Die Auswahl der Vorlesungen ist ihnen freigestellt. Sie sollen aber auch hiebei stets ihren künftigen Beruf vor Augen haben und sich dessen bewußt sein, daß ein tüchtiger Justiz- und Verwaltungsbeamter nur dann allen an ihn herantretenden Anforderungen gerecht werden kann, wenn er sich eine umfassende allgemeine Bildung erworben und alle Verhältnisse des Lebens von einem höheren Gesichtspunkt aus zu beurteilen gelernt hat.

Bei Befolgung der in den §§ 4 bis 6 enthaltenen Vorschriften und Ratschläge wird jeder Kandidat, bei dem die im § 1 bezeichneten Voraussetzungen erfüllt sind, der ihm obliegenden Aufgabe ohne Überbürdung und, ohne eine andere als die ihm an der Universität gebotene Hilfe in Anspruch nehmen zu müssen, gerecht werden können.

§ 7. Als rechtswissenschaftliche Vorlesungen gelten nicht nur die juristischen Vorlesungen im engeren Sinne, sondern auch die Vorlesungen über Nationalökonomie, Finanzwissenschaft und Statistik.

Die Vorlesungen über Statistik und über Rechtsphilosophie dürfen auch ferner als juristische oder als philosophische Vorlesungen, die Vorlesung über Wirtschaftsgeschichte darf als philosophische Vorlesung gezählt werden.

Im übrigen beantwortet sich die Frage, was unter einer philosophischen Vorlesung zu verstehen ist, sowie die Frage, welche Vorlesungen als ordentliche Vorlesungen zu betrachten sind, nach den Universitätssatzungen. Nach § 27 dieser Satzungen sind unter philosophischen Vorlesungen im allgemeinen Vorlesungen aus dem Lehrkreise der philosophischen Fakultät, unter ordentlichen Vorlesungen diejenigen Privatvorlesungen zu verstehen, welche mindestens vierstündig in der Woche gelesen werden; doch sind zwei Privatvorlesungen, die zusammen vierstündig in der Woche gelesen werden, einer ordentlichen Privatvorlesung gleichzuachten.

Studierenden der Universität München, die an der allgemeinen Abteilung der technischen Hochschule Vorlesungen hören, werden diese auf die vorgeschriebene Zahl von philosophischen Vorlesungen angerechnet, wenn sie nach ihrem Gegenstande zum Lehrkreise der philosophischen Fakultät gehören.

Die Honorare für Vorlesungen an der technischen Hochschule sind geringer als die für Vorlesungen an der Universität.

§ 8. Semester, in denen ein Studierender weder für das Rechtsstudium immatrikuliert, noch für eine ordentliche juristische Vorlesung inskribiert war, können überhaupt nicht, Semester, in denen ein Studierender zwar für das Rechtsstudium immatrikuliert, aber nicht wenigstens auf eine ordentliche juristische Vorlesung inskribiert, oder in denen er zwar auf eine ordentliche juristische Vorlesung inskribiert, aber nicht für das Rechtsstudium immatrikuliert war, können nur mit ministerieller Genehmigung auf die juristische Studienzeit angerechnet werden.

Ein Nachlaß an dem im § 2 Abs. 2 des Gerichtsverfassungsgesetzes vorgeschriebenen dreijährigen Studium der Rechtswissenschaft ist ausgeschlossen.

§ 9. Als deutsche Universitäten im Sinne des § 9 Nr. 2 der Verordnung gelten die Universitäten des Deutschen Reichs.

Bezüglich der Anrechnung der an einem bayerischen Lyzeum zugebrachten Studienzeit und der an ausländischen Universitäten zugebrachten Studiensemester sind die Bestimmungen der §§ 29, 30 der Universitätsatzungen (vergl. auch § 2 Abs. 2 Satz 2 des Gerichtsverfassungsgesetzes) maßgebend.

1. §§ 29 und 30 der Universitätssatzungen bestimmen:

„Die an einem Lyzeum zugebrachte Studienzeit wird hinsichtlich des philosophischen (und theologischen) Studiums der Universitätsstudienzeit gleichgeachtet."

„Der Besuch von Universitäten außerhalb des deutschen Reichs bedarf ministerieller Genehmigung, wenn die dort zugebrachten Studiensemester auf die vorgeschriebene Studienzeit angerechnet werden sollen."

2. § 2 Abs. 1 und 2 des Gerichtsverfassungsgesetzes bestimmen (sowohl in der älteren Fassung, wie in der Fassung des Gesetzes vom 17. Mai 1898 und der Reichskanzlerbekanntmachung vom 20. Mai 1898):

„Die Fähigkeit zum Richteramte wird durch die Ablegung zweier Prüfungen erlangt.

Der ersten Prüfung muß ein dreijähriges Studium der Rechtswissenschaft auf einer Universität vorangehen. Von dem dreijährigen Studium sind mindestens drei Halbjahre dem Studium auf einer deutschen Universität zu widmen."

3. Wegen der Universitätssatzungen s. auch Anm. zu § 2 MBek. I.

Zweiter Abschnitt.

Erste Prüfung und Zwischenprüfung.

1. Termine der Zwischenprüfung und der ersten Prüfung (§§ 10 bis 13).

§ 10. Die Zwischenprüfung hat den Zweck, die erste Prüfung von einem Teile des Prüfungsstoffes zu entlasten, der durch die Neugestaltung des gesamten bürgerlichen Rechtes einen großen Zuwachs erhalten hat, die Kandidaten zu einem systematischen Studiengange sowie dazu anzuhalten, daß sie schon beim Beginne der Studienzeit sich den fleißigen Besuch der Vorlesungen und das gründliche Studium des Gehörten angelegen sein lassen, endlich dahin zu wirken, daß die dem juristischen Studium nicht gewachsenen Kandidaten schon in einem möglichst frühen Zeitpunkte zu der Einsicht von der Notwendigkeit gebracht werden, einen anderen Beruf zu wählen.

§ 11. Der Zweck der Zwischenprüfung macht es nötig, einerseits ihre Ablegung in einem möglichst frühen Zeitpunkte des juristischen Studiums zu ermöglichen, andererseits den Kandidaten einen genügenden Zeitraum zwischen der Ablegung der Zwischenprüfung und der der ersten Prüfung zur Vorbereitung für diese zu sichern.

Nach § 4 der Verordnung darf der Kandidat die Zwischenprüfung nicht früher als am Schlusse des dritten Semesters des akademischen Studiums ablegen; von den drei Semestern müssen mindestens zwei dem Studium der Rechtswissenschaft gewidmet gewesen sein. Zwischen dem Bestehen der Zwischenprüfung und der Ablegung der ersten Prüfung muß das Studium der Rechtswissenschaft noch mindestens drei Semester lang fortgesetzt werden.

Als Zeitpunkte für die Ablegung der Zwischenprüfung werden der Anfang und das Ende des Wintersemesters und der Anfang des Sommersemesters eines jeden Jahres bestimmt.

§ 12. Die erste Prüfung muß im unmittelbaren Anschluß an das Universitätsstudium abgelegt werden.

Der schriftliche Teil der Prüfung findet gegen Ende des Sommersemesters statt. Der mündliche Teil wird am Ende des Sommersemesters und vor dem Anfange des Wintersemesters abgehalten.

Der schriftliche Teil der ersten Prüfung fand bisher unmittelbar vor dem Beginne des Sommersemesters statt.

§ 13. Es ist nicht erforderlich, daß der Kandidat an der Universität, an deren Sitze er sich der Zwischenprüfung oder der ersten Prüfung unterziehen will, zur Zeit der Ablegung der Prüfung immatrikuliert ist.

2. Prüfungskommissionen (§§ 14 bis 21).

§ 14. Für die Zwischenprüfung und die erste Prüfung werden an den Sitzen der Landesuniversitäten München, Würzburg und Erlangen Kommissionen gebildet.

Die Vorsitzenden und die Mitglieder der Kommissionen werden durch Ministerialentschließung auf die Dauer eines Jahres oder mehrerer Jahre bestellt.

Diejenigen Mitglieder der Kommissionen für die erste Prüfung, welche mit der Zensur der schriftlichen Arbeiten zu betrauen sind, werden durch Ministerialentschließung alljährlich bestimmt.

§ 15. An der Prüfung jedes Kandidaten haben außer dem Vorsitzenden bei der Zwischenprüfung in der Regel zwei, bei dem mündlichen Teile der ersten Prüfung in der Regel vier Mitglieder teilzunehmen.

§ 16. Dem Vorsitzenden liegt die Leitung der Prüfung und die Führung der Geschäfte der Kommission ob. Er ist dafür verantwortlich, daß die Art der Einrichtung und der Durchführung der Prüfung den Absichten der Verordnung und dieser Vorschriften entspricht.

Er beruft die Mitglieder der Kommission zur Teilnahme an der Prüfung der einzelnen Kandidaten nach seinem Ermessen, jedoch in der Weise, daß für jeden Prüfungsgegenstand ein geeignetes prüfendes Mitglied teilnimmt und daß die Mitglieder im allgemeinen ziemlich gleichmäßig in Anspruch genommen werden. Nach Benehmen mit den Mitgliedern bestimmt er diejenigen, welche sich an der Aufsicht bei der Abhaltung des schriftlichen Teiles der ersten Prüfung zu beteiligen haben. Er weist für die mündlichen Prüfungen die Prüfungsgegenstände den einzelnen Mitgliedern zu, bestimmt die Reihenfolge, in der sie zu prüfen haben, und verfügt, wie lang jedes Mitglied zu prüfen hat.

Der Vorsitzende ist bei den mündlichen Prüfungen berechtigt, selbst Fragen zu stellen.

§ 17. Ist durch Ministerialentschließung ein Stellvertreter des Vorsitzenden nicht bestellt, so wird er im Falle der Verhinderung durch den Dekan der juristischen Fakultät und bei dessen Verhinderung durch das dem Dienstalter nach älteste Mitglied der Kommission vertreten.

Wegen einer besonderen Stellvertretung bei der Prüfungskommission in Erlangen s. § 45 Abs. 3 MBek. I.

§ 18. Die Kommissionsmitglieder sind, soweit sie Rechtslehrer sind, zunächst zur Prüfung aus denjenigen Fächern berufen, für welche sie Lehraufträge haben, soweit sie nicht Rechtslehrer sind, zur Prüfung aus denjenigen Fächern, welche ihnen besonders übertragen sind. Sie sind verpflichtet, nötigenfalls auf Anordnung des Vorsitzenden auch die Prüfung aus einem anderen Fache zu übernehmen.

Jedes Mitglied kann gelegentlich auch Fragen aus den ihm nicht zugeteilten Prüfungsgegenständen stellen.

Die Mitglieder haben auf Einladung des Vorsitzenden zu den Prüfungen pünktlich zu erscheinen. Wenn sie durch Krankheit, besonders dringende und unaufschiebliche Berufsgeschäfte oder andere zwingende Gründe am Erscheinen verhindert sind, haben sie dem Vorsitzenden sofort Mitteilung davon zu machen. Von einer längeren Abwesenheit vom Prüfungsorte haben sie dem Vorsitzenden Anzeige zu erstatten.

§ 19. Der Vorsitzende oder ein Mitglied einer Kommission darf sich an der Prüfung eines Kandidaten nicht beteiligen, der mit ihm in gerader Linie verwandt, verschwägert oder durch Adoption verbunden, in der Seitenlinie bis zum dritten Grade verwandt oder bis zum zweiten Grade verschwägert ist, auch wenn die Ehe, durch welche die Schwägerschaft begründet ist, nicht mehr besteht.

Entspricht wörtlich dem § 41 Ziff. 3 RZPO.

§ 20. Werden an dem Sitze einer Universität zwei Prüfungskommissionen gebildet, so wird dem Vorsitzenden der einen Kommission die Oberleitung des ganzen Prüfungsgeschäfts übertragen.

§ 21. Den Kommissionen in München und Würzburg sind zur Führung des Protokolls und zur Besorgung der sonstigen Schreibgeschäfte geeignete Personen aus dem Sekretariatspersonale der Kreisregierung und zur Besorgung der Botendienste geeignete Personen aus dem Botenpersonale der Kreisregierung beizugeben. Die Bestimmung dieser Personen erfolgt durch den Präsidenten der Kreisregierung.

In Erlangen wird das geeignete Personal auf Ersuchen des Vorsitzenden von der Universität, dem Bezirksamt oder dem Amtsgerichte zur Verfügung gestellt werden.

Für die etwa nötige Stellvertretung hat der Vorsitzende zu sorgen.

3. Meldung und Zulassung zur Zwischenprüfung und zur ersten Prüfung (§§ 22 bis 34.)

§ 22. Diejenigen Kandidaten, welche die Zwischenprüfung am Ende des Wintersemesters oder am Anfange des Sommersemesters ablegen wollen, haben in der Zeit vom 1. bis zum 15. Januar, diejenigen Kandidaten, welche die Zwischenprüfung am Anfange des Wintersemesters ablegen wollen, haben in der Zeit vom 15. bis zum 30. Juni in einer an den Admissionsausschuß gerichteten Eingabe um Zulassung zur Zwischenprüfung nachzusuchen (§ 8 der Verordnung).

Das Gesuch ist in einem verschlossenen, mit der Adresse des Dekans der juristischen Fakultät und der Aufschrift „Anmeldung zur Zwischenprüfung" versehenen Umschlag entweder persönlich auf der Universitätskanzlei oder frankiert durch die Post einzureichen.

In dem Gesuche sind die juristischen Vorlesungen, die der Kandidat gehört hat, anzugeben, sowie der Ort und die

Wohnung zu bezeichnen, wo die Benachrichtigung von dem Termine der Prüfung dem Kandidaten zugestellt werden kann.

Diejenigen Kandidaten, welche sich in der Zeit vom 1. bis zum 15. Januar zur Zwischenprüfung melden, haben in dem Gesuche zugleich anzugeben, ob sie am Ende des Wintersemesters oder am Anfange des Sommersemesters zur Prüfung einberufen zu werden wünschen. Kandidaten, für welche dringende Gründe bestehen, die Prüfung in einem bestimmten Zeitpunkt abzulegen, haben die Gründe im Gesuche näher zu bezeichnen und glaubhaft zu machen.

1. Die §§ 22—25 treffen Anordnungen über die Meldung und die Zulassung zur Zwischenprüfung, die §§ 26—30 über die Meldung und die Zulassung zur ersten Prüfung, die §§ 31—34 beziehen sich auf die Meldung und die Zulassung zu beiden Prüfungen.

2. Vgl. wegen der Form der Benachrichtigung von dem Termine der Zwischenprüfung auch § 32 MBek. I.

§ 23. Die Zulassung zur Zwischenprüfung erfolgt, wenn keine Erinnerung gegen den Inhalt des Gesuchs besteht. Die Bekanntmachung der Zulassung erfolgt durch den Admissionsausschuß mittels Anschlags am schwarzen Brette der Universität.

§ 24. Die Namen der zur Zwischenprüfung zugelassenen Kandidaten sind nach der Zeit der Anmeldung geordnet und soweit sie sich in der Zeit vom 1. bis zum 15. Januar gemeldet haben, unter Scheidung derjenigen, welche am Ende des Wintersemesters zur Prüfung einberufen zu werden wünschen, und derjenigen, welche am Anfange des Sommersemesters einberufen zu werden wünschen, in Listen zusammenzustellen. Die Listen sind vom Admissionsausschusse bis zum 1. Februar und bis zum 15. Juli dem Vorsitzenden der Prüfungskommission vorzulegen, der nach Benehmen mit den Mitgliedern der Kommission die Termine für die einzelnen Prüfungen festsetzt und die Zuweisung der Kandidaten zu den einzelnen Terminen verfügt.

Der Admissionsausschuß benachrichtigt sodann jeden Kandidaten schriftlich von dem Termin, an dem er sich vor der Kommission zur Prüfung zu stellen hat.

Gesuche um Verlegung eines Termins sind unter Angabe der Gründe an den Vorsitzenden zu richten.

Mit den Zwischenprüfungen am Ende des Wintersemesters soll nicht vor dem 15. Februar begonnen werden, mit den Zwischenprüfungen am Anfange des Sommersemesters nicht vor dem Anfange dieses Semesters und mit den Zwischenprüfungen am Anfange des Wintersemesters nicht vor der Beendigung des mündlichen Teiles der ersten Prüfung. Die Zwischenprüfungen sollen im Zeitraume von je vier Wochen beendigt sein. Können am Ende des Wintersemesters nicht alle für diesen Zeitpunkt zugelassenen Kandidaten geprüft werden, so ist ein Teil auf den Anfang des Sommersemesters zu verweisen.

§ 25. An denjenigen Prüfungsorten, an welchen für die Abhaltung der Zwischenprüfung zwei Kommissionen gebildet sind, bestimmt der mit der Oberleitung des Prüfungsgeschäfts betraute Vorsitzende im Benehmen mit dem Vorsitzenden der anderen Kommission, vor welcher Kommission die einzelnen Kandidaten die Prüfung abzulegen haben. Hiebei sollen die Kandidaten in der Regel nach ihrer Reihenfolge in der Liste abwechselnd der einen und der anderen Kommission zugeteilt werden.

§ 26. Das Gesuch um Zulassung zur ersten Prüfung ist in der Zeit vom 1. bis zum 15. Mai unter Vorlage der vorgeschriebenen Belege (§ 9 der Verordnung, §§ 6 bis 9 dieser Vorschriften) bei dem Admissionsausschuß einzureichen.

Hiebei hat der Kandidat ausdrücklich zu erklären, ob er die mündliche Prüfung am Ende des Sommersemesters oder vor dem Anfange des Wintersemesters abzulegen wünscht.

Unter dem Gymnasialabsolutorium im Sinne des § 9 Nr. 1 der Verordnung ist das Absolutorium eines bayerischen humanistischen Gymnasiums zu verstehen. Dem bayerischen Gymnasialabsolutorium steht gleich ein nach Maßgabe des Übereinkommens der deutschen Staatsregierungen über die gegenseitige Anerkennung der Gymnasialreifezeugnisse (Kult.-Min.-Bl. 1874 S. 411, 1889 S. 73) an dem humanistischen Gymnasium eines anderen deutschen Bundesstaats erworbenes Reifezeugnis.

Zur Anerkennung des Reifezeugnisses eines ausländischen humanistischen Gymnasiums bedarf es der ministeriellen Genehmigung. Diese wird nur ausnahmsweise und nur dann erteilt, wenn die Gleichwertigkeit des Zeugnisses mit einem deutschen Gymnasialreifezeugnisse dargetan ist.

Die unter Nr. 2 bis 4 des § 9 der Verordnung bezeichneten Nachweise und der Nachweis der unter Nr. 5 bezeichneten Fortsetzung des Studiums werden durch das Universitätsabgangszeugnis (§ 35 der Universitätssatzungen) erbracht.

In der Beschreibung des Lebenslaufs sind auch der Name, der Stand und die Staatsangehörigkeit der Eltern des Kandidaten anzugeben.

Dem Gesuch um Zulassung zur ersten Prüfung können auch die dem Kandidaten über den Besuch von Übungsvorlesungen ausgestellten Zeugnisse und die von ihm für diese Vorlesungen verfaßten schriftlichen Arbeiten, sofern sie mit einer Zensur des Universitätslehrers oder seines Assistenten versehen sind, beigefügt werden.

1. Das in Abs. 2 erwähnte Übereinkommen der deutschen Staatsregierungen ist im Anhang abgedruckt.

2. § 35 der Universitätssatzungen bestimmt:

„Das mit der Unterschrift des Rektors und des Universitätssekretärs versehene Abgangszeugnis hat zu enthalten:

1. . . . .
2. Fachstudium und Art der Matrikel,
3. die Dauer des Aufenthaltes an der Universität,
4. die während dieser Zeit ordnungsmäßig belegten Vorlesungen,
5. eine Bemerkung über die Führung des Studierenden mit Angabe etwaiger Disziplinarstrafen.

Die Angabe der Disziplinarstrafen kann nach Ermessen des Rektors unterbleiben, wenn es sich nicht um eine mehr als achttägige Karzerstrafe handelt.

3. Vergl. w. d. Universitätssatzungen im allg. Anm. zu § 2 MBek. I.

§ 27. Der Zeitpunkt der Abhaltung des schriftlichen Teiles der ersten Prüfung wird durch Ministerialentschließung bestimmt.

Zum mündlichen Teile der Prüfung am Ende des Sommersemesters werden nur so viele Kandidaten zugelassen, als ohne erhebliche Störung der Vorlesungen geprüft werden können.

Können bei der Prüfung am Ende des Sommersemesters nicht alle für diesen Zeitpunkt angemeldeten Kandidaten geprüft werden, so haben diejenigen, welche im Herbste als Einjährig-Freiwillige ihrer Militärpflicht genügen wollen, und nach diesen diejenigen den Vorzug, welchen besondere Gründe, wie Gesundheits-, Familienverhältnisse und dergl. zur Seite stehen.

Unter den übrigen entscheidet das Los. Diejenigen, welche am Ende des Sommersemesters nicht geprüft werden können, sind zu der vor dem Anfange des Wintersemesters stattfindenden mündlichen Prüfung zu verweisen.

In dem Gesuch um Zulassung sind die Tatsachen, welche die vorzugsweise Berücksichtigung begründen können, anzugeben und glaubhaft zu machen; ferner sind der Ort und die Wohnung, wo die Entschließung über die Zulassung zur Prüfung zugestellt werden kann, genau anzugeben.

Der schriftliche Teil der ersten Prüfung wird an allen Universitäten zu gleicher Zeit abgehalten (§ 42 MBek. I).

§ 28. Der Admissionsausschuß hat Form und Inhalt der Gesuche und der Belege sorgfältig zu prüfen und, wenn durch sie den Vorschriften genüge geleistet ist, die Zulassung zur Prüfung zu verfügen. Die Bekanntmachung der Zulassung geschieht durch Anschlag am schwarzen Brette der Universität.

§ 29. Über die zugelassenen Kandidaten sind zwei Listen anzulegen, von denen die eine die Namen der zur mündlichen Prüfung für das Ende des Sommersemesters, die andere die Namen der zur mündlichen Prüfung für die Zeit vor dem Anfange des Wintersemesters angemeldeten Kandidaten in alphabetischer Ordnung zu enthalten hat. In der ersten Liste ist bei jedem Kandidaten anzugeben, ob er etwa aus besonderen Gründen die mündliche Prüfung am Ende des Sommersemesters abzulegen wünscht.

Die Listen sind bis zum 1. Juni dem Staatsministerium des Innern für Kirchen- und Schulangelegenheiten vorzulegen. Dieses setzt die Zeitpunkte des Beginns der beiden Abteilungen der mündlichen Prüfung fest.

Der Admissionsausschuß bestimmt hierauf unter Berücksichtigung der Bestimmungen im § 27 Absatz 2, 3 endgiltig, welche Kandidaten am Ende des Sommersemesters und welche vor dem Anfange des Wintersemesters geprüft werden sollen, stellt die Reihenfolge der Kandidaten durch das Los fest und benachrichtigt jeden schriftlich von dem Termin, in dem er sich vor dem Dekane der juristischen Fakultät zur Entgegennahme der näheren Mitteilung über den Tag und die Stunde der Prüfung zu stellen hat. Diese Mitteilung erfolgt am Gestellungstage durch den Dekan nach Benehmen mit dem Vorsitzenden der Prüfungskommission.

An Orten, in denen zwei Kommissionen gebildet sind, ist am Gestellungstage durch das Los festzustellen, vor welcher Kommission die einzelnen Kandidaten die Prüfung abzulegen haben. Der mit der Oberleitung des Prüfungsgeschäfts betraute Vorsitzende ist berechtigt, in besonderen Fällen Abweichungen von der Zuteilung zuzulassen.

Gesuche um Verlegung eines Prüfungstermines sind unter Angabe der Gründe an den Vorsitzenden der Prüfungskommission zu richten; diesem steht die Verbescheidung der Gesuche zu. Den Gesuchen soll nur stattgegeben werden, wenn sie durch triftige Gründe unterstützt sind.

§ 30. Die Listen der zur mündlichen Prüfung für das Ende des Sommersemesters und der zur mündlichen Prüfung für die Zeit vor dem Anfange des Wintersemesters endgiltig zugelassenen Kandidaten sind alsbald nach ihrer Anfertigung dem Vorsitzenden der Prüfungskommission zu übergeben. In den Listen sind die Tage anzugeben, an denen sich die einzelnen Kandidaten vor dem Dekane zu stellen haben (§ 29 Abs. 3).

Gleichzeitig sind dem Vorsitzenden die Zulassungsgesuche nebst den Belegen sowie das Protokoll über die Verhandlungen des Admissionsausschusses (§ 31) zur Verfügung zu stellen.

Der Vorsitzende hat sämtliche Akten sorgfältig zu prüfen und über etwaige Mängel und Beanstandungen unter Stellung der geeigneten Anträge an das Staatsministerium des Innern für Kirchen- und Schulangelegenheiten zu berichten.

§ 31. Der Admissionsausschuß hat über die aus Anlaß der Gesuche um Zulassung zur Zwischenprüfung und der Gesuche um Zulassung zur ersten Prüfung gepflogenen Verhandlungen und gefaßten Beschlüsse je ein gesondertes fortlaufendes Protokoll zu führen.

§ 32. Die Benachrichtigung von dem Termine der Zwischenprüfung und dem Termine der Gestellung zum mündlichen Teile der ersten Prüfung (§ 24 Abs. 1, § 29 Abs. 3) ist an die Kandidaten selbst zu richten und den am Orte der Prüfung anwesenden unmittelbar gegen Empfangsbestätigung zuzustellen, den abwesenden spätestens acht Tage vor dem

Termine durch die Post mittels eingeschriebenen Briefes zu übersenden.

1. Es ist demnach unzulässig, den abwesenden Kandidaten aufzulegen, einen Zustellungsbevollmächtigten an dem Sitze des Prüfungsortes aufzustellen.

2. Wegen Angabe des Ortes und der Wohnung, wo die Benachrichtigung von dem Termine der Zwischenprüfung zugestellt werden kann, durch die Kandidaten s. § 22 Abs. 3 MBek. I.

Wegen der Angabe des Ortes und der Wohnung, wo die Entschließung über Zulassung zur ersten Prüfung zugestellt werden kann, durch die Kandidaten s. § 27 Abs. 5 MBek. I.

§ 33. Einem Kandidaten, der unter Versäumung der in den §§ 22, 26 bestimmten Fristen das Gesuch um Zulassung zur Zwischenprüfung oder das Gesuch um Zulassung zur ersten Prüfung verspätet einreicht oder das Gesuch nicht mit den vorgeschriebenen Belegen (§§ 8, 9 der Verordnung, §§ 22, 26 dieser Vorschriften) versieht und trotz der Aufforderung zur nachträglichen Vorlegung der fehlenden Belege diese nicht sofort vorlegt, ist die Zulassung zu versagen. Die Gründe der Versagung sind anzugeben.

Die Beschwerde gegen diese Verfügung ist an das Staatsministerium des Innern für Kirchen- und Schulangelegenheiten zu richten.

§ 34. Die Zulassung zur Zwischenprüfung und zur ersten Prüfung hat die Wirkung, daß der Kandidat verpflichtet ist, sich zu der festgesetzten Zeit der Prüfung zu unterziehen.

Die Zurücknahme des Gesuchs um Zulassung zur Prüfung ist als rechtzeitig im Sinne des § 15 und des § 21 Abs. 2 der Verordnung nur dann anzusehen, wenn der Kandidat die Zurücknahme ordnungsgemäß im Laufe des dritten Tages vor dem Termine (§ 24 Abs. 2, § 29 Abs. 3) erklärt.

Den Beschluß, daß der Kandidat einem Kandidaten gleichzuachten ist, der die Prüfung nicht bestanden hat, hat die Prüfungskommission zu fassen. Der Beschluß ist in das Protokoll aufzunehmen.

Erfolgt nachträglich genügende Entschuldigung, so wird der Beschluß aufgehoben, der Kandidat aber in der Regel erst dann geprüft, wenn alle anderen Kandidaten geprüft sind.

Die Kandidaten sind bei der Benachrichtigung von dem Termine (§ 24 Abs. 2, § 29 Abs. 3) auf die Bestimmungen im § 15 und im § 21 Abs. 2 der Verordnung und im obigen Abs. 2 ausdrücklich aufmerksam zu machen.

Termin im Sinne des Abs. 2 ist bei der ersten Prüfung nicht der Zeitpunkt der Prüfung selbst, sondern der Zeitpunkt, in dem sich der Kandidat bei dem Dekane der juristischen Fakultät zur Entgegennahme der Mitteilung über den Tag und die Stunde der Prüfung einzufinden hat.

4. Zwischenprüfung (§§ 35 bis 39).

§ 35. Bei der Zwischenprüfung wird in der Regel der Kandidat vierzig Minuten lang aus den im § 3 der Verordnung bezeichneten Gegenständen geprüft.

Wurde gestattet, daß die Kommission gleichzeitig zwei Kandidaten prüft, so ist die Prüfungszeit auf achtzig Minuten zu verlängern. Auf zwei Stunden ist sie zu verlängern, wenn die Kommission gleichzeitig drei Kandidaten prüft, auf zwei und eine halbe Stunde, wenn die Kommission gleichzeitig vier Kandidaten prüft.

Bei der Prüfung aus der deutschen Rechtsgeschichte haben die Kandidaten auch Fragen über besonders wichtige Vorkommnisse der allgemeinen deutschen Geschichte zu gewärtigen.

§ 36. Bei der Zwischenprüfung ist vor allem zu erforschen, ob der Kandidat die juristischen Grundbegriffe erfaßt hat; erst in zweiter Linie sind die positiven Einzelheiten des römischen und des deutschen Rechtes und der Rechtsgeschichte in Betracht zu ziehen. Kandidaten, die nach der ersten Richtung nicht genügen, sind zurückzuweisen, auch wenn sie genügende Kenntnisse der Einzelheiten dargetan haben. Um zu erforschen, ob der Kandidat den ganzen Prüfungsgegenstand beherrscht, sollen die Fragen stets mehrere Gebiete des Prüfungsgegenstandes berühren. Die Fragen sollen klar und leicht verständlich sein.

Zeigt ein Kandidat auf einem durch die Fragestellung berührten Gebiet offenbare Unkenntnis, so ist dieses Gebiet zu verlassen und ein anderes zur Fragestellung zu wählen. Es sollen nur Fragen gestellt werden, die den Gegenstand selbst betreffen und bei einem regelmäßigen Bildungsgange beantwortet werden können. Fragen, die eine besondere Richtung der Vorbereitung voraussetzen, z. B. Fragen nach besonderen Einteilungen, besonderen Definitionen, die nur von einem bestimmten Lehrer aufgestellt oder nur in einem bestimmten Lehrbuche gefunden werden, sind zu vermeiden.

Die Vorsitzenden der Prüfungskommissionen sind angewiesen, die Beachtung dieser Bestimmungen sorgfältig zu überwachen.

§ 37. Alle Kommissionsmitglieder sind verpflichtet, der Prüfung fortgesetzt beizuwohnen, um sich ein Urteil über den Gesamteindruck des Prüfungsergebnisses bilden zu können.

§ 38. Die Beschlußfassung über das Ergebnis hat stets unmittelbar nach der Beendigung der Prüfung zu erfolgen. Jedes Mitglied hat hierbei seine Stimme nach dem Gesamtergebnisse der Prüfung abzugeben.

Die Beratung und die Beschlußfassung erfolgen nicht öffentlich. Die Reihenfolge bei der Abstimmung richtet sich nach dem Dienstalter; das jüngste Mitglied stimmt zuerst, der Vorsitzende zuletzt.

Daß ein Kandidat die Prüfung „mit Auszeichnung" bestanden hat, soll nur dann erklärt werden, wenn Einstimmigkeit darüber besteht, daß sein Wissen die Anforderungen, die an einen Kandidaten in der Regel gestellt werden können, erheblich übersteigt.

§ 39. Persönliche Verhältnisse der Kandidaten, die auf das Prüfungsergebnis einwirken, z. B. Erkrankung während der Vorbereitung zur Prüfung u. dgl. dürfen nicht berücksichtigt werden.

Wird ein Kandidat während der Prüfung von einem Unwohlsein befallen und wünscht er deshalb, daß die Prüfung abgebrochen werde, so hat die Kommission zu beurteilen, ob sich auf der Grundlage der von dem Kandidaten bis dahin gegebenen Antworten ein sicheres Urteil abgeben läßt oder nicht. Im ersten Falle wird über das Ergebnis Beschluß gefaßt; im anderen Falle wird, sofern es tunlich ist, dem Kandidaten ein möglich naher Termin zur erneuten Ablegung der Prüfung bestimmt.

5. Erste Prüfung. Schriftlicher Teil (§§ 40 bis 51).

§ 40. Bei dem schriftlichen Teile der ersten Prüfung werden den Kandidaten in der Regel vier Aufgaben vorgelegt;

ihr Inhalt kann dem Gebiete der sämtlichen Prüfungsgegenstände (§ 2 der Verordnung) entnommen sein.

Die Aufgaben werden in der Regel die Bearbeitung kurzer Rechtsfälle und die Beantwortung angereihter Fragen theoretischen Inhalts zum Gegenstande haben.

1. Bisher wurden den Kandidaten nur drei Aufgaben vorgelegt.
2. Jede der vier den Kandidaten vorgelegten Aufgaben kann auch mehrere unter sich verschiedene Aufgaben einschließen.

§ 41. Die juristischen Fakultäten der drei Landesuniversitäten oder einzelne ihrer Mitglieder werden alljährlich veranlaßt werden, Prüfungsaufgaben für bestimmte Gegenstände vorzuschlagen.

Hierbei sollen sie angemessene kleinere und einfachere Aufgaben mit starker Betonung der theoretischen Seite des Gegenstandes wählen; Rechtsfälle, die Gegenstand der Besprechung oder der schriftlichen Bearbeitung in einer Übungsvorlesung waren, dürfen nicht vorgeschlagen werden.

Jeder Aufgabe ist eine kurze Skizze der Lösung beizufügen. Aufgaben, die verschiedene rechtliche Beurteilungen und demgemäß verschiedene Lösungen zulassen, ist diejenige Lösung beizufügen, welche das Mitglied der Fakultät für die richtige hält, das die Aufgabe entworfen hat.

Das Staatsministerium des Innern für Kirchen- und Schulangelegenheiten stellt im Benehmen mit den Staatsministerien der Justiz und des Innern die für die Prüfung des Jahres bestimmten Aufgaben fest und übersendet die erforderliche Anzahl von Exemplaren verschlossen dem Vorsitzenden der Prüfungskommission. Dieser öffnet an den zur Bearbeitung der einzelnen Aufgaben bestimmten Tagen den Verschluß in Gegenwart der Kandidaten und verteilt die Aufgaben an sie.

§ 42. Der schriftliche Teil der ersten Prüfung wird an den drei Landesuniversitäten zu der gleichen Zeit abgehalten.

Den Kandidaten wird jeweils nur eine Aufgabe zur Bearbeitung vorgelegt. In der Regel wird für die Bearbeitung einer Aufgabe ein Zeitraum von vier bis fünf Stunden (vormittags 8 bis 12 oder 1 Uhr) festgesetzt.

Die Reihenfolge, in der die Aufgaben vorzulegen sind, wird jedesmal besonders bestimmt.

Nach dem Ablaufe der festgesetzten Zeit sind die Bearbeitungen an den die Aufsicht führenden Beamten abzuliefern, auch wenn sie unvollendet sind.

Die Kandidaten dürfen erst nach der Ablieferung ihrer Bearbeitungen aus dem Prüfungsraum entlassen werden.

Die Kandidaten haben auf der ersten Seite eines jeden Bogens der Bearbeitungen ihren Vornamen und ihren Familiennamen und auf der ersten Seite des ersten Bogens die Zahl der abgelieferten Bogen anzugeben. Die Richtigkeit der Zahl ist von dem Aufsichtsbeamten zu bestätigen, der zugleich die Zeit der Ablieferung auf der Bearbeitung vermerkt.

Die Bearbeitungen müssen mit gut leserlicher Schrift geschrieben sein. Für Papier, Federn u. dergl. haben die Kandidaten selbst zu sorgen.

1. Abs. 4 wird dahin auszulegen sein, daß der Kandidat aus dem Grunde keine Verlängerung der Arbeitszeit beanspruchen kann, weil die Arbeit noch nicht vollendet ist. Dagegen dürfte eine unmittelbare Verpflichtung des Kandidaten, die unfertige Arbeit abzuliefern, nicht aus Abs. 4 abzuleiten sein; es wird dem Kandidaten überlassen sein, anstatt einer unvollständigen Arbeit, gar keine Arbeit einzuliefern.

2. Zu Abs. 7 vergleiche die abweichende Fassung für die zweite Prüfung § 129 MBek. I.

3. § 110 Abs. 2 MBek. I (Gebrauch der Stenographie) wird analog anzuwenden sein.

§ 43. Als Hilfsmittel sind nur Gesetzestexte zulässig. Diese werden den Kandidaten von der Prüfungskommission für jede Arbeit besondes zur Verfügung gestellt.

§ 44. Die Sitzordnung der Kandidaten wird durch Ziehung des Loses bestimmt. Das Ergebnis der Ziehung ist im Protokoll anzugeben.

Vor der Ziehung des Loses sind den Kandidaten die Bestimmungen in den §§ 18, 19 der Verordnung und in den §§ 42, 43, 45, 46, 48 dieser Vorschriften vorzulesen.

Die einmal bestimmte Sitzordnung der Kandidaten bleibt bei der Bearbeitung der vier Aufgaben beibehalten.

§ 45. Die Aufsicht wird durch den Vorsitzenden der Prüfungskommission unter Mitwirkung der Kommissionsmitglieder geführt. Im Falle des Bedürfnisses kann das Staatsministerium des Innern für Kirchen- und Schulangelegenheiten auch andere Beamte zur Mitwirkung bei der Aufsicht bestimmen.

Sind zur Unterbringung der Kandidaten mehrere Räume nötig, so muß in jedem Raume ständig ein Aufsichtsbeamter anwesend sein. Sind in einem Raume mehr als dreißig Kandidaten vereinigt, so müssen ständig zwei Aufsichtsbeamte anwesend sein.

In Erlangen kann die Stellvertretung des Vorsitzenden bei dem schriftlichen Teile der Prüfung dem Dekane der juristischen Fakultät und für den Fall, daß dieser verhindert ist, einem anderen Mitgliede der Prüfungskommission übertragen werden.

Die Aufsichtsbeamten haben mit größter Strenge darüber zu wachen, daß jeder Verkehr der Kandidaten unter einander oder mit Dritten vom Augenblicke der Übergabe der Aufgaben an die Kandidaten bis zur Ablieferung der Bearbeitungen ausgeschlossen bleibt.

Betrifft der Aufsichtsbeamte einen Kandidaten bei dem Gebrauch eines nicht zugelassenen Hilfsmittels oder bei der Benützung fremder persönlicher Hilfe, so hat er seine Wahrnehmung im Protokolle zu beurkunden.

Den Beschluß im Sinne des § 19 Satz 2 der Verordnung hat die Prüfungskommission zu fassen.

Offengelassen ist, wer den Beschluß im Sinne des § 19 Abs. 1 der VO. I zu fassen hat; wohl auch die Prüfungskommission. Vgl. die Anm. zu § 48 MBek. I.

§ 46. Die Zensur der Bearbeitung erfolgt durch diejenigen Kommissionsmitglieder, welche hiezu besonders bestimmt sind (§ 14 Abs. 3).

Der Vorsitzende hat die Bearbeitungen unmittelbar nach der Beendigung des schriftlichen Teiles der Prüfung den Zensoren zu übergeben. Jeder Zensor erhält dabei auch eine Darstellung der Sitzordnung der Kandidaten.

Sind im Protokolle Wahrnehmungen des Aufsichtsbeamten beurkundet, die von Einfluß auf die Zensur sein können, so ist auch ein Auszug aus dem Protokolle beizufügen.

§ 47. Jeder Zensor hat zunächst, um eine bestimmte Grundlage für die Beurteilung der Bearbeitungen zu erlangen, selbst die Aufgabe kurz schriftlich zu bearbeiten. Sind mehrere

Mitglieder zur Zensur der Bearbeitungen einer Aufgabe bestimmt, so haben sie sich über die Beantwortung der für die Beurteilung der Bearbeitungen wichtigen Fragen zu einigen und darnach die schriftliche Bearbeitung der Aufgabe vorzunehmen.

§ 48. Die Zensur ist auf die Abgabe eines Urteils darüber zu beschränken, ob die Aufgabe „sehr gut", „gut", „genügend" oder „nicht genügend" bearbeitet worden ist. Sie ist mit einer kurzen Begründung zu versehen.

Bei der Zensur soll nicht zu großes Gewicht darauf gelegt werden, ob die Art der Lösung der Aufgabe durch den Kandidaten mit der vom Zensor als richtig angenommenen Lösung übereinstimmt, sondern hauptsächlich darauf gesehen werden, ob der Kandidat bei der Bearbeitung der Aufgabe allgemeines juristisches Verständnis, genügende theoretische Kenntnisse und eine gewisse Gewandtheit in der Darstellung seiner Gedanken gezeigt hat.

Hat ein Kandidat die Bearbeitung einer Aufgabe nicht vollendet, so soll die Bearbeitung wegen dieses Umstandes allein noch nicht für „nicht genügend" erklärt werden, sondern es ist unter Berücksichtigung der dem Kandidaten zur Verfügung gestandenen Zeit sowie der Größe des bearbeiteten Teiles der Aufgabe und des Wertes der Arbeit zu prüfen, ob er nicht auch durch die Bearbeitung nur eines Teiles der Aufgabe den im Abs. 2 bezeichneten Anforderungen so weit entsprochen hat, daß die Aufgabe als „genügend" oder als „gut" bearbeitet anzusehen ist.

Hat ein Kandidat eine Aufgabe gar nicht bearbeitet, so ist ihm für diese Aufgabe die Zensur „nicht genügend" zu erteilen.

Ergibt sich bei der Zensur der Verdacht, daß ein Kandidat bei der Bearbeitung ein nicht zugelassenes Hilfsmittel gebraucht oder sich fremder persönlicher Hilfe bedient hat, so ist dies unter Angabe der den Verdacht begründenden Umstände auf der Bearbeitung zu vermerken.

Den Beschluß im Sinne des § 19 Satz 1 der Verordnung hat die Prüfungskommission zu fassen.

Gegenüber dem Abs. 4 ist aber die Bestimmung des § 49 MBek. I im Auge zu behalten, wonach dem Kandidaten die Möglichkeit gegeben ist, für eine nicht bearbeitete Aufgabe eine Ersatzaufgabe zu liefern.

2. Offengelassen ist in Abs. 6, wer den Beschluß im Sinne des § 19 Satz 2 der VO. I zu fassen hat; wohl auch die Prüfungskommission. Vgl. die Anm. zu § 45 MBek. I.

§ 49. War ein Kandidat durch Krankheit oder andere zwingende Umstände verhindert, den schriftlichen Teil der Prüfung abzulegen, oder hat er aus einem solchen Grunde sich an der Bearbeitung der einen oder der anderen Aufgabe nicht beteiligen können, so kann der Vorsitzende durch das Staatsministerium des Innern für Kirchen- und Schulangelegenheiten ermächtigt werden, dem Kandidaten die nachträgliche Ablegung des schriftlichen Teiles der Prüfung oder die nachträgliche Bearbeitung einzelner Aufgaben zu gestatten und die hiezu nötigen Aufgaben im Benehmen mit dem Dekan der juristischen Fakultät festzustellen.

§ 50. Die Zensoren haben die Bearbeitungen in der Reihenfolge zu zensieren, in der die Kandidaten zum mündlichen Teile der Prüfung zugelassen sind.

Die zensierten Bearbeitungen eines Kandidaten sind spätestens sechs Tage vor dem Termine für die mündliche Prüfung des Kandidaten dem Vorsitzenden der Prüfungskommission zu übergeben. Dieser nimmt Einsicht von ihnen und teilt sie nebst den von den Zensoren gefertigten Bearbeitungen den übrigen Kommissionsmitgliedern mittels Umlaufs oder durch Auflegen in einem geeigneten Raume der Universität zur Einsichtnahme mit.

Der Vorsitzende und die Mitglieder sind verpflichtet, von sämtlichen Bearbeitungen Einsicht zu nehmen und sich ein selbständiges Urteil über ihren Wert zu bilden.

Mitglieder der Prüfungskommission, die nicht in der Lage sind, sich dieser unerläßlichen Pflicht zu unterziehen, können an der mündlichen Prüfung nicht teilnehmen.

§ 51. Der Vorsitzende hat den Kandidaten auf Verlangen das Ergebnis der Zensur mitzuteilen.

Die Pflicht des Vorsitzenden zur Mitteilung der Zensur der Aufgaben entsteht selbstverständlich erst mit der gemäß § 50 MBek. I erfolgten Übergabe der Aufgaben an ihn. Über Zeit und Ort und die sonstigen Modalitäten der Aufschlußerteilung kann der Vorsitzende die erforderlichen Bestimmungen treffen.

6. Mündlicher Teil (§§ 52 bis 58).

§ 52. Bei dem mündlichen Teile der ersten Prüfung wird der Kandidat in der Regel eine und eine halbe Stunde lang aus den im § 2 der Verordnung bezeichneten Gegenständen geprüft.

Wurde gestattet, daß die Kommission gleichzeitig zwei Kandidaten prüft, so ist die Prüfungszeit auf zwei und eine halbe Stunde zu verlängern. Auf drei Stunden ist sie zu verlängern, wenn die Kommission gleichzeitig drei Kandidaten prüft.

§ 53. Bei der mündlichen Prüfung am Ende des Sommersemesters ist in der Regel nur an den Nachmittagen der Werktage zu prüfen, bei der Prüfung vor dem Anfange des Wintersemesters in der Regel an den Vormittagen und an den Nachmittagen der Werktage.

§ 54. Bei dem mündlichen Teile der Prüfung ist insbesondere zu erforschen, ob sich der Kandidat die nötige formale juristische Bildung angeeignet hat (§ 5). Es ist zwar die vollständige Kenntnis des den Prüfungsgegenstand bildenden Stoffes zu fordern, doch ist auf untergeordnete Einzelheiten nicht einzugehen, sondern mehr darauf zu sehen, ob sich der Kandidat Fertigkeit im juristischen Denken erworben hat und einer freieren Behandlung des Prüfungsstoffes fähig ist. Auf bloßes Gedächtniswerk, das nur für die Prüfung erworben und nach der Prüfung wieder vergessen wird, ist kein ausschließliches Gewicht zu legen.

In allen Fällen, in denen der Studiengang des Kandidaten ungeordnet oder lückenhaft ist, haben die Vorsitzenden der Prüfungskommissionen darauf hinzuwirken, daß bei der Prüfung mit besonderer Genauigkeit und Strenge verfahren wird.

Im übrigen sind die Bestimmungen im § 36 Abs. 2, 3 und im § 37 auch hier anzuwenden. Werden von der Kommission gleichzeitig, aber getrennt mehrere Kandidaten geprüft, so haben die Kommissionsmitglieder abwechselnd der Prüfung sämtlicher Kandidaten zu folgen.

§ 55. Unmittelbar nach der Beendigung der mündlichen Prüfung eines Kandidaten ist über das Gesamtergebnis der schriftlichen und der mündlichen Prüfung zu beraten und zu beschließen.

Bei der Beratung haben die mit der Zensur der schriftlichen Arbeiten betrauten Kommissionsmitglieder oder, soweit diese an der Prüfung nicht teilgenommen haben sollten, vom Vorsitzenden bestimmte andere Mitglieder über das Ergebnis der schriftlichen Prüfung zu berichten.

Zu beschließen ist zuerst darüber, wie der Kandidat jede einzelne Aufgabe bearbeitet hat (§ 48 Abs. 1 Satz 1), sodann darüber, ob der Kandidat bei dem mündlichen Teile der Prüfung den Anforderungen entsprochen hat, endlich über das Gesamtergebnis der Prüfung nach Maßgabe der Bestimmungen im § 13 und im § 21 Abs. 1 Satz 2 der Verordnung. Die einzelnen Abstimmungen sind im Protokolle zu beurkunden.

Die Abstimmung über das Ergebnis des mündlichen Teiles der Prüfung hat sich nach dem Ergebnisse der mündlichen Prüfung aus den sämtlichen Prüfungsgegenständen, nicht nach dem Ergebnisse der Prüfung aus dem dem einzelnen Mitgliede zur Prüfung zugewiesenen Fache zu bemessen, die Schlußabstimmung über das Gesamtergebnis und die Erklärung der Kommission, in der es auszudrücken ist, nach dem Gesamteindrucke des schriftlichen und des mündlichen Teiles der Prüfung.

Die Vorschriften im § 12 Abs. 2 der Verordnung und im § 38 Abs. 2 dieser Vorschriften finden Anwendung.

1. Die Verweisung im Abs. 3 auf § 21 Abs. 1 Satz 2 der VO. I dürfte ein Redaktionsfehler sein. Es dürfte § 21 Abs. 1 Satz 3 zu lesen sein.

2. Durch Abs. 4 ist nicht ausgeschlossen, daß bei einem Kandidaten lediglich wegen ganz ungenügender Leistungen bei dem schriftlichen oder dem mündlichen Teile der Prüfung erklärt wird, er habe die Prüfung nicht bestanden (§ 58 MBek. I).

§ 56. Daß ein Kandidat die Prüfung bestanden hat, soll nur dann erklärt werden, wenn die Prüfungskommission die Überzeugung davon gewonnen hat, daß der Kandidat für seinen künftigen Beruf theoretisch gründlich gebildet und geschult ist, so daß eine ersprießliche Dienstleistung im höheren Staatsdienste von ihm erwartet werden kann. Bezüglich derjenigen Kandidaten, von welchen anzunehmen ist, daß sie sich nicht in allen Prüfungsgegenständen entsprechend vorbereitet haben, ist daher in der Regel zu erklären, daß sie die Prüfung nicht bestanden haben.

Falls das Ergebnis zweifelhaft ist, hat der Vorsitzende von der ihm nach § 23 der Verordnung zustehenden Befugnis Gebrauch zu machen.

Daß ein Kandidat die Prüfung „mit Auszeichnung bestanden" hat, soll nur dann erklärt werden, wenn Einstimmigkeit darüber besteht, daß sein Wissen die Anforderungen, die an einen Kandidaten in der Regel gestellt werden können, erheblich übersteigt.

Die Vorschriften des § 39 finden entsprechende Anwendung.

§ 57. Hat ein Kandidat die erste Prüfung auch bei der zweitmaligen Ablegung nicht bestanden, so hat die Prüfungskommission sofort darüber Beschluß zu fassen, ob für den Fall, daß der Kandidat um die Zulassung zur drittmaligen Ablegung nachsuchen sollte, die Zulassung empfohlen werden kann.

Der Beschluß ist in das Protokoll aufzunehmen und dem Kandidaten bei der Verkündung des Prüfungsergebnisses durch den Vorsitzenden bekannt zu machen.

§ 58. Mußte bezüglich eines Kandidaten mit Rücksicht auf seine ungenügenden Leistungen bei dem schriftlichen Teile der Prüfung erklärt werden, daß er die Prüfung „nicht bestanden" hat, so ist ihm dies bei der Verkündung des Prüfungsergebnisses ausdrücklich mitzuteilen.

7. Protokoll über die Zwischenprüfung und die erste Prüfung.

§ 59. Über den Gang des Prüfungsgeschäfts bei der Zwischenprüfung, bei dem schriftlichen Teile der ersten Prüfung und bei dem mündlichen Teile der ersten Prüfung, sowie über die dabei gepflogenen Verhandlungen und gefaßten Beschlüsse ist je ein gesondertes fortlaufendes Protokoll zu führen.

Im Protokolle sind alle wichtigeren Vorkommnisse (vgl. für die Zwischenprüfung insbesondere die §§ 12, 15, 16, 23, 24 der Verordnung, den § 16 Abs. 2 Satz 2, den § 17, den § 18 Abs. 3 Satz 2, 3, den § 19, den § 24 Abs. 3, den § 34 Abs. 2 bis 4, die §§ 38, 39 dieser Vorschriften;

für den schriftlichen Teil der ersten Prüfung den § 19 der Verordnung, den § 16 Abs. 2 Satz 1, 3, die §§ 42, 44, den § 45 Abs. 4 bis 6 dieser Vorschriften; für den mündlichen Teil der ersten Prüfung die §§ 21, 23, 24 der Verordnung, den § 17, den § 18 Abs. 3 Satz 2, 3, den § 19, den § 29 Abs. 5, den § 34 Abs. 2 bis 4, den § 54 Abs. 2, den § 55 Abs. 3, 4, den § 56 Abs. 2, die §§ 57, 58 dieser Vorschriften) zu beurkunden.

Das Protokoll über den schriftlichen Teil der ersten Prüfung ist nach der Beendigung dieses Teiles der Prüfung von dem Vorsitzenden und denjenigen Mitgliedern der Kommission, welche an der Aufsicht teilgenommen haben, zu unterschreiben, das Protokoll über die Zwischenprüfung und das Protokoll über den mündlichen Teil der ersten Prüfung je nach dem Ablauf eines Prüfungstages von dem Vorsitzenden und den beteiligten prüfenden Mitgliedern. Hat im Laufe eines Prüfungstags ein Wechsel in der Person des Vorsitzenden oder in den Personen prüfender Mitglieder stattgefunden, so ist das Protokoll auch vor dem Eintritte des Wechsels zu unterschreiben.

8. Prüfungszeugnisse (§§ 60, 61).

§ 60. Den Kandidaten, welche die Zwischenprüfung, und den Kandidaten, welche die erste Prüfung abgelegt haben, ist unmittelbar nach der Beschlußfassung über das Ergebnis der Prüfung ein Zeugnis über das Ergebnis auszustellen.

Das Zeugnis hat den Namen des Kandidaten, die Erklärung der Prüfungskommission, daß er die Prüfung „mit Auszeichnung bestanden“ oder „bestanden“ oder „nicht bestanden“ hat, den Tag des Beschlusses der Kommission sowie eine Bemerkung darüber zu enthalten, ob der Kandidat die Prüfung zum ersten Male abgelegt oder die Ablegung wiederholt hat.

Der Vorsitzende hat das Zeugnis zu unterschreiben und dem Kandidaten sogleich zu übergeben. Die mit dem Gesuch um Zulassung zur Prüfung eingereichten Zeugnisse und die etwa vorgelegten Arbeiten sind dem Kandidaten zurückzugeben.

Zur Ausstellung des Zeugnisses über die Ablegung der Zwischenprüfung ist das Formular A (Anlage I) zu benützen, zur Ausstellung des Zeugnisses über die Ablegung der ersten Prüfung das Formular B (Anlage II).

§ 61. Der Vorsitzende hat denjenigen Kandidaten, welche die Zwischenprüfung nicht bestanden haben, sowie den nach § 15 der Verordnung diesen gleichgeachteten Kandidaten in das Kollegienbuch, denjenigen Kandidaten, welche die erste Prüfung nicht bestanden haben, sowie den nach § 21 Abs. 2 der Verordnung diesen gleichgeachteten Kandidaten in das letzte Universitätsabgangszeugnis einen entsprechenden Vermerk einzutragen.

Ein Prüfungszeugnis wird denjenigen Kandidaten, über welche die im § 15 oder die im § 21 Abs. 2 der Verordnung bezeichnete Folge ausgesprochen wurde, nicht ausgestellt.

9. Berichterstattung des Vorsitzenden (§§ 62 bis 64).

§ 62. In jedem Jahre hat nach der Beendigung der Geschäfte der Zwischenprüfung und der ersten Prüfung der Vorsitzende über den Verlauf der Prüfungen, über etwaige besondere Vorkommnisse und Beobachtungen sowie über die Ergebnisse der Prüfungen an das Staatsministerium des Innern für Kirchen- und Schulangelegenheiten zu berichten.

Mit dem Berichte sind einzureichen:

1. ein Verzeichnis der Kandidaten, die zur Zwischenprüfung zugelassen wurden, unter Angabe ihrer Familienverhältnisse und des Ergebnisses der Prüfung oder der Gründe, aus denen ein Kandidat die Prüfung nicht abgelegt hat;
2. ein Verzeichnis der Kandidaten, die zur ersten Prüfung zugelassen wurden, unter Angabe ihrer Familienverhältnisse und des Ergebnisses der Prüfung oder der Gründe, aus denen ein Kandidat die Prüfung nicht abgelegt hat;
3. ein alphabetisch geordnetes Verzeichnis derjenigen Kandidaten, welche die erste Prüfung bestanden haben;
4. die bei der Zwischenprüfung, bei dem schriftlichen Teile der ersten Prüfung und bei dem mündlichen Teile dieser Prüfung geführten Protokolle;
5. die von den Kandidaten bei der ersten Prüfung gelieferten Bearbeitungen der Aufgaben.

Zur Herstellung des Verzeichnisses unter Nr. 1 ist das Formular C (Anlage III) zu benützen, zur Herstellung des Verzeichnisses unter Nr. 2 das Formular D (Anlage IV), zur

Herstellung des Verzeichnisses unter Nr. 3 das Formular E (Anlage V).

Die Verzeichnisse unter Nr. 1 bis 3 sind zum Gebrauche für die beteiligten Staatsministerien in je fünf Exemplaren einzureichen.

§ 63. Der Vorsitzende hat ein Verzeichnis derjenigen Kandidaten, welche die Zwischenprüfung nicht bestanden haben, und der nach § 15 der Verordnung diesen gleichgeachteten Kandidaten unmittelbar nach dem Schlusse einer Abteilung der Zwischenprüfung, also am Schlusse des Wintersemesters, am Anfange des Sommersemesters und am Anfange des Wintersemesters (Formular F, Anlage VI), ferner ein Verzeichnis derjenigen Kandidaten, welche die erste Prüfung nicht bestanden haben, und der nach § 21 Abs. 2 der Verordnung diesen gleichgeachteten Kandidaten (Formular G, Anlage VII) unmittelbar nach dem Schlusse der ersten Prüfung den juristischen Fakultäten der beiden anderen Universitäten zu übersenden.

Je einen Abdruck der im § 62 Abs. 2 unter Nr. 1, 2 bezeichneten Verzeichnisse hat er dem Senate der Universität, an deren Sitze die Prüfung abgehalten wurde, für die Zwecke des Stipendienreferats zu übersenden.

§ 64. Gleichzeitig mit der im § 62 vorgeschriebenen Berichterstattung, jedoch in einem gesonderten Berichte, hat der Vorsitzende seine etwaigen Vorschläge für die Bewilligung von Vergütungen an die bei den Prüfungen beteiligt gewesenen Personen bei dem Staatsministerium des Innern für Kirchen- und Schulangelegenheiten einzureichen. In dem Berichte sind die Dienstleistungen der einzelnen Personen näher zu bezeichnen. Dem Bericht ist ein summarischer Rechnungsausweis über die Einnahmen an Gebühren und über die auf die Zwischenprüfung und auf die erste Prüfung erwachsenen Ausgaben beizufügen.

10. Prüfungsgebühren (§§ 65 bis 69).

§ 65. Die Kandidaten haben außer den im § 26 der Verordnung bestimmten besonderen Gebühren von 15 Mark für die Zwischenprüfung und von 40 Mark für die erste

Prüfung eine Gebühr von je vier Mark zu entrichten für das Zeugnis über die Ablegung der Zwischenprüfung und für das Zeugnis über die Ablegung der ersten Prüfung (Art. 177 des Gesetzes über das Gebührenwesen in der am 6. Juli 1892 bekannt gemachten Fassung).

Die Gebühren sind bei der Einreichung des Gesuchs um Zulassung zur Prüfung bei der Universitätskanzlei einzuzahlen. Die Gebühren für die Zeugnisse sind durch Anwendung von Gebührenmarken (Bekanntmachung vom 4. Oktober 1879, Ges. u. Verordn. S. 1373) zu erheben.

An die Stelle des Art. 177 des Gesetzes über das Gebührenwesen in der Fassung vom 6. Juli 1892 ist der Art. 211 in der Fassung vom 11. Nov. 1899 (G. u. VBl. S. 904) getreten.

§ 66. Bei nachgewiesener Dürftigkeit eines Kandidaten können ihm die besonderen Gebühren für die Prüfungen oder ein Teil dieser Gebühren nachgelassen werden.

Ein Kandidat, der um Nachlassung einer Gebühr bittet, hat dies in dem Gesuch um Zulassung zur Prüfung zu tun.

Der Nachweis der Dürftigkeit wird in der im § 79 der Universitätssatzungen bestimmten Weise erbracht.

Die Verbescheidung der Gesuche liegt der Prüfungskommission ob. An der Beschlußfassung über die Nachlassung der Gebühr für die Zwischenprüfung müssen mit Einschluß des Vorsitzenden wenigstens drei Mitglieder teilnehmen, an der Beschlußfassung über die Nachlassung der Gebühr für die erste Prüfung mit Einschluß des Vorsitzenden wenigstens fünf Mitglieder. Die Vorschriften im § 12 Abs. 2 der Verordnung finden entsprechende Anwendung.

Die Beschlußfassung über die Nachlassung der Gebühr für die Zwischenprüfung erfolgt vor dem Beginne der Zwischenprüfung am Ende des Wintersemesters und vor dem Beginne der Zwischenprüfung am Anfange des Wintersemesters, die Beschlußfassung über die Nachlassung der Gebühr für die erste Prüfung vor dem Beginne des schriftlichen Teiles dieser Prüfung.

1. Wegen der Universitätssatzungen s. die Anm. zu § 2 MBek. I.
2. § 79 der Universitätssatzungen bestimmt:

Der Dürftigkeitsnachweis wird durch ein von der zuständigen Behörde in gehöriger Form ausgestelltes Vermögenszeugnis erbracht.

Das Zeugnis muß ersehen lassen:

1. Namen, Geburtsort, Heimat (Wohnort der Eltern) des Kandidaten,

2. Stand und Gewerbe der Eltern,
3. ob Vater und Mutter noch leben,
4. Zahl, Alter und Stellung der lebenden Geschwister und ob sie versorgt sind oder nicht,
5. den Betrag des Vermögens der Eltern und des selbständigen Vermögens des Kandidaten, soweit es amtlich zu ermitteln oder sonst bekannt ist,
6. das Einkommen der Eltern und die Quellen desselben,
7. den Betrag und die Gattung der Steuern, welche der Studierende oder dessen Eltern zu entrichten haben,
8. den Betrag von Schulden des Studierenden oder seiner Eltern,
9. die Quellen und Hilfsmittel, durch welche der Kandidat bisher sich erhalten und seine Studienkosten bestritten hat, sowie den Betrag seines aus diesen Quellen fließenden Einkommens, insbesondere der Unterstützungen aus öffentlichen und Privatmitteln.

Im Falle wiederholter Bewerbung genügt eine Bescheinigung der zuständigen Behörde darüber, daß eine Änderung in den Vermögensverhältnissen nicht eingetreten ist.

§ 67. Der Gebührenperzipient hat die Einzahlung der Gebühren auf dem Rande der ersten Seite des Gesuchs um Zulassung zur Prüfung zu bestätigen.

Ist in einem Zulassungsgesuch um Nachlaß der besonderen Prüfungsgebühr gebeten, so hat der Gebührenperzipient auf den Rand der ersten Seite des Gesuchs statt der Bestätigung der Einzahlung der Gebühr die Bemerkung zu setzen: „Hat um gänzliche (teilweise) Nachlassung der besonderen Prüfungsgebühr gebeten."

Nach der Beschlußfassung über die Nachlassung hat der Vorsitzende der Prüfungskommission auf dem Gesuche den Inhalt des Beschlusses kurz zu vermerken.

Die Kandidaten, deren Gesuch um Nachlassung der Gebühr abschlägig verbeschieden wurde, und die Kandidaten, denen nur ein Teil der Gebühr nachgelassen wurde, haben die Gebühr oder den Rest der Gebühr nachträglich einzuzahlen. Die Einzahlung ist auf dem Zulassungsgesuche zu bestätigen (Abs. 1).

§ 68. Ein Kandidat, der die Gebühren nicht erlegt hat und dem auch die Nachlassung nicht bewilligt wurde, darf vor der nachträglichen Einzahlung in die Prüfung nicht eintreten.

§ 69. Die Gebühr für das Prüfungszeugnis wird in allen Fällen zurückgezahlt, in denen ein Prüfungszeugnis nicht ausgestellt wird.

Die besondere Gebühr für die Prüfung wird nur denjenigen Kandidaten zurückgezahlt, welche nachweisen, daß sie aus zwingenden Gründen an der Ablegung der Prüfung gehindert sind.

Vgl. § 61 Abs. II MBek. I.

11. Rechnungsstellung (§§ 70 bis 72).

§ 70. Der Vorsitzende der Prüfungskommission hat am Schlusse des Jahres über die auf die Zwischenprüfung und auf die erste Prüfung erwachsenen Einnahmen und Ausgaben Rechnung zu stellen und diese dem Staatsministerium des Innern für Kirchen- und Schulangelegenheiten in dreifacher Ausfertigung vorzulegen. Hiebei sind, soweit tunlich, die Einnahmen und Ausgaben für die Zwischenprüfung und die für die erste Prüfung auseinander zu halten.

Die Rechnung ist nach dem im Formular H (Anlage VIII) enthaltenen Schema aufzustellen.

§ 71. In lit. A des Rechnungsschemas „Einnahmen“ ist sowohl bei der Gebühr für die Prüfungszeugnisse als bei der besonderen Prüfungsgebühr zu unterscheiden zwischen dem Gebühren-Soll und den wirklichen Einnahmen.

Das Gebühren-Soll bemißt sich nach der Zahl der Kandidaten, die um Zulassung zur Prüfung nachgesucht haben. Die wirklichen Einnahmen ergeben sich durch Abzug der Beträge der Nachlässe und der Rückzahlungen (§§ 66, 69) vom Gebühren-Soll.

§ 72. I. Zur rechnerischen Bedeckung der Einnahmen sind vorzulegen:

1. eine Bestätigung des Dekans der juristischen Fakultät
   a) über die Zahl der Kandidaten, die um Zulassung zur Zwischenprüfung, und der Kandidaten, die um Zulassung zur ersten Prüfung nachgesucht haben,
   b) über die Zahl der Kandidaten, die bei der Zwischenprüfung, und der Kandidaten, die bei der ersten Prüfung geprüft wurden,

c) über die Zahl der Kandidaten, die aus zwingenden Gründen an der Ablegung der Zwischenprüfung, und der Kandidaten, die aus zwingenden Gründen an der Ablegung der ersten Prüfung gehindert waren;

2. eine vom Dekan der juristischen Fakultät beglaubigte Abschrift der Beschlüsse der Prüfungskommission über die Nachlassung an besonderen Prüfungsgebühren. Durch die Bestätigung Nr. 1 a wird das Einnahmen-Soll sowohl an den Gebühren für die Prüfungszeugnisse als an den besonderen Prüfungsgebühren nachgewiesen, durch die Bestätigung Nr. 1 b die wirkliche Einnahme an Gebühren für die Prüfungszeugnisse, durch die Bestätigung Nr. 1 c sowie die Beschlüsse unter Nr. 2 die wirkliche Einnahme an besonderen Prüfungsgebühren.

II. Zur rechnerischen Bedeckung der Ausgaben sind vorzulegen:

A. 1. für alle persönlichen Ausgaben die Quittungen der Empfänger;

2. für die Remunerationen der prüfenden Mitglieder ferner

a) eine vom Vorsitzenden der Prüfungskommission nach dem Formular J (Anlage IX) hergestellte Übersicht über die Beteiligung der prüfenden Mitglieder an den einzelnen Prüfungshalbtagen der Zwischenprüfung und eine nach dem nämlichen Formulare hergestellte Übersicht über die Beteiligung der prüfenden Mitglieder an den einzelnen Prüfungshalbtagen des mündlichen Teiles der ersten Prüfung (die Übersichten entweder in Urschrift oder in einer vom Dekan der juristischen Fakultät beglaubigten Abschrift),

b) die Ministerialentschließungen, durch welche die prüfenden Mitglieder zu diesem Amte berufen wurden;

3. für die sonstigen Remunerationen die Bewilligungsentschließungen;

B. für die sächlichen Ausgaben die Quittungen über die Bezahlung der Liquidationen und Rechnungen.

Wenn angeschaffte Gegenstände im Rechnungsjahre nicht vollständig verbraucht werden, wie z. B. Prüfungszeugnisse, oder wenn ein angeschaffter Gegenstand eine bleibende Bestimmung für die Kommission hat, wie z. B. ein Kommissionssiegel, so ist den Rechnungen über die Kosten der Anschaffung solcher Gegenstände der Nachweis der gehörigen Abgabe zur weiteren Verwahrung beizulegen.

III. Sämtliche Einnahme- und Ausgabe-Belege sind fortlaufend und selbständig zu numerieren.

Die in Einnahmen und Ausgaben abgeglichene Rechnung ist mit dem Siegel der Kommission und der Unterschrift des Vorsitzenden der Prüfungskommission zu versehen.

Dritter Abschnitt.

Vorbereitungsdienst.

1. Dauer des Vorbereitungsdienstes und allgemeine Bestimmungen (§§ 73 bis 82).

§ 73. Der auf die Dauer von achtzehn Monaten festgesetzte Vorbereitungsdienst bei Gerichten ist ohne Unterbrechung zur einen Hälfte bei einem Amtsgerichte, zur anderen Hälfte bei einem Landgerichte abzuleisten.

Der Vorbereitungsdienst bei dem Amtsgerichte hat dem Vorbereitungsdienste bei dem Landgerichte voranzugehen.

§ 74. Rechtspraktikanten, die einen Teil des gerichtlichen Vorbereitungsdienstes bei einem Gericht eines anderen Bundesstaats ableisten wollen, haben hiezu die Erlaubnis des Staatsministeriums der Justiz zu erholen.

§ 75. Der auf die Dauer von zwölf Monaten festgesetzte Vorbereitungsdienst bei Verwaltungsbehörden ist entweder in seiner ganzen Dauer ohne Unterbrechung bei einem Bezirksamt oder ohne Unterbrechung zur Hälfte mit sechs Monaten bei einem Bezirksamte, zur anderen Hälfte mit sechs Monaten bei dem Magistrat einer der Kreisregierung unmittelbar untergeordneten Stadt, in München auch bei der Polizeidirektion, abzuleisten. Der sechsmonatige Vorbereitungsdienst bei einem Magistrat oder der Polizeidirektion in München kann vor dem sechsmonatigen Vorbereitungsdienst bei einem Bezirksamt oder in unmittelbarem Anschluß an diesen abgeleistet werden.

Eine anderweitige Teilung des Vorbereitungsdienstes bei Verwaltungsbehörden als die im Satz 1 bezeichnete ist nur bei dem Vorhandensein besonderer Gründe und nur mit Genehmigung des Staatsministeriums des Innern zulässig.

1. Der Vorbereitungsdienst bei den Verwaltungsbehörden kann nicht abgeleistet werden zur einen Hälfte bei der Polizeidirektion in München und zur anderen Hälfte bei dem Magistrate einer unmittelbaren Stadt, oder nur bei den Magistraten zweier unmittelbarer Städte.

2. Es ist nicht gestattet, den bei einem Bezirksamte oder den bei dem Magistrate einer unmittelbaren Stadt (Polizeidirektion in München) abzuleistenden Vorbereitungsdienst zu teilen; etwa in der Weise: drei Monate Bezirksamt, sechs Monate Magistrat, drei Monate Bezirksamt.

3. Es ist nicht gestattet, den Vorbereitungsdienst zwischen einem Bezirksamt und einem Magistrate einer unmittelbaren Stadt (Polizeidirektion in München) anders als nach Hälften zu teilen, etwa neun Monate Bezirksamt, drei Monate Magistrat.

4. Gestattet, aber nicht erwünscht ist die Teilung des Dienstes zwischen mehreren Bezirksämtern oder des sechsmonatigen Dienstes zwischen mehreren Magistraten unmittelbarer Städte.

5. Nicht gestattet ist die Ableistung des Dienstes bei einem Bezirksamt, einem Magistrat einer unmittelbaren Stadt und der Polizeidirektion in München.

§ 76. Der anwaltschaftliche Vorbereitungsdienst kann bei jedem an einem Oberlandesgericht oder einem Landgerichte zugelassenen und am Sitze dieses Gerichts wohnenden Rechtsanwalt abgeleistet werden.

Von dem Eintritt in den anwaltschaftlichen Vorbereitungsdienst und von dem Austritte haben die Rechtspraktikanten binnen drei Tagen dem Präsidenten des Landgerichts, an dessen Sitze der Vorbereitungsdienst abgeleistet wird — in München dem Präsidenten des Landgerichts München I — und dem Vorstande der Anwaltskammer schriftliche, mit einem Bestätigungsvermerke des Rechtsanwalts versehene Anzeige zu erstatten.

§ 77. Während der Dauer des Vorbereitungsdienstes bei den Gerichten und Verwaltungsbehörden haben sich die

Rechtspraktikanten jeder Beschäftigung bei einem Rechtsanwalte zu enthalten. Sie sind auch nicht befugt, die Vertretung von Parteien, sei es für einen Rechtsanwalt, sei es im eigenen Namen, zu übernehmen.

Rechtspraktikanten, welche dieser Vorschrift zuwiderhandeln, haben, abgesehen von den im § 33 der Verordnung bezeichneten Folgen, zu gewärtigen, daß ihnen die Zeit, während der sie auch bei einem Rechtsanwalte beschäftigt waren, auf die vorgeschriebene Dauer des Vorbereitungsdienstes bei den Gerichten oder Verwaltungsbehörden nicht angerechnet wird.

1. Durch die Bestimmung des Abs. 1 Satz 2 ist die Führung von Offizialverteidigungen durch Rechtspraktikanten nicht ausgeschlossen, auch nicht die Beiordnung an arme Parteien zur Vertretung gemäß § 116 ZPO. und § 14 GFG.; denn diese Aufgaben werden übertragen, nicht übernommen.

2. Dagegen ist es nach dem Wortlaut des Abs. 1 Satz 2 nicht gestattet, daß Rechtspraktikanten, wozu sie bisweilen zur ihrer Ausbildung von den Vorgesetzten veranlaßt werden, die Vertretung geschäftsfähiger aber ungewandter Parteien übernehmen. Den Absichten der Entschließung wird aber diese Auslegung nicht entsprechen.

3. Abweichend von § 41 der MBek. vom 14. Juli 1893 ist auch die Vertretung in anderen Sachen als in bürgerlichen Rechtsstreitigkeiten oder in Strafsachen, z. B. vor einer Verwaltungsbehörde, verboten.

§ 78. Den Rechtspraktikanten ist die Wahl des Gerichts, der Verwaltungsbehörde und des Rechtsanwalts, bei denen sie in den Vorbereitungsdienst treten wollen, überlassen. Sie haben rechtzeitig dafür zu sorgen, daß sie Aufnahme finden.

Der bei einer Behörde oder bei einem Rechtsanwalte begonnene Vorbereitungsdienst soll im Interesse der Gleichmäßigkeit der Ausbildung des Rechtspraktikanten in der Regel auch bei dieser Behörde oder diesem Rechtsanwalte vollendet werden.

§ 79. Der Vorbereitungsdienst kann seinen Zweck nur dann erfüllen, wenn bei einer und derselben Behörde gleichzeitig nicht eine allzu große Zahl von Rechtspraktikanten zugelassen ist. Insoweit nicht für einzelne Behörden von dem zuständigen Staatsministerium besondere Bestimmungen erlassen sind oder erlassen werden, soll daher die Zahl der bei einem Landgericht oder bei einem Amtsgerichte gleichzeitig zugelassenen Rechtspraktikanten die Zahl der bei dem Gericht angestellten Richter, die Zahl der bei einem Bezirksamte gleichzeitig zugelassenen Rechtspraktikanten das Doppelte der Zahl der bei diesem angestellten Beamten und die Zahl der bei einem Magistrat oder bei der Polizeidirektion in München zugelassenen Rechtspraktikanten die Zahl der bei diesen Behörden angestellten rechtskundigen Beamten nicht übersteigen.

Meldet sich bei einer Behörde zur Ableistung des Vorbereitungsdienstes während des gleichen Zeitraums eine größere Anzahl von Rechtspraktikanten, so haben diejenigen den Vorzug, welchen besonders gewichtige Gründe (wie Wohnsitz der Eltern u. dergl.) für die Ableistung des Vorbereitungsdienstes gerade bei dieser Behörde zur Seite stehen.

Findet bei einer Behörde erfahrungsgemäß regelmäßig ein größerer Andrang von Rechtspraktikanten statt, so haben die Amtsvorstände, damit nicht vorzugsweise zu berücksichtigende Rechtspraktikanten um deswillen zurückgewiesen werden müssen, weil andere sich früher gemeldet hatten, diejenigen Rechtspraktikanten, bei welchen keine oder doch nur minder dringliche Gründe vorliegen, entweder überhaupt zurückzuweisen, oder doch ausdrücklich nur in widerruflicher Weise zuzulassen.

Übersteigt die Zahl derjenigen Rechtspraktikanten, welchen besondere Gründe für die Ableistung des Vorbereitungsdienstes bei einer bestimmten Behörde zur Seite stehen, die im Abs. 1 festgesetzte Zahl, so ist über die Frage der Zulassung einer größeren Zahl unter gutachtlicher Äußerung über die Möglichkeit der ausreichenden Beschäftigung auch der größeren Zahl an das vorgesetzte Staatsministerium auf dem Dienstwege zu berichten.

1. Als bei einem Bezirksamte angestellte „Beamte", deren Zahl dafür maßgebend ist, wie viele Praktikanten bei dem Bezirksamte zugelassen werden sollen, werden nach der Bedeutung, die sich für das Wort aus § 82 der Entschließung ergibt, nur der Bezirksamtmann und die Bezirksamtsassessoren und deren etwaige Vertreter (Regierungsakzessisten) anzusehen sein, nicht das niedere Personal.

2. Ist ein Rechtspraktikant in nicht bloß widerruflicher Weise zugelassen, so hat er den Vorzug vor den vor ihm noch nicht zugelassenen Rechtspraktikanten, selbst, wenn diesen gewichtige Gründe für die Ableistung des Vorbereitungsdienstes zur Seite stehen, während e r sich auf solche nicht berufen kann.

Dagegen wird die bloß frühere Meldung eines Praktikanten trotz des Wortlautes des Abs. 3 („weil andere sich früher gemeldet hatten") kein Vorrecht vor solchen Praktikanten begründen, die sich auf gewichtige Gründe berufen können.

§ 80. Bei einem Rechtsanwalte, bei dem schon ein Rechtspraktikant im Vorbereitungsdienste steht, kann ein weiterer Rechtspraktikant zur gleichzeitigen Ableistung dieses Dienstes nur mit Bewilligung des Präsidenten des Landgerichts oder des Oberlandesgerichts eintreten, bei dem der Rechtsanwalt zugelassen ist. Der Präsident hat vor der Verbescheidung des Gesuchs das Gutachten des Vorstands der Anwaltskammer einzuholen. Ist der Rechtsanwalt bei einem Landgericht und dem Oberlandesgericht zugelassen, so entscheidet der Präsident des Oberlandesgerichts.

Will ein Rechtspraktikant bei einem Rechtsanwalt eintreten, bei dem schon zwei Rechtspraktikanten im Vorbereitungsdienste stehen, so ist das Zulassungsgesuch bei dem Staatsministerium der Justiz einzureichen.

Nach § 44 der MBek. vom 14. Juli 1893 war stets die Genehmigung des Staatsministeriums der Justiz erforderlich.

§ 81. Die Ausbildung der Rechtspraktikanten zählt zu den wichtigsten Aufgaben der Behörden. Es wird daher allen mit der Vorbereitung der Rechtspraktikanten befaßten Beamten zur besonderen Pflicht gemacht, mit der der Wichtigkeit des Gegenstandes angemessenen Umsicht und Energie darauf bedacht zu nehmen, daß die wissenschaftliche und praktische Vorbereitung der Rechtspraktikanten in entsprechender Weise gefördert wird.

§ 82. Die Rechtspraktikanten sind während des Vorbereitungsdienstes bei den Gerichten und Verwaltungsbehörden stets einem oder mehreren Beamten zur besonderen Aufsicht und Überwachung ihrer Tätigkeit zuzuteilen.

Diese Beamten haben unter der Oberleitung der Amtsvorstände der praktischen Ausbildung der Rechtspraktikanten besondere Aufmerksamkeit zuzuwenden und nachdrücklich darauf zu achten, daß die Rechtspraktikanten hinlänglich beschäftigt werden, mit Eifer und Gewissenhaftigkeit ihren Obliegenheiten nachkommen und die ihnen übertragenen schriftlichen Arbeiten nicht nur gründlich und rechtzeitig, sondern auch in einer sorgfältigen Form sowie in reinlicher und gut leserlicher Schrift erledigen.

Bei der Auswahl der den Rechtspraktikanten zu übertragenden Arbeiten ist insbesondere der Gesichtspunkt im

Auge zu behalten, daß die Rechtspraktikanten sich zu ihrer Ausbildung bei den Behörden befinden. Es sollen daher die Gegenstände, deren Bearbeitung ihnen übertragen wird, möglichst so beschaffen sein, daß sie ihnen Gelegenheit bieten, ihr theoretisches Wissen zu erproben und ihre praktischen Kenntnisse zu erweitern. Es soll tunlichst eine einseitige Beschäftigung in einzelnen Dienstzweigen vermieden und weniger Gewicht auf die Menge der Geschäfte als auf deren Ausbildungswert gelegt werden, damit die Rechtspraktikanten nicht in eine schablonenmäßige Weise der Geschäftserledigung verfallen. Ergeben sich auf diese Weise freie Stunden, so ist den Rechtspraktikanten zu überlassen, ihre Vorbereitung auf die zweite Prüfung durch privates Studium zu fördern.

Die im landgerichtlichen Vorbereitungsdienste stehenden Rechtspraktikanten sind außerdem noch einer Zivilkammer (Kammer für Handelssachen) oder einer Strafkammer oder der Gerichtsschreiberei zuzuweisen (§ 85 MBek. I).

2. Der Vorbereitungsdienst bei den Gerichten (§§ 83 bis 90).

§ 83. Die Beschäftigung der Rechtspraktikanten bei den Gerichten ist so einzurichten, daß ihnen Gelegenheit geboten ist, alle Zweige der gerichtlichen Tätigkeit kennen zu lernen.

Vor allem sollen sie von den Richterbeamten, denen sie zugeteilt sind, bei der Erledigung der Geschäfte des eigentlichen richterlichen Dienstes herangezogen, also namentlich unter entsprechender Belehrung zum Entwerfen von Urteilen, Beschlüssen und Verfügungen in ausgedehnter Weise verwendet werden. Tunlichst oft sollen sie in geeigneten Fällen zu Verteidigern bestellt werden.

Zu rein formalen Arbeiten sollen sie nur verwendet werden, soweit der Zweck ihrer Ausbildung es erfordert; zur Besorgung des Schreibwerkes sollen sie überhaupt nicht verwendet werden.

Während ihrer Zuteilung zur Gerichtsschreiberei sind sie im gesamten Gerichtsschreibereidienst einschließlich des finanziellen Teiles zu unterweisen.

1. Nach diesen Bestimmungen sind die Rechtspraktikanten auch in den Geschäften der Justizverwaltung zu unterweisen. Sie sind insbesondere auch zur Erledigung der den Gerichten hinsichtlich des Gefängniswesens obliegenden Geschäfte heranzuziehen.

2. Das Führen der Protokolle über die Hauptverhandlungen vor den Zivilkammern und den Strafkammern, den Kammern für Handels-

sachen, den Schöffengerichten, den Amtsrichtern ist keine rein formale Arbeit. Dagegen würde zu große Heranziehung zu diesen Arbeiten die Ausbildung zu einseitig machen (s. auch § 86 Abs. 2 MBek. I).

3. Das Führen der Protokolle über die Verhandlungen vor einem beauftragten oder ersuchten Richter ist in der Regel rein formale Tätigkeit.

§ 84. Bei den Amtsgerichten sind die Rechtspraktikanten in angemessenem Wechsel nach und nach den mit der Bearbeitung der verschiedenen Gegenstände des amtsgerichtlichen Dienstes betrauten Beamten zuzuweisen.

Besonderes Gewicht ist auf die Ausbildung der Rechtspraktikanten in den Gegenständen der freiwilligen Gerichtsbarkeit, insbesondere im Grundbuch- und Hypothekenwesen, zu legen.

Zur Ausbildung der Rechtspraktikanten in dem zuletzt genannten Geschäftszweige ist auch eine angemessene theoretische Unterweisung geboten. Beim Vorhandensein mehrerer Rechtspraktikanten an einem Amtsgericht ist diese Unterweisung den Rechtspraktikanten gemeinsam oder wenigstens gruppenweise zu erteilen.

Zu Ende des Monats Juli jedes Jahres haben die Amtsgerichtsvorstände über die Zahl der Rechtspraktikanten, die seit dem Monat August des vorhergegangenen Jahres bei dem Amtsgerichte sich dem Vorbereitungsdienst unterzogen, über die Einrichtung ihres Vorbereitungsdienstes und über die erzielten Ergebnisse an den Präsidenten des vorgesetzten Landgerichts zu berichten.

Hiebei sind die größeren Arbeiten, welche die Rechtspraktikanten während des Vorbereitungsdienstes gefertigt haben, besonders zu erwähnen und einige Arbeiten jedes Rechtspraktikanten zur Einsicht mitvorzulegen. Gehören die Urschriften der Arbeiten zu den Akten des Gerichts, so sind diese vorzulegen. Sind die Akten nicht entbehrlich, so haben die Rechtspraktikanten Abschriften ihrer Arbeiten zu fertigen. Den Arbeiten ist eine Äußerung des Richters, dem der Rechtspraktikant zugewiesen war, über die praktische Verwendbarkeit der Arbeiten beizufügen.

Die Vorstände derjenigen Amtsgerichte, bei welchen sich Rechtspraktikanten im Vorbereitungsdienste nicht befanden, haben Fehlanzeige zu erstatten.

Die Landgerichtspräsidenten haben über den wesentlichen Inhalt der Berichte der Amtsgerichtsvorstände, sowie über etwa wahrgenommene Unregelmäßigkeit oder Nachlässigkeit in der Ausbildung der Rechtspraktikanten an das Staatsministerium der Justiz zu berichten.

Die näheren Bestimmungen über die Berichterstattung der Landgerichtspräsidenten gibt der § 89 MBek. I.

§ 85. Die in den landgerichtlichen Vorbereitungsdienst übergetretenen Rechtspraktikanten sind nach und nach der Gerichtsschreiberei zur Verwendung im Gerichtsschreiberdienste, der Strafkammer und der Zivilkammer (Kammer für Handelssachen) zuzuweisen.

Die Dauer der Verwendung in den einzelnen Geschäftszweigen bleibt der Anordnung des Landgerichtspräsidenten überlassen. Dieser hat jedoch darauf Bedacht zu nehmen, daß die Rechtspraktikanten möglichst gleichmäßig in den verschiedenen Zweigen des gerichtlichen Dienstes ausgebildet werden.

1. Gleichzeitige Zuteilung zu einer Kammer und zur Gerichtsschreiberei oder zu zwei Kammern ist unzulässig, auch wenn etwa der „Respizient" (§ 82) mehreren Kammern angehört.

2. Schon beim Eintritte des Rechtspraktikanten in den amtsgerichtlichen Vorbereitungsdienst ist dafür zu sorgen, daß die Einberufung zur Ableistung von militärischen Übungen nicht gerade auf die Zeit des Dienstes fällt, die für die Ausbildung in den Zweigen des Dienstes bestimmt ist, in denen die Ausbildung nur bei dem Amtsgerichte möglich ist, insbesondere für die Ausbildung im Nachlaß- und Vormundschaftswesen und im Hypotheken- und Grundbuchwesen. Sollte sich dies nicht vermeiden lassen, so ist durch entsprechende Einteilung der noch übrigen Zeit Abhilfe zu schaffen. Wenn die Ausbildung in einem der Zweige überhaupt ganz in Wegfall kommen müßte, ist an das Staatsministerium der Justiz zu berichten. (Autogr. JME. vom 7. Okt. 1901 Nr. 39643.)

§ 86. Während der Verwendung der Rechtspraktikanten in den Kammern liegt die Bestimmung über ihre Beschäftigung dem Vorsitzenden der Kammer ob.

Es ist darauf zu halten, daß die Rechtspraktikanten regelmäßig den öffentlichen und den geheimen Sitzungen sowie der Beratung und Abstimmung beiwohnen, in den ihnen zur Bearbeitung übertragenen Sachen mündlich vortragen und ihre Ansicht in freier Rede entwickeln, auch bei der Erledigung anderer als der von ihnen bearbeiteten Sachen in geeigneter Weise zur Äußerung ihrer Ansicht veranlaßt und zum Entwerfen von Urteilen, Beschlüssen und Verfügungen in möglichst ausgedehnter Weise verwendet werden. Zugleich sind sie auch zu den Verrichtungen des Gerichtsschreibers in den öffentlichen Sitzungen der Kammer heranzuziehen.

§ 87. Bei allen Landgerichten, bei denen sich zwei oder mehr Rechtspraktikanten im Vorbereitungsdienste befinden, sind überdies gemeinsame praktische Übungen einzuführen, deren Leitung einem hierfür geeigneten, in entsprechendem Maße von anderen Arbeiten zu entlastenden Mitgliede des Gerichts zu übertragen ist.

Die Übungen haben sich auf Zivil- und Strafrecht, Zivil- und Strafprozeß unter besonderer Berücksichtigung des Zivilrechts zu erstrecken und sollen hauptsächlich in der schriftlichen Bearbeitung von Rechtsfällen sowie in dem Entwerfen von Urteilen und Beschlüssen, in der Beurteilung dieser Arbeiten durch den Richter und in der gemeinsamen Besprechung der Arbeiten bestehen. Für die Herstellung der schriftlichen Arbeiten, die für die einzelnen Rechtspraktikanten verschieden sein können, sind ihnen nach dem Umfang und der Schwierigkeit der Aufgabe bemessene Fristen zu bestimmen. Die gelieferten Arbeiten sind von dem mit der Leitung der Übung betrauten Richter mit einer kurzen Beurteilung zu versehen. Für die gemeinsame Besprechung sind wenigstens zwei Stunden wöchentlich, bei einer größeren Zahl von Rechtspraktikanten am geeignetsten in ununterbrochener Dauer, zu verwenden. Hiebei sind die Rechtspraktikanten auch in dem formalen Teile aller bei den Gerichten vorkommenden Geschäften, insbesondere der korrekten Abfassung der Urteile und der richtigen Protokollführung, zu unterweisen.

Außer erledigten Sachen, die bei den Gerichten anhängig waren, werden sich zum Gebrauche bei den Übungen auch die im Buchhandel erschienenen Aufgaben der juristischen Staatsprüfung eignen. Übrigens bleibt die Wahl des Stoffes dem die Übungen leitenden Richter überlassen; auf dessen Wunsch wird der Landgerichtspräsident, wenn möglich, auch die autographische Vervielfältigung gewählter Aufgaben veranlassen.

An den Übungen haben sich sämtliche Rechtspraktikanten eines Gerichts zu beteiligen. Mehr als fünfzehn Rechtspraktikanten sind indes regelmäßig einem Richter für die Übungen nicht zuzuweisen. Befindet sich bei einem Gericht eine größere

Anzahl von Rechtspraktikanten, so sind nach Bedürfnis mehrere Richter für die Leitung der Übungen zu bestimmen.

Der Landgerichtspräsident hat die Übungen geeignet zu überwachen. Die von den Rechtspraktikanten gelieferten Arbeiten sind ihm von Zeit zu Zeit zur Einsicht vorzulegen.

Gibt ein Rechtspraktikant dem Leiter der Übungen zu Klagen Veranlassung, so hat dieser dem Präsidenten des Landgerichts hievon Mitteilung zu machen; der Präsident hat im Sinne des § 33 der Verordnung zu verfahren.

Die Kosten des Papieres, das die Rechtspraktikanten zur Anfertigung ihrer Arbeit nötig haben, werden aus Regiemitteln zu bestreiten sein.

§ 88. Zu Anfang des Monats Mai jedes Jahres haben die Präsidenten der Landgerichte über die Zahl der Rechtspraktikanten, die seit dem Monate Mai des vorhergegangenen Jahres bei dem Landgerichte sich dem Vorbereitungsdienst unterzogen, über die Einrichtung des Vorbereitungsdienstes, insbesondere die nach § 87 abgehaltenen Übungen, sowie über die erzielten Ergebnisse an das Staatsministerium der Justiz zu berichten.

Wegen des Näheren s. § 89 MBek. I.

§ 89. Die Berichte der Landgerichtspräsidenten über den amtsgerichtlichen und den landgerichtlichen Vorbereitungsdienst (§ 84 Abs. 7, § 88) sollen dem Staatsministerium der Justiz ermöglichen, die Einhaltung der Vorschriften über den Vorbereitungsdienst zu überwachen, und ihm einen fortwährenden Einblick in die Einrichtung des Vorbereitungsdienstes bei den einzelnen Gerichten eröffnen. Auch sollen sie zuverlässige Aufschlüsse über die Ergebnisse bieten, die bei der Anwendung der Vorschriften erzielt wurden.

Sie haben daher vor allem die Angabe zu enthalten, wie viele Rechtspraktikanten bei jedem Gericht im Vorbereitungsdienste waren und wie lang der einzelne Rechtspraktikant dem Vorbereitungsdienste bei dem Gericht oblag, ferner ob der Vorbereitungsdienst ununterbrochen abgeleistet oder warum er unterbrochen wurde. Sodann ist ausführlich darzulegen, wie der Vorbereitungsdienst bei jedem Gericht geregelt ist und auf welche Weise sich der Vorstand des Gerichts die Gewißheit verschafft, daß die sämtlichen über den

Vorbereitungsdienst erlassenen allgemeinen und besonderen Vorschriften von den beteiligten Mitgliedern des Gerichts und von den Rechtspraktikanten aufs sorgfältigste beobachtet werden.

Bei der Darstellung der Ergebnisse des amtsgerichtlichen Vorbereitungsdienstes ist anzugeben, wie sich die Amtsgerichtsvorstände im allgemeinen hierüber aussprachen, wie viele Arbeiten jedes Rechtspraktikanten eingesendet wurden, welche Gegenstände die Arbeiten behandelten, ob sie praktisch verwendbar waren und wie sie der Landgerichtspräsident beurteilt.

Die Berichterstattung über die Ergebnisse des landgerichtlichen Vorbereitungsdienstes hat sich mit den Wahrnehmungen zu befassen, die die Leiter der praktischen Übungen, die Richter, denen die Rechtspraktikanten zugewiesen waren, die Vorsitzenden der Kammern und namentlich der Landgerichtspräsident selbst gemacht haben, insbesondere in den öffentlichen und in den geheimen Sitzungen sowie bei der Beurteilung der schriftlichen Arbeiten der Rechtspraktikanten.

Zuletzt hat der Bericht allenfallsige Unregelmäßigkeiten oder Nachlässigkeiten zu erwähnen.

Die Berichte sind von den Landgerichtspräsidenten selbst zu verfassen.

Den Berichten sind die Beschäftigungsübersichten der Rechtspraktikanten (§ 93 Abs. 7) beizulegen.

Die autogr. JME. vom 19. Juli 1905 Nr. 27472 bestimmt hinsichtlich der im § 84 Abs. 7 und § 88 angeordneten Berichte weiter: Die Berichte haben nur den Zweck, die Einrichtungen darzustellen, die zur Ausbildung der Rechtspraktikanten getroffen sind, und dem Staatsministerium der Justiz einen Einblick zu verschaffen, ob die Befolgung der Vorschriften über den Vorbereitungsdienst bei den Gerichten gewährleistet wird.

Es wird daher angeordnet, daß bei der Abfassung der Berichte nur aufgenommen werde, was diesem Zwecke dient.

Einen großen Teil der Berichte pflegen die Ausführungen über die gemeinsamen theoretischen Unterweisungen und die gemeinsamen praktischen Übungen einzunehmen, obwohl hierüber in der Mehrzahl der Fälle schon aus Anlaß der Frage berichtet wurde, ob den Leitern der Unterweisungen und Übungen Remunerationen zu gewähren seien.

Die Berichte über die Gewährung von Remunerationen sind ebenfalls nur auf das Wesentliche zu beschränken, so ist es z. B. für das Staatsministerium der Justiz ohne Interesse, zu wissen, an welchen einzelnen Kalendertagen die Unterweisungen und Übungen stattfanden. Es wird auch gestattet, daß ein Bericht der Leiter der Unterweisungen und Übungen als Beilage beigefügt wird; wo die Unterweisungen und Übungen in Abteilungen zerfallen, wird es sich empfehlen, Berichte der Leiter der Abteilungen beizufügen und darauf zu verweisen.

Die Vorschrift in Abs. 6 des § 89 der Bekanntmachung vom 6. Juli 1899 schließt es nicht aus, daß der Landgerichtspräsident einen Beamten des Gerichts damit betraut, das tatsächliche Material, auf Grund dessen der Bericht zu erstatten ist, zusammenzustellen. Bei größeren Gerichten wird es sich empfehlen, daß der Präsident in dieser Weise verfährt.

Die im § 84 Abs. 7 und § 88 der Bekanntmachung vom 6. Juli 1899 angeordneten Berichte sind ebenso wie die Berichte über die Gewährung von Remunerationen dem Staatsministerium der Justiz unmittelbar einzureichen.

§ 90. Jedem Rechtspraktikanten ist bei dem Eintritt in den amtsgerichtlichen und in den landgerichtlichen Vorbereitungsdienst eine Dienstanweisung zu übergeben.

Die Dienstanweisung hat den Hinweis auf die von dem gerichtlichen Vorbereitungsdienste handelnden Bestimmungen der Verordnung und dieser Vorschriften, den Inhalt der zur Ergänzung dieser Vorschriften erlassenen Ministerialentschließungen, die besonderen Anordnungen, die der Gerichtsvorstand zur Sicherung des pünktlichen Vollzugs der allgemeinen Vorschriften über die Einrichtung des Vorbereitungsdienstes bei seinem Gericht erlassen hat, eine Verweisung auf die hinsichtlich der Verehelichung der Rechtspraktikanten bestehenden Vorschriften und eine Belehrung über die Vorschriften, die für die Zulassung und Anmeldung zur zweiten Prüfung bestehen, zu enthalten. Bei der Übergabe der Dienstanweisung ist den Rechtspraktikanten zugleich gegen Unterschrift zu eröffnen, daß eine spätere Entschuldigung mit mangelnder Kenntnis der Vorschriften über den Vorbereitungsdienst und über die Zulassung zur zweiten Prüfung nicht beachtet werden wird, daß sie daher alle aus dem Mangel der Kenntnis der Vorschriften ihnen etwa entstehenden Nachteile sich selbst zuzuschreiben haben.

Die Dienstanweisung hat der Gerichtsvorstand auszuarbeiten. Die von den Amtsgerichtsvorständen ausgearbeiteten Dienstanweisungen sind dem Landgerichtspräsidenten zur Prüfung vorzulegen.

1. Die von dem Vorstande zu erlassende Dienstanweisung hat zu enthalten:

a) Ihrem Inhalte nach die Ministerialentschließungen, die zur Ergänzung der Verordnung vom 4. und der Ministerialbekanntmachung vom 6. Juli 1899 ergangen sind.

Ministerialentschließungen, die zum Vollzuge der Verordnung vom 12. Juli 1893 und der Ministerialbekanntmachung vom 14. Juli 1893 erlassen wurden, werden ebenfalls aufzunehmen sein, soweit sie noch in Geltung sind.

Ihrem Inhalte nach sind auch aufzunehmen die besonderen Anweisungen des Gerichtsvorstands.

Ihrem Inhalte nach werden in die Dienstanweisungen der Amtsgerichtsvorstände auch einzufügen sein allgemeine Vorschriften der Präsidenten der Landgerichte oder der Oberlandesgerichte.

b) Dagegen genügt die bloße Verweisung auf die von dem gerichtlichen Vorbereitungsdienste handelnden Bestimmungen der Verordnung und der Ministerialbekanntmachung und auf die Vorschriften über die Verehelichung der Rechtspraktikanten.

c) Über die Zulassung und Anmeldung zur zweiten Prüfung ist eine förmliche Unterweisung zu erteilen.

2. Die Bestimmungen über die Verehelichung der Rechtspraktikanten sind enthalten:

a) in der Ministerialbekanntmachung vom 20. August 1868, die Verehelichung der Staatsdienstaspiranten und der nur widerruflich im öffentlichen Dienst verwendeten Individuen betr. (Reg.Bl. S. 1069), im Anhang abgedruckt,

b) in der Entschließung des Staatsministeriums des Innern vom 20. Dez. 1899, ergangen zum Vollzug des Personenstandsgesetzes (JMBl 1900 S. 873; InnMBl 1899 S. 673) Ziffer 35 C Abs. 6 und Anweisung für die Standesbeamten der Pfalz vom 20. Dez. 1899 (JMBl. S. 1311) III. Abschn. A zu Ziffer 1 Abs. 4, in dem anerkannt ist, daß Staatsdienstaspiranten keiner dienstlichen Verehelichungsbewilligung bedürfen.

c) in der autogr. Entschließung der Staatsministerien der Justiz, des Innern und der Finanzen v. 22. Januar 1897 Nr. 126. Darnach bedürfen Rechtspraktikanten, die noch im Vorbereitungsdienst stehen, oder die zweite Prüfung zwar abgelegt haben, aber noch nicht bei einem bestimmten Ressort verwendet oder vorgemerkt sind, keiner dienstlichen Verehelichungsbewilligung. Es soll ihnen aber, damit die seinerzeitige Aufnahme unter die Bewerber um den Staatsdienst keine Beanstandung erfährt, die Möglichkeit gegeben werden, eine dienstliche Würdigung herbeizuführen. Demgemäß wird bestimmt:

1. Rechtspraktikanten, die sich vor Ablegung der zweiten Prüfung verehelichen wollen, können von ihrem Vorhaben und der getroffenen Wahl behufs Würdigung vom dienstlichen Standpunkte aus Anzeige erstatten.
2. Dasselbe gilt für Rechtspraktikanten, die die zweite Prüfung zwar abgelegt haben, aber sich noch nicht im Besitze des Prüfungszeugnisses befinden und als Bewerber für den Justizdienst, für den Dienst der inneren Verwaltung oder den höheren Finanzdienst noch nicht verwendet oder vorgemerkt sind.
3. Die Anzeigen der unter 1 genannten Rechtspraktikanten sind auf den Dienstweg unter Beifügung einer gutachtlichen

Äußerung an das vorgesetzte Staatsministerium einzubefördern, das sie verbescheiden wird.

4. Die Anzeigen der unter 2 genannten Rechtspraktikanten sind behufs Verbescheidung bei dem K. Staatsministerium des Innern einzureichen.

5. Macht ein Rechtspraktikant von der vorstehenden Gestattung keinen Gebrauch, so bleibt die dienstliche Würdigung seiner Ehe für den Zeitpunkt vorbehalten, in welchem seine Aufnahme in die Bewerberliste in Frage kommt. Die vorgesetzten Behörden haben die in den Vorbereitungsdienst tretenden Praktikanten bei ihrem Eintritt von dieser Entschließung in Kenntnis zu setzen.

3. Die Dienstanweisung wird dem Rechtspraktikanten auch bei seinem Austritte aus dem Dienste zu belassen sein.

3. Der Vorbereitungsdienst bei den Verwaltungsbehörden (§§ 91, 92).

§ 91. Bei der Einrichtung des Vorbereitungsdienstes bei den Verwaltungsbehörden ist darauf Bedacht zu nehmen, daß die Rechtspraktikanten, nachdem sie über alle auf den Vorbereitungsdienst bei den Verwaltungsbehörden sich beziehenden Anordnungen belehrt worden sind (§ 90), zunächst einen Einblick in den formalen Geschäftsgang erlangen und dann durch alle Geschäftszweige in solcher Weise geleitet werden, daß sie die Aufgabe und den Umfang eines jeden Zweiges genügend kennen lernen.

Die Amtsvorstände haben darauf zu halten, daß die Rechtspraktikanten auch bei der Anfertigung schwierigerer und umfangreicherer Beschlüsse und Verfügungen Verwendung finden. Ergibt sich hiezu während des Vorbereitungsdienstes eines Rechtspraktikanten keine ausreichende Gelegenheit, so sind ihm bereits abgeschlossene, für diesen Zweck geeignete Akten, nachdem die ergangenen Beschlüsse oder Bescheide daraus entfernt oder durch Versiegelung dem Rechtspraktikanten unzugänglich gemacht wurden, oder besonders konstruierte praktische Fälle (vgl. § 87 Abs. 3) mit dem Auftrage vorzulegen, die Entscheidung zu treffen. Der Beamte, dem der Rechtspraktikant zur besonderen Aufsicht zugeteilt ist, hat diese Arbeiten zu prüfen und mit dem Rechtspraktikanten zu besprechen.

Zu Ende jedes Jahres haben die Amtsvorstände über die Zahl der Rechtspraktikanten, die im Laufe des Jahres bei der Behörde im Vorbereitungsdienste standen, über dessen Einrichtung und über die erzielten Ergebnisse an die Kreisregierung zu berichten. Hiebei haben die Bestimmungen im § 84 Abs. 5, 6 entsprechende Anwendung zu finden.

Die Kreisregierung hat über etwa wahrgenommene Unregelmäßigkeiten oder Nachlässigkeiten in der Ausbildung der Rechtspraktikanten an das Staatsministerium des Innern zu berichten.

Die Übergabe einer förmlichen Dienstanweisung ist bei dem Eintritt in den Dienst bei den Verwaltungsbehörden nicht notwendig, es genügt die bloße Belehrung. Auch die Eröffnung nach § 90 Abs. 2 Satz 2 unterbleibt.

§ 92. Für diejenigen Bezirksämter, bei denen sechs oder mehr Rechtspraktikanten im Vorbereitungsdienste stehen, sind unbeschadet der Vorschriften des § 90 gemeinsame praktische Übungen einzuführen.

Die Leitung der Übungen haben in der Regel die Nebenbeamten zu übernehmen. Für diejenigen Rechtspraktikanten, welche bei Bezirksämtern an Regierungssitzen den Vorbereitungsdienst ableisten, können auch von den Regierungspräsidien rechtskundige Regierungsbeamte mit der Leitung der Übungen betraut werden.

Die Übungen haben sich tunlichst auf das ganze Gebiet der Verwaltung, insbesondere auf Staatsrecht, katholisches und protestantisches Kirchenrecht, Polizeirecht und Sozialgesetzgebung zu erstrecken. Vorzugsweise ist die Bearbeitung von Rechtsfällen ins Auge zu fassen; doch sind theoretische Aufgaben aus dem Gebiete der Gesetzgebung, der Volkswirtschaftslehre und der Staatsfinanzwirtschaft nicht auszuschließen.

Die Aufgaben und ihre Bearbeitungen sind in Besprechungen mit sämtlichen Rechtspraktikanten mündlich zu erörtern. Auf die Besprechungen sollen in der Regel etwa zwei Stunden wöchentlich verwendet werden. Die Teilnahme an den Übungen ist auch Rechtspraktikanten, die sich bei anderen Verwaltungsbehörden (Stadtmagistraten) im Vorbereitungsdienste befinden, zu gestatten. Mit Genehmigung der vorgesetzten Regierung können für mehrere Verwaltungsbehörden gemeinschaftliche Übungskurse eingerichtet werden.

An den Übungen haben sich sämtliche bei den beteiligten Behörden im Vorbereitungsdienste stehende Rechtspraktikanten zu beteiligen.

Über den Vollzug haben die Regierungen, Kammern des Innern, unter Beifügung der von den Rechtspraktikanten gelieferten Bearbeitungen am 15. Februar jedes Jahres Bericht an das Staatsministerium des Innern zu erstatten.

Die Verweisung des Abs. 1 auf § 90 MBek. I dürfte ein Redaktionsfehler sein; es wird auf § 91 MBek. I zu verweisen sein.

4. Geschäftsverzeichnis. Beschäftigungsübersicht.

§ 93. Der Rechtspraktikant hat ein Geschäftsverzeichnis zu führen, das eine Übersicht seiner Tätigkeit gibt. In dem Verzeichnisse sind die von ihm gelieferten größeren Arbeiten, darunter auch die bei den praktischen Übungen während des Vorbereitungsdienstes bei dem Landgericht und bei einer Verwaltungsbehörde verfaßten, besonders hervorzuheben.

Das Geschäftsverzeichnis ist während des Vorbereitungsdienstes bei den Behörden allwöchentlich dem Beamten, bei dem der Rechtspraktikant beschäftigt ist, zur Einsichtnahme vorzulegen. Hat der Beamte keine Bedenken gegen die Richtigkeit der Einträge, so hat er die Einsichtnahme auf dem Rande zu bestätigen, andernfalls hat er vorher die Berichtigung der Einträge zu veranlassen.

Ist der Beamte nicht zugleich der Vorstand der Behörde, so erfolgt allmonatlich die Vorlage des Verzeichnisses auch an diesen; auch der Amtsvorstand hat die Einsichtnahme zu bestätigen.

Während des Vorbereitungsdienstes bei den Rechtsanwälten ist das Geschäftsverzeichnis allwöchentlich dem Rechtsanwalte zur Einsichtnahme und Bestätigung vorzulegen.

Das Geschäftsverzeichnis ist im Aktenformate mit einer biegsamen Decke anzulegen und soll sechs Bogen umfassen. Das Muster eines Geschäftsverzeichnisses (Formular K) ist beigefügt (Anlage X).

Bei dem Austritt eines Rechtspraktikanten aus dem Vorbereitungsdienste hat der Vorstand der Behörde oder der Rechtsanwalt darauf zu achten, daß auf der ersten Seite des Verzeichnisses der Tag des Eintritts und der Tag des Austritts des Rechtspraktikanten und die Dauer der etwaigen Unterbrechungen des Vorbereitungsdienstes genau eingetragen sind. Der Vorstand oder der Rechtsanwalt hat die Richtigkeit der Einträge durch seine Unterschrift zu bestätigen.

Während des Vorbereitungsdienstes bei den Gerichten hat jeder Rechtspraktikant auch eine Beschäftigungsübersicht zu führen. Zu dieser ist während des Vorbereitungsdienstes bei den Amtsgerichten das Formular L (Anlage XI), während des Vorbereitungsdienstes bei den Landgerichten das Formular M (Anlage XII) zu benützen.

5. Zeugnisse.

§ 94. Bei der Ausstellung der im § 31 der Verordnung vorgeschriebenen Zeugnisse muß mit der größten Gewissenhaftigkeit verfahren werden. Die Vorstände der Behörden haben vor der Ausstellung des Zeugnisses die Beamten zu vernehmen, bei denen der Rechtspraktikant beschäftigt war.

Das Zeugnis soll die Dauer der Verwendung angeben, eine Äußerung über das Verhalten des Rechtspraktikanten enthalten, den Gang kurz darstellen, den seine Ausbildung genommen hat, und den Wert seiner Leistungen sowie die hiebei hervorgetretenen Mängel bezeichnen.

Die Vorstände der Behörden haben in den Zeugnissen zugleich das Urteil darüber abzugeben, ob der Rechtspraktikant als im amtsgerichtlichen, landgerichtlichen oder Verwaltungsdienste für die Ablegung der zweiten Prüfung genügend vorbereitet zu erachten sei. Hat ein Rechtspraktikant durch die Mangelhaftigkeit seiner Leistungen zu berechtigten Klagen Anlaß gegeben, so ist ihm die Bestätigung „genügender Vorbereitung" unnachsichtlich zu verweigern. Über jeden Fall der Verweigerung ist an das vorgesetzte Staatsministerium zu berichten.

Die Zeugnisse sind stets unmittelbar nach der Beendigung des Vorbereitungsdienstes bei der Behörde auszustellen. Zur Ausstellung haben sich die Amtsvorstände des Formulars N (Anlage XIII) zu bedienen.

Ein weiterer Zusatz zu dem Zeugnisse kann sich nach den Bestimmungen des § 96 MBek. I ergeben.

6. Amtsstunden. Urlaub.

§ 95. Die Rechtspraktikanten sind verpflichtet, die Amtsstunden der Behörden einzuhalten. Sind sie durch Erkrankung gehindert, so haben sie dem Amtsvorstand Anzeige zu erstatten.

Das Jahr des Vorbereitungsdienstes, für das dem Rechtspraktikanten ein dreiwöchiger Urlaub bewilligt werden darf (§ 32 der Verordnung), ist je vom Tage seines ersten Eintritts in den Vorbereitungsdienst zu rechnen.

Über die Unterbrechungen des Vorbereitungsdienstes, welche mindestens einen vollen Tag gedauert haben, sind bei den Behörden und den Rechtsanwälten Vormerkungen zu führen.

1. Bisher nur zwei Wochen Urlaub.
2. Längerer Urlaub kann im Wege der Dispensation (§ 58 VO. I) gewährt werden.
3. Vgl. die Bemerkung zu § 32 VO. I.

7. Disziplinareinschreitung.

§ 96. Die in den §§ 33, 34 der Verordnung erwähnten Zurechtweisungen können mündlich oder schriftlich erfolgen. Die schriftlichen Zurechtweisungen sind unter kurzer Angabe der Verfehlungen im Zeugnisse (§ 94) anzuführen.

Vierter Abschnitt.

Zweite Prüfung.

1. Vorläufige Anmeldung und Zulassung zur Prüfung. (§§ 97 bis 102.)

§ 97. Kandidaten, die sich der im Monate Dezember stattfindenden zweiten Prüfung unterziehen wollen, haben sich hiezu in der Zeit vom 1. bis zum 15. Juni bei derjenigen Regierung, Kammer des Innern, vorläufig anzumelden, in deren Bezirke sie im Vorbereitungsdienste stehen, oder, wenn sie sich freiwillig der Prüfung wiederholt unterziehen, bei derjenigen Regierung, in deren Bezirke sie wohnen.

Bei der Anmeldung sind der Heimatsort der Kandidaten, der Name, der Stand und der Wohnsitz der Eltern, die Behörden und die Rechtsanwälte anzugeben, bei denen sie den Vorbereitungsdienst abgeleistet haben und bei denen sie zur Zeit der Anmeldung beschäftigt sind.

Kein Kandidat hat Anspruch darauf, die Prüfung an dem Regierungssitze seiner Heimat oder seines Wohnortes oder an einem von ihm gewählten Prüfungsort abzulegen. Es ist jedoch den Kandidaten unbenommen, bei der Anmeldung die Kreisregierungen zu bezeichnen, an deren Sitze sie die Prüfung abzulegen wünschen, und die Gründe anzugeben, die sie zu diesem Wunsche veranlassen.

Die Regierungen fertigen auf Grund der Anmeldungen ein Verzeichnis der Kandidaten an und legen es bis zum 20. Juni dem Staatsministerium des Innern vor. Zur Herstellung des Verzeichnisses ist das Formlar O (Anlage XIV) zu benützen.

Kandidaten, die freiwillig die Prüfung wiederholen, sich aber nicht in Bayern aufhalten, werden ihre Anmeldung bei der Regierung einzureichen haben, in deren Bezirk sie zuletzt wohnten, oder unmittelbar beim Staatsministerium des Innern.

§ 98. Auf Grund der von den Regierungen vorgelegten Verzeichnisse erlassen die zuständigen Staatsministerien die näheren Bestimmungen über die Prüfungsorte sowie über die Zuweisung der Kandidaten an diese.

Die Bestimmungen werden im Justizministerialblatt und im Amtsblatte des Staatsministeriums des Innern veröffentlicht.

An die Stelle des Amtsblatts des Staatsministeriums des Innern ist das Amtsblatt der Kgl. Staatsministerien des Kgl. Hauses und des Äußern und Innern getreten. (Ä. u. Inn MBek. vom 28. Dez. 1904, GVBl. 1905 S. 1.)

§ 99. Die Gesuche um Zulassung zur Prüfung sind in der Zeit vom 1. bis zum 15. Oktober bei derjenigen Regierung, Kammer des Innern, einzureichen, an deren Sitze der Kandidat nach den gemäß dem § 98 erlassenen Bestimmungen die Prüfung abzulegen hat.

In dem Gesuch um Zulassung sind die Geburtszeit, der Heimatsort, die Konfession, der Familienstand (ob ledig oder verheiratet), der Wohnort und die Wohnung des Kandidaten sowie das Militärverhältnis unter Angabe der vom Kandidaten bekleideten militärischen Charge, dann der Name, der Stand und der Wohnort des Vaters anzugeben.

Mit dem Gesuche sind die im § 36 der Verordnung bezeichneten Nachweise einzureichen. Der unter Nr. 2 des § 36 bezeichnete Nachweis wird durch die dem Kandidaten gemäß dem § 31 der Verordnung ausgestellten Zeugnisse geführt.

Dem Gesuche sind ferner beizulegen das Geschäftsverzeichnis (§ 93) und, sofern der Kandidat Dispensation von der Einhaltung einer Bestimmung der Verordnung erbeten und erhalten hat, die hierüber an ihn ergangene Entschließung.

Diejenigen Kandidaten, deren sechsmonatiger Vorbereitungsdienst bei einem Rechtsanwalte zur Zeit der Einreichung des Zulassungsgesuchs noch nicht vollendet ist, haben dem Gesuche einstweilen ein Zeugnis über den Erfolg des bisher bei dem Rechtsanwalte abgeleisteten Vorbereitungsdienstes beizufügen. Solche Kandidaten sind zu der Prüfung nur unter der Voraussetzung zuzulassen, daß sie vor dem Beginne der Prüfung noch ein Zeugnis über die vorschriftsmäßige Vollendung des Vorbereitungsdienstes vorlegen.

1. Die nachträgliche Vorlegung des Zeugnisses über die vorschriftsmäßige Vollendung des Vorbereitungsdienstes hat ebenfalls bei der in Abs. I des § 99 bezeichneten Regierung zu erfolgen.

2. Einen weiteren Inhalt erhält das Zulassungsgesuch bisweilen gemäß der Bestimmung in § 100 MBek 1.

§ 100. Das Gesuch um Anrechnung der Dauer von Unterbrechungen des Vorbereitungsdienstes auf die vorgeschriebene Dienstzeit ist in der Regel mit dem Zulassungsgesuche zu verbinden. Die angeführten Unterbrechungsursachen sind nachzuweisen.

Diejenigen Zulassungsgesuche, deren Verbescheidung nach § 37 der Verordnung den Staatsministerien vorbehalten ist, sind von den Regierungen spätestens nach dem Ablaufe der Anmeldungsfrist mit gutachtlicher Äußerung dem Staatsministerium des Innern vorzulegen. Gesuche, die sich nur auf Unterbrechungen des Vorbereitungsdienstes im Justizfache beziehen, sind dem Staatsministerium der Justiz vorzulegen.

Der Nachweis der Unterbrechungsursachen wird bei militärischen Übungen durch den Militärpaß oder ein Zeugnis des zuständigen Bezirkskommandos, bei Krankheit durch ein ärztliches (nicht notwendig amtsärztliches) Zeugnis zu führen sein.

§ 101. Die Prüfung der Zulassungsgesuche hat mit Genauigkeit und Strenge zu erfolgen. Kandidaten, die nach dem Inhalte der vorgelegten Zeugnisse und des Geschäftsverzeichnisses im gerichtlichen und im Verwaltungsdienst oder in einem von diesen als nicht genügend vorbereitet erscheinen, sind unnachsichtlich zurückzuweisen. In zweifelhaften Fällen kann vor der Verbescheidung an das Staatsministerium des Innern Bericht erstattet werden.

§ 102. Spätestens bis zum 10. November ist dem Staatsministerium des Innern ein Verzeichnis der an den Prüfungsorten zugelassenen Kandidaten in vierfacher Fertigung vorzulegen. Zur Herstellung des Verzeichnisses ist das Formular P (Anlage XV) zu benützen.

In das Verzeichnis sind auch die Kandidaten aufzunehmen, deren Zulassungsgesuche von den Staatsministerien (§ 100) noch nicht verbeschieden sind. In der Spalte für Bemerkungen ist bei diesen Kandidaten eine entsprechende Vormerkung einzutragen.

2. Prüfungskommissionen (§§ 103, 104).

§ 103. Die mit der Abhaltung der Prüfung betraute Kommission besteht in der Regel aus drei Justizbeamten und drei Verwaltungsbeamten.

Die Justizbeamten werden aus den Mitgliedern der Oberlandesgerichte, der Landgerichte oder der Staatsanwaltschaften entnommen, die Verwaltungsbeamten aus den Mitgliedern der Kreisregierungen. Ausnahmsweise können auch andere Justiz- und Verwaltungsbeamte zugezogen werden. Die Justizbeamten werden vom Staatsministerium der Justiz bestimmt, die Verwaltungsbeamten von den Regierungspräsidien der Prüfungsorte.

Im Falle des Bedürfnisses ist die Zahl der Kommissionsmitglieder entsprechend zu vermehren.

Zur Besorgung der Schreibgeschäfte und des Botendienstes wird das nötige Personal von der Kreisregierung beigegeben.

Mitglieder, die nicht am Prüfungsort ihren Wohnsitz haben, erhalten die verordnungsmäßigen Tagegelder und Reisekosten.

Wegen der Tagegelder und Reisekosten s. VO., die Aufrechnung der Tagegelder und Reisekosten bei auswärtigen Dienstgeschäften der Beamten und Bediensteten des Zivilstandsdienstes betr., vom 11. Febr. 1875 (GVBl. S. 105; JMBl. S. 50; InnMBl. S. 104; Druckfehlerberichtigung GVBl. 75 S. 103); geändert durch VO. vom 13. Juli 1892 (GVBl. S. 485) mit Vollzugsbestimmung: FMBek. vom 2. März 1875 (FMBl. S. 46; JMBl. S. 58; InnMBl. S. 112).

§ 104. Zur Besorgung der Prüfungsgeschäfte der ersten Abteilung sind zunächst die Justizbeamten, zur Besorgung der Prüfungsgeschäfte der zweiten Abteilung zunächst die Verwaltungsbeamten verpflichtet. Im Falle des Bedürfnisses haben sie sich gegenseitig Aushilfe zu leisten. Die etwa erforderlichen Beschlüsse der Kommission sind von den ortsanwesenden Mitgliedern zu fassen.

3. Verfahren bei der Abhaltung der Prüfung (§§ 105 bis 117).

§ 105. Die Prüfung beginnt, wenn keine andere Bestimmung erfolgt, am ersten Werktage des Monats Dezember.

§ 106. Die Aufgaben werden unmittelbar vor dem Beginne der Prüfung in der erforderlichen Anzahl von Exemplaren in verschlossenen Paketen an diejenigen Regierungspräsidien übersendet, an deren Sitzen die Prüfung stattfindet.

Die Pakete sind aufzubewahren und spätestens am Tage vor dem Beginne jeder Abteilung der Prüfung dem Vorstande der Prüfungskommission zu übergeben. Dieser hat dafür zu sorgen, daß die Pakete an den zur Bearbeitung der einzelnen Aufgaben im voraus bestimmten Tagen in Gegenwart der Kandidaten geöffnet und die Aufgaben ohne Verzug an die Kandidaten verteilt werden.

Wer Vorstand (Vorsitzender) der Kommission ist, bestimmt § 39 Abs. 2 PO. I.

§ 107. Den Kandidaten wird jeweils nur eine Aufgabe zur Bearbeitung vorgelegt.

Die Reihenfolge, in der die Aufgaben vorzulegen sind, wird jährlich durch Ministerialentschließung bestimmt.

In der Regel wird für die Bearbeitung einer Aufgabe ein Zeitraum von vier Stunden (vormittags von 8 bis 12 Uhr, nachmittags von 3 bis 7 Uhr) und für die beiden größeren praktischen Fälle ein Zeitraum von je neun Stunden (von vormittags 8 Uhr bis nachmittags 5 Uhr) festgesetzt.

Die den Kandidaten übergebenen Abdrücke der Aufgaben sind ihnen zu belassen.

Die einzelnen Aufgaben können in mehrere Unteraufgaben zerfallen.

§ 108. Die Bearbeitung der Aufgaben einschließlich der praktischen Fälle hat in ununterbrochener Dauer zu erfolgen. Die Kandidaten dürfen erst nach der Ablieferung ihrer Bearbeitungen aus dem Prüfungsraum entlassen werden.

Mit dem Ablaufe der festgesetzten Zeit sind die Arbeiten an den die Aufsicht führenden Beamten abzuliefern, auch wenn sie unvollendet sind.

Zur Vermeidung von Ungleichheiten sind die Mitglieder der Prüfungskommissionen angewiesen, mit unnachsichtlicher Strenge darüber zu wachen, daß kein Kandidat über die festgesetzte Zeit hinaus arbeitet. Die Aufsichtsbeamten haben eine halbe Stunde, eine Viertelstunde und fünf Minuten vor dem Ablaufe der für die Bearbeitung der Aufgabe bestimmten Zeit die Kandidaten an die rechtzeitige Vollendung mit dem ausdrücklichen Beifügen zu erinnern, daß nach dem Ablaufe der Zeit die Bearbeitungen unnachsichtlich eingesammelt werden.

Sofort nach dem Ablaufe der bestimmten Zeit haben die Aufsichtsbeamten mit der Einsammlung der noch rückständigen Arbeiten zu beginnen. Fünf Minuten nach dem Ablaufe der Zeit darf das Weiterarbeiten unter keinen Umständen geduldet werden. Mit dem Eintritte dieses Zeitpunktes sind die Kandidaten zu veranlassen, sich von ihren Sitzen zu erheben, und sind die Arbeiten wegzunehmen. Soweit erforderlich, ist zur raschen Durchführung dieser Maßregel das Aufsichtspersonal am Schlusse der Arbeitszeiten entsprechend zu vermehren.

Den Zeitpunkt der Ablieferung zu verschieben, ist nur für den Fall gestattet, daß infolge außergewöhnlicher Vorkommnisse der Beginn der Zeit für die Bearbeitung einer Aufgabe hinausgerückt werden oder eine Unterbrechung der Arbeitszeit eintreten mußte. In solchen Fällen sind die Vorschriften der Absätze 3, 4 entsprechend anzuwenden. Über den Vorgang ist an die Staatsministerien der Justiz und des Innern zu berichten; den beteiligten Zensurkommissionen ist von dem Sachverhalte Nachricht zu geben.

Zu Abs. 2 vgl. Anm. 1 zu § 42 MBek. I.

§ 109. Die Kandidaten haben auf der ersten Seite eines jeden Bogens der Bearbeitungen ihren Vornamen und ihren Familiennamen und auf der ersten Seite des ersten Bogens oder auf dem beigefügten besonderen Umschlage die

Zahl der abgelieferten Bogen anzugeben. Die Richtigkeit der Zahl ist von dem Aufsichtsbeamten zu bestätigen, der zugleich die Zeit der Ablieferung auf der Bearbeitung vermerkt.

§ 110. Die Bearbeitungen müssen mit gut leserlicher Schrift geschrieben sein.

Die Anwendung der Stenographie ist unzulässig.

Stenographisch geschriebene Ausführungen werden als nicht geschrieben zu behandeln sein.

§ 111. Die Sitzordnung der Kandidaten wird täglich durch die Ziehung des Loses bestimmt. Das Ergebnis der Ziehung ist im Protokoll anzugeben.

Der Vorstand der Prüfungskommission ist ermächtigt, einem Kandidaten auf seinen Wunsch aus erheblichen Gründen für einzelne Tage oder für die ganze Dauer der Prüfung einen vom Lose unabhängigen bestimmten Platz anzuweisen. Die Verfügung ist im Protokolle zu vermerken.

Anders bei dem schriftlichen Teile der ersten Prüfung (§ 44 Abs. 1 MBek. I).

§ 112. Für die erste Abteilung der Prüfung (Justizfach) sind als Hilfsmittel bis auf weiteres nur das Reichsgesetzblatt, das Gesetzblatt, das Regierungsblatt, das Gesetz- und Verordnungsblatt und die Amtsblätter der Ministerien des Königreichs, die Verhandlungen des Reichstags und des Landtags sowie sonstige Ausgaben von Gesetzestexten und Gesetzesmaterialien, ferner Kommentare und Werke systematischen Inhalts, Kollegienhefte und andere handschriftliche Aufzeichnungen zulässig. Dagegen sind alle sonstigen Sammelwerke (Sammlungen von Entscheidungen, Lexika u. dergl.), dann Zeitschriften und Zeitungen verboten.

In der zweiten Abteilung (Verwaltungsfach) dürfen bis auf weiteres geschriebene, gedruckte oder in anderer Art vervielfältigte Hilfsmittel aller Art benützt werden.

Die zulässigen Hilfsmittel müssen, soweit sie nicht schon am Tage vor dem Beginne der Prüfung in den Prüfungsraum verbracht sind, vor dem Beginne der täglichen Prüfungszeit dahin verbracht werden.

Nur die im Abs. 1 bezeichneten amtlichen Blätter und parlamentarischen Verhandlungen dürfen noch nach der Verteilung einer Aufgabe in den Prüfungsraum verbracht werden, soweit es ohne erhebliche Störung geschehen kann und der Kandidat dafür gesorgt hat, daß das dazu nötige Dienstpersonal zur Verfügung steht. Der Aufsichtsbeamte hat sorgfältig darüber zu wachen, daß die nachträgliche Herbeischaffung solcher Hilfsmittel nicht zur Herbeischaffung unzulässiger Hilfsmittel oder zu unstatthaftem persönlichen Verkehre mißbraucht wird. Der Kandidat, der die nachträgliche Herbeischaffung eines der bezeichneten Hilfsmittel wünscht, hat deshalb den mit seiner Unterschrift versehenen Bestellzettel, der außerdem nichts enthalten darf als die genaue Bezeichnung des Hilfsmittels und die Angabe des Ortes, von dem es herbeigeschafft werden soll, unverschlossen dem Aufsichtsbeamten zu übergeben. Der Aufsichtsbeamte hat das Herbeigeschaffte in Empfang zu nehmen, seine Zulässigkeit zu prüfen und, wenn ein Bedenken gegen diese nicht besteht, es dem Kandidaten auszuhändigen.

Die Hilfsmittel für die zweite Abteilung dürfen, soweit sie nicht schon für die erste Abteilung zulässig waren, erst nach dem Schlusse der ersten Abteilung in den Prüfungsraum verbracht werden.

Die Hilfsmittel sind für jeden Kandidaten in einem besonderen Büchergestell oder Schranke unterzubringen. Soweit solche nicht schon hinreichend im Prüfungsraume vorhanden sind, haben die Kandidaten für ein Gestell oder einen Schrank selbst zu sorgen. Jedem Kandidaten ist nur die Benützung eines einzigen Schrankes oder Gestelles, und zwar nur von mäßigem Umfange, gestattet.

Die Schränke und Gestelle müssen so aufgestellt sein, daß die Führung der Aufsicht zur Verhütung eines unzulässigen Verkehrs der Kandidaten unter einander nicht gehindert wird. In den Schränken und Gestellen müssen die Bücher und Schriften übersichtlich aufgestellt sein.

Verschließbare Schränke müssen, so oft und solang ein Aufsichtsbeamter es verlangt, offengehalten werden.

Zu Abs. 1:

1. Zulässig wird sein auch das Bundesgesetzblatt als zum Reichsgesetzblatte gehörig.

2. Weber, Neue Gesetz- und Verordnungensammlung, wird zulässig sein als Ausgabe von Gesetzestexten.

3. Auch systematisch geordnete Sammlungen von Entscheidungen werden unzulässig sein.

4. Handschriftliche Zusammenstellungen von Entscheidungen werden zulässig sein.

5. Mitnahme von autographierten Abdrucken einzelner Entscheidungen wird zulässig sein.

6. Mit der Bestimmung über die Beschränkung der Hilfsmittel steht die Bestimmung des § 120 Abs. 1 Satz 3 MBek. I im Zusammenhang.

7. Vor Benützung zu vieler und dem Kandidaten nicht geläufiger Literatur ist gewarnt mit JMBek. vom 4. Mai 1903 (Bl. f. RA. Bd. 68 S. 271).

§ 113. Die Kandidaten sollen die Werke, die sie bei der Bearbeitung der Aufgaben benützt haben, an der geeigneten Stelle oder am Schlusse der Bearbeitung anführen.

§ 114. Vor dem Beginne der Prüfung sind den Kandidaten die Bestimmungen der §§ 44, 45, 49 der Verordnung und der §§ 108 bis 115, 121, 122 dieser Vorschriften vorzulesen. Hiebei ist ihnen ausdrücklich zu bemerken,

1. daß die Aufsichtsbeamten angewiesen sind, alle bezüglich der Aufsichtführung und der Verhütung des Gebrauchs unerlaubter Mittel bei der Bearbeitung der Aufgaben angeordneten Maßregeln mit unnachsichtlicher Strenge zu vollziehen;
2. daß es den Mitgliedern der Zensurkommissionen obliegt, dem unerlaubten Zusammenarbeiten der Kandidaten sowie dem Gebrauche unerlaubter Hilfsmittel besondere Aufmerksamkeit zuzuwenden und alle bezüglichen Beobachtungen in das nach § 120 Abs. 5 dieser Vorschriften zu führende Protokoll aufzunehmen;
3. daß Kandidaten, die den Vorschriften des § 44 oder des § 45 der Verordnung zuwiderhandeln, zu gewärtigen haben, durch Ministerialentschließung zur Wiederholung der Prüfung verwiesen zu werden.

§ 115. Die Aufsicht wird durch die Kommissionsmitglieder geführt. Sind zur Unterbringung der Kandidaten mehrere Räume nötig, so muß in jedem Raume ständig ein Aufsichtsbeamter anwesend sein. Sind in einem Raume mehr als dreißig Kandidaten vereinigt, so müssen ständig zwei Aufsichtsbeamte anwesend sein. Die Verteilung der Kandidaten in die Prüfungsräume hat die Kreisregierung durch das Los zu bestimmen; sie kann aus besonderen Gründen einzelne Kandidaten von der Verteilung nach dem Lose ausnehmen.

Im Falle des Bedürfnisses können vorübergehend auch solche Mitglieder der beiden Regierungskammern zur Führung der Aufsicht bestimmt werden, welche nicht Mitglieder der Kommission sind.

Die Aufsichtsbeamten haben mit größter Strenge darüber zu wachen, daß jeder Verkehr der Kandidaten unter einander oder mit Dritten vom Augenblicke der Übergabe der Aufgaben bis zur Ablieferung der Bearbeitungen ausgeschlossen bleibt. Auch haben sie sich bei der ersten Abteilung der Prüfung vor und während der Prüfungszeit durch Kontrolle der auf den Gestellen und in den Schränken befindlichen Bücher davon zu überzeugen, daß die Kandidaten nicht unerlaubte Hilfsmittel in den Prüfungsraum gebracht haben. Werden solche Hilfsmittel vorgefunden, so müssen sie sofort aus dem Prüfungsraum entfernt werden.

Wird ein Kandidat bei der Benützung fremder Hilfe oder unzulässiger Hilfsmittel betroffen, so hat der Aufsichtsbeamte die wahrgenommenen Tatsachen sofort im Protokolle festzustellen.

Die Kreisregierung wird auch nicht gehindert sein, nach der Verteilung der Kandidaten in die Prüfungsräume aus besonderen Gründen eine Abänderung der durch das Los bestimmten Verteilung der Kandidaten zu verfügen.

§ 116. Über das ganze Prüfungsgeschäft ist ein fortlaufendes Protokoll zu führen. Das Protokoll ist täglich von den Aufsichtsbeamten und dem Protokollführer zu unterschreiben.

§ 117. In der ersten Abteilung werden den Kandidaten in der Regel fünf Aufgaben aus dem bürgerlichen Rechte (Reichsrecht und Landesrecht) und dem Zivilprozeßrechte, drei Aufgaben aus dem Strafrecht und dem Strafprozeßrecht und ein, in der Regel dem Gebiete des bürgerlichen Rechtes entnommener, größerer praktischer Fall vorgelegt.

In der zweiten Abteilung werden den Kandidaten in der Regel zwei Aufgaben aus dem bayerischen und dem deutschen Staatsrechte, je eine Aufgabe aus dem katholischen und aus dem protestantischen Kirchenrecht, eine Aufgabe aus dem Polizeirecht, eine Aufgabe aus der Volkswirtschaftslehre und der Sozialgesetzgebung, zwei Aufgaben aus der Staatsfinanzwirtschaft und ein größerer praktischer Fall aus dem Gebiete der inneren Verwaltung vorgelegt.

Vgl. die Anm. zu § 41 BO. I.

4. Die Zensur der Bearbeitungen (§§ 118 bis 123).

§ 118. Die Kommissionen, denen die Zensur der Bearbeitungen übertragen wird, werden für die erste Abteilung in der Regel aus einem Senatspräsidenten des Obersten Landesgerichts und zwei Räten dieses Gerichts oder aus einem Senatspräsidenten eines Oberlandesgerichts und zwei Oberlandesgerichtsräten, für die zweite Abteilung in der Regel aus einem Direktor des Verwaltungsgerichtshofes und zwei Räten dieses Gerichtshofs oder aus einem Direktor und zwei Mitgliedern einer Kreisregierung gebildet. Den Vorsitz in der Kommission führt das rang- oder dienstälteste Mitglied.

Jeder Kommission wird die Zensur der von sämtlichen Kandidaten gelieferten Bearbeitungen einer oder mehrerer Aufgaben übertragen.

Wird einer Kommission die Zensur der Bearbeitungen von mehr als zwei Aufgaben oder außer der Zensur der Bearbeitungen des praktischen Falls auch die Zensur der Bearbeitungen einer anderen Aufgabe übertragen, so wird die Zahl der Mitglieder entsprechend vermehrt.

Die näheren Bestimmungen über die Zensurkommissionen und über die Verteilung des Zensurgeschäftes unter sie werden den Kreisregierungen, an deren Sitzen die Prüfung abgehalten wird, vor dem Beginne der Prüfung mitgeteilt.

§ 119. Die Arbeiten der Kandidaten sind alsbald nach dem Schlusse der Prüfung an die Behörden abzusenden, bei denen die Zensurkommissionen gebildet sind. Hiebei sind jedesmal eine Darstellung der Sitzordnung der Kandidaten und eine Abschrift des Prüfungsprotokolls beizugeben.

Wurden bei der Aufsichtführung von den Aufsichtsbeamten Wahrnehmungen gemacht, die auf die Zensur von Einfluß sein können, so ist in dem Begleitschreiben auf die einschlägige Stelle des Prüfungsprotokolls ausdrücklich aufmerksam zu machen.

§ 120. Jede Zensurkommission hat, um eine bestimmte Grundlage für die Beurteilung der Arbeiten zu erlangen, vor allem über die Lösung der Aufgabe Beschluß zu fassen. Die Aufgabe ist darnach durch ein Mitglied zu bearbeiten, das der Vorsitzende der Kommission bestimmt. Bei der Bearbeitung ist hinsichtlich ihrer Art und ihres Umfangs auf die den Kandidaten gestattete Arbeitszeit und auf die ihnen gestatteten Hilfsmittel Rücksicht zu nehmen.

Der Vorsitzende hat für die Zensur der einzelnen Arbeiten einen Referenten und einen Korreferenten zu ernennen.

Die Beschlußfassung über die zu erteilenden Noten erfolgt nach der Mehrheit der Stimmen. Bilden sich mehr als zwei Meinungen, so wird, wenn sich keine Vereinbarung erzielen läßt, die dem Kandidaten nachteiligste Stimme der zunächst minder nachteiligen hinzugerechnet.

An der Beschlußfassung müssen der Vorsitzende, der Referent und der Korreferent teilnehmen.

Die Zensurkommission hat ein Protokoll zu führen, in das alle bei der Zensur gemachten besonderen Beobachtungen (vgl. § 114) aufzunehmen sind. Das Protokoll hat das dem Dienstalter nach jüngste Mitglied der Kommission zu führen.

Die Beschlüsse sind in ein Verzeichnis einzutragen, zu dessen Herstellung das Formular Q (Anlage XVI) zu benützen ist. Fand an einem Prüfungsorte die Prüfung in mehreren Räumen statt, so ist für jeden Prüfungsraum ein besonderes Verzeichnis herzustellen.

§ 121. Um ein etwaiges Zusammenarbeiten der Kandidaten leichter ermitteln zu können, sind die Referenten der Zensurkommissionen angewiesen, die Prüfung der Arbeiten nach Prüfungsorten und gegebenen Falles (§ 115 Abs. 1 Satz 2) nach Prüfungsräumen sowie bezüglich der einzelnen Prüfungsorte oder Prüfungsräume nach der Reihenfolge der Plätze der Kandidaten vorzunehmen.

§ 122. Die Zensur hat im steten Hinblick auf den Zweck der Prüfung — zu erforschen, ob und in welchem

Grade der Kandidat für den höheren Staatsdienst geeignet ist — nach dem pflichtgemäßen Ermessen der Kommissionsmitglieder zu erfolgen.

Von der Aufstellung bestimmter Normen wird abgesehen. Jedenfalls darf kein ausschlaggebendes Gewicht darauf gelegt werden, ob die Art der Lösung der Aufgabe durch den Kandidaten mit der von der Zensurkommission als richtig angenommenen Lösung übereinstimmt. Es ist vielmehr hauptsächlich darauf zu sehen, wie der Kandidat seine, vielleicht nach der Auffassung der Kommission unrichtige, Ansicht begründet, welches Maß von Kenntnissen er hiebei dargelegt, mit welcher Schärfe er die gestellte Frage erfaßt, mit welchem Verständnis er sie behandelt und welche Gewandtheit in der Darstellung seiner Gedanken er hiebei gezeigt hat. Wörtliche oder nahezu wörtliche Abschriften aus Druckwerken oder sonstigen erlaubten Hilfsmitteln ohne sachgemäße Verarbeitung, auch wenn sie das Thema der Aufgabe richtig behandeln, sind bei der Würdigung der Arbeit vollständig außer Betracht zu lassen.

Persönliche Verhältnisse der Kandidaten, die auf das Prüfungsergebnis einwirken, z. B. Erkrankung während der Vorbereitung zur Prüfung oder während der Prüfung, Familienverhältnisse und dergl., dürfen nicht berücksichtigt werden.

Hat ein Kandidat die Bearbeitung einer Aufgabe nicht vollendet, so soll die Arbeit wegen dieses Umstandes allein noch nicht mit der Note IV gewürdigt werden, sondern es ist unter Berücksichtigung der dem Kandidaten zur Verfügung gestandenen Zeit sowie der Größe des bearbeiteten Teiles der Aufgabe und des Wertes der Arbeit zu prüfen, ob er nicht auch durch die Bearbeitung nur eines Teiles den zu stellenden Anforderungen so weit entsprochen hat, daß die Arbeit mit einer besseren Note gewürdigt werden kann.

Hat ein Kandidat eine Aufgabe gar nicht bearbeitet, so ist ihm für diese Aufgabe die Note IV zu erteilen.

Hat ein Kandidat infolge erwiesener unverschuldeter Verhinderung (z. B. durch amtsärztliches Zeugnis bescheinigter Krankheit) in einer der beiden Abteilungen drei oder in beiden zusammen vier Aufgaben nicht bearbeitet, so kann er, wenn er sich wiederholt der Prüfung unterzieht, auf Ansuchen ebenso behandelt werden, wie ein Kandidat, der durch Erkrankung verhindert war, die begonnene Prüfung zu vollenden. Der praktische Fall wird auch hiebei zwei Aufgaben gleichgeachtet.

Für nichtbearbeitete Aufgaben wird dem Kandidaten die Note IV auch dann erteilt, wenn die Nichtbearbeitung infolge erwiesener unverschuldeter Hindernisse erfolgte.

§ 123. Die Zensurkommissionen haben ihre Aufgaben binnen drei Monaten zu beendigen. Die Mitglieder sind während der Dauer des Zensurgeschäfts hinsichtlich ihrer übrigen Berufsaufgaben in angemessener Weise zu entlasten.

Nach der Vollendung der Zensur hat jede Kommission eine tabellarische Übersicht der den Kandidaten erteilten Noten, und zwar nach den Prüfungsorten, zu fertigen. Zur Herstellung der Übersicht ist das Formular R (Anlage XVII) zu benützen.

In die Übersicht sind einzutragen in der Spalte 1 die Namen der Kandidaten in alphabetischer Ordnung, in der Spalte 2 die für die Aufgabe erteilte Note und in der Spalte 3 die Nebennote für Stil und Darstellung. Von den Noten sind die ganzen Zahlen mit römischen, die Bruchteile (bei Zwischennoten) mit arabischen Ziffern zu schreiben; außerdem sind die Noten mit Worten auszudrücken (z. B. II $^1/_2$ zweieinhalb, III drei, III $^1/_2$ dreieinhalb). Die Nebennoten sind nur mit arabischen Ziffern anzugeben.

Die Übersichten sind in vierfacher Ausfertigung mit der von der Zensurkommission beschlossenen Bearbeitung der Aufgabe (§ 120 Abs. 1), der Darstellung der Sitzordnung der Kandidaten und der Abschrift des Prüfungsprotokolls (§ 119 Abs. 1 Satz 2), dem im § 119 Abs. 2 bezeichneten Begleitschreiben und den sämtlichen Bearbeitungen der Kandidaten dem vorgesetzten Staatsministerium vorzulegen.

Wenn an einem Prüfungsorte die Prüfung in mehreren Räumen stattgefunden hat (§ 115 Abs. 1), so sind für jeden Prüfungsraum besondere Übersichten anzufertigen.

5. Die Festsetzung und Mitteilung der Zensurergebnisse (§§ 124, 125).

§ 124. Die Staatsministerien setzen nach der Prüfung der Zensurergebnisse die Hauptnoten, die Gesamtnote, die

Gesamtnebennote für Stil und Darstellung sowie die Reihenfolge der Kandidaten fest.

Die Gesamtnebennote für Stil und Darstellung wird durch Zusammenrechnung der Einzelnoten und Teilung der Summe durch die Zahl der Einzelnoten gefunden; sich ergebende Bruchteile, welche die Hälfte überschreiten, werden als Ganzes gerechnet.

Die Reihenfolge der Kandidaten richtet sich bei gleicher Gesamtnote nach der Summe der Noten für die beiden praktischen Fälle und, wenn auch diese gleich ist, nach der Nebennote.

Das sich hienach ergebende Hauptverzeichnis nebst einer Zusammenstellung der den Kandidaten erteilten Einzelnoten wird den Kreisregierungen und den Präsidenten der Oberlandesgerichte mitgeteilt.

§ 125. Die Regierungen, Kammern des Innern, an deren Sitzen die Prüfung abgehalten wurde, haben auf Grund des Hauptverzeichnisses die Prüfungszeugnisse auszufertigen und diese den Kandidaten verschlossen aushändigen zu lassen. Zur Ausstellung der Zeugnisse ist das Fomular S (Anlage XVIII) zu benützen.

In das Prüfungszeugnis sind die zwei Hauptnoten und die Gesamtnote, jede unter Anfügung der Bruchteile und der sich nach § 50 Abs. 2, 4 der Verordnung ergebenden ganzen Note, sodann die Nebennote für Stil und Darstellung und der in der Reihe der Kandidaten des Königreichs erlangte Platz aufzunehmen.

In einer Beilage des Zeugnisses sind die dem Kandidaten für die Bearbeitung der einzelnen Aufgaben erteilten Noten anzugeben.

6. Freiwillige Wiederholung der Prüfung.

§ 126. Hat sich ein Kandidat der zweiten Prüfung mit Erfolg unterzogen, ist er jedoch durch die erhaltene Note nicht befriedigt, so kann er bei Verzicht auf das frühere Prüfungsergebnis jederzeit zur Wiederholung der Prüfung zugelassen werden. Bei der Festsetzung der Reihenfolge der Kandidaten wird er nach dem Ergebnisse der letztmaligen Prüfung unter die bei dieser geprüften Kandidaten eingereiht.

1. Eine Fortsetzung der Praxis ist nicht notwendig. Da jedoch ein Rechtsanspruch auf Wiederholung der Prüfung, so wenig wie auf Ablegung der Prüfung besteht, kann ein Kandidat, der sich auf Verlangen über eine sonstige Vorbereitung zur Prüfung nicht ausweisen kann, von der Wiederholung der Prüfung zurückgewiesen werden.

2. Wenn auch der Paragraph die Zulassung zur Prüfung „jederzeit“ gewährt, so muß sich der Kandidat doch vor dem Endpunkt der Frist für die vorläufige Anmeldung zur Wiederholung entschließen.

3. Kandidaten, die zur Wiederholung der Prüfung verwiesen werden, haben den Vorbereitungsdienst fortzusetzen (§ 52 VO. I).

7. Dienstgang bei Einreichung der Gesuche (§§ 127, 128).

§ 127. Gesuche von Kandidaten, die sich auf die erste Prüfung beziehen, sind bei dem Staatsministerium des Innern für Kirchen- und Schulangelegenheiten einzureichen, Gesuche, die sich auf die zweite Prüfung beziehen, bei den Regierungen, Kammer des Innern, und von diesen dem Staatsministerium des Innern vorzulegen.

Die Gesuche sind mit den erforderlichen Nachweisen zu belegen.

Hinsichtlich der Gesuche, die sich auf die Zwischenprüfung beziehen, ist die Behörde, bei der sie einzureichen sind, jeweils besonders bestimmt.

§ 128. Gesuche um Einstellung in die Reihenfolge der im vorhergegangenen Jahre Geprüften (§ 53 der Verordnung) müssen bei Vermeidung des Ausschlusses binnen zwei Monaten nach dem Empfange des Zeugnisses über das Bestehen der zweiten Prüfung eingereicht werden; sie sind von der Regierung, Kammern des Innern, mit gutachtlicher Äußerung dem Staatsministerium des Innern vorzulegen.

In Fällen des § 53 Abs. 2 der Verordnung muß die Verhinderungssache regelmäßig durch ein amtsärztliches Zeugnis nachgewiesen werden. Den Kandidaten wird deshalb empfohlen, zur Verhütung von Nachteilen Erkrankungen, die später zur Stellung eines Gesuchs im Sinne des § 53 Abs. 2 Veranlassung geben können, sofort durch einen Amtsarzt feststellen und sich ein Zeugnis darüber ausstellen zu lassen.

Welche Nachweise im Fall des § 53 Abs. 1 VO. I vorzulegen sind, ist nicht bestimmt. Es wird genügen: 1. das Zeugnis über das Gymnasialabsolutorium, 2. das Zeugnis über die erste Prüfung, 3. ein Zeugnis des Bezirkskommandos über das Jahr der Dienstpflicht oder der Militärpaß. Aus diesen Zeugnissen läßt sich die Erfüllung der Voraussetzungen unmittelbar ersehen.

8. Kosten der Prüfung.

§ 129. Die Kosten der Bereitstellung der Prüfungsräume, ihrer Beheizung, Beleuchtung und Reinigung sowie die Kosten des den Kandidaten zu liefernden Schreibpapiers, der Tinte und des Streusandes sind aus Regiemitteln der Kreisregierungen der Prüfungsorte zu bestreiten.

Für Federn, Schreibunterlagen und dgl. haben die Kandidaten selbst zu sorgen.

Vergl. die abweichende Bestimmung des § 42 Abs. 7 MBek. I.

Fünfter Abschnitt.

Übergangsvorschriften (§§ 130 bis 135).

§ 130. Zur Ablegung der Zwischenprüfung sind diejenigen Kandidaten verpflichtet, welche nicht früher als im Wintersemester 1897/98 die akademischen Studien begonnen haben. Sie werden zur ersten Prüfung nur dann zugelassen, wenn sie die Zwischenprüfung bestanden und darnach noch drei Semester dem Studium der Rechtswissenschaft gewidmet haben (§ 4 der Verordnung).

1. Die Übergangsvorschriften gliedern sich in solche, die sich beziehen
a) auf die erste Prüfung (einschließlich der Zwischenprüfung). Hierfür sind maßgebend § 55 Satz 1 VO. I, §§ 130—132 MBek. I. Hiervon enthalten §§ 130 und 131 speziell Übergangsvorschriften für die Zwischenprüfung, § 132 enthält Übergangsvorschriften für die erste Prüfung;
b) in solche, die sich beziehen auf den Vorbereitungsdienst der Rechtspraktikanten, § 133 MBek. I;
c) in solche, die sich auf die zweite Prüfung beziehen. §§ 134 und 135 MBek. I.

2. Der frühere Abs. 2 des § 130 ist aufgehoben durch KMBek. vom 27. Dez. 1902 (KMBl. 1903 S. 3).

§ 131. Die nächste Zwischenprüfung wird am Anfange des Wintersemesters 1899/1900 abgehalten. Dieser Prüfung können sich alle Kandidaten unterziehen, die bis dahin drei Semester des akademischen Studiums zurückgelegt und davon mindestens zwei dem Studium der Rechtswissenschaft gewidmet haben. Es können sich ihr insbesondere auch diejenigen Kandidaten unterziehen, welche die Zwischenprüfung am Ende des Wintersemesters 1898/99 oder am Anfange des Sommersemesters 1899 ohne Erfolg abgelegt haben.

Für diese Prüfung finden der § 1, der § 2 Abs. 1, 2, die §§ 4, 6, 8 bis 29 der für die erstmalige Abhaltung der Zwischenprüfung im Jahre 1899 erlassenen Vorschriften*), dann die §§ 5, 7 dieser Vorschriften mit der Maßgabe Anwendung, daß die Kandidaten, welche die Prüfung ablegen wollen, in der Zeit vom 10. bis zum 17. Juli um Zulassung nachzusuchen haben und die Listen vom Admissionsausschusse bis zum 25. Juli dem Vorsitzenden der Prüfungskommission vorzulegen sind.

§ 132. Die erste Prüfung im Jahre **1899** wird noch nach den bisherigen Vorschriften abgehalten. Die Kandidaten haben jedoch neben den Fragen aus dem bisherigen Prüfungsstoff auch Fragen allgemeiner Art aus dem neuen bürgerlichen Rechte zu gewärtigen (Bekanntmachung vom 3. Mai 1897 Nr. 5 Justizministerialblatt S. 77).

Auf die erste Prüfung im Jahre 1900 finden die Vorschriften der Verordnung und des zweiten Abschnitts dieser Vorschriften mit der Maßgabe Anwendung, daß diejenigen Kandidaten, welche nicht freiwillig sich der Zwischenprüfung unterzogen und sie bestanden haben, auch aus den im § 3 der Verordnung bestimmten Gegenständen zu prüfen sind, und daß in diesen Fällen die Prüfungszeit für einen Kandidaten auf zwei Stunden und, wenn gestattet wurde, daß gleichzeitig zwei Kandidaten geprüft werden, auf drei Stunden verlängert wird.

Der frühere Abs. 3 des § 132 ist aufgehoben durch KMBek. vom 27. Dez. 1902 (KMBl. 1903 S. 3).

§ 133. Auf den Vorbereitungsdienst der Rechtspraktikanten finden die Vorschriften der Verordnung und des dritten Abschnitts dieser Vorschriften sofort Anwendung.

§ 134. Auf die zweite Prüfung im Jahre 1899 finden die Vorschriften der Verordnung und des vierten Abschnitts dieser Vorschriften mit der Maßgabe Anwendung, daß

*) Diese in den Amtsblättern nicht veröffentlichten Vorschriften können in den Universitätskanzleien eingesehen werden. (Offizielle Anmerkung).

1. die Kandidaten in der ersten Abteilung Aufgaben sowohl aus dem bisherigen Landes- und Reichszivilrecht als aus dem neuen bürgerlichen Rechte zu gewärtigen haben;
2. der Gebrauch von Hilfsmitteln auch in der ersten Abteilung noch in der bisherigen Weise gestattet ist, nach der Verteilung einer Aufgabe jedoch andere Hilfsmittel als die im § 112 Abs. 1 bezeichneten amtlichen Blätter und parlamentarischen Verhandlungen nicht mehr herbeigeschafft werden dürfen.

§ 135. Die Bestimmung im § 134 Nr. 1 findet auch auf die zweite Prüfung im Jahre 1900 Anwendung.

München, den 6. Juli 1899.

Dr. **Frhr. v. Riedel.** **Frhr. v. Feilitzsch.** Dr. **Frhr. v. Leonrod.**
Dr. **v. Landmann.**

Die Prüfungen für den höheren Justiz- und Verwaltungsdienst und die Vorbereitung für diese Prüfungen betr.

Formular A. Anlage I.

Zeugnis

über die

Ablegung der juristischen Zwischenprüfung.

Die für das Jahr 1.......... bestellte Prüfungskommission hat heute erklärt, daß der Rechtskandidat Herr .... von .... die juristische Zwischenprüfung .. bestanden hat.

Der Kandidat hat die Prüfung zum .. Male abgelegt.

, den ....19........

Die Prüfungskommission.

Der Vorsitzende

Der Protokollführer

Formular B. Anlage II

Zeugnis

über die

Ablegung der ersten Prüfung für den höheren Justiz- und Verwaltungsdienst.

Die für das Jahr 19.......... bestellte Prüfungskommission hat heute erklärt, daß der Rechtskandidat Herr .... von .... die erste Prüfung für den höheren Justiz- und Verwaltungsdienst .... bestanden hat.

Der Kandidat hat die Prüfung zum .... Male abgelegt.

........................., den ....19........

Die Prüfungskommission.

Der Vorsitzende

Der Protokollführer

Formular C. · Anlage III.

(1. Seite.)

Prüfungskommission in ....

Verzeichnis

der Kandidaten, die im Jahre 1.......... zur juristischen Zwischenprüfung zugelassen wurden, mit Angabe des Ergebnisses der Prüfung oder der Gründe, aus denen ein Kandidat die Prüfung nicht abgelegt hat.

(2. Seite.)

Fortlauf. Nummer	Namen der Kandidaten	Namen, Stand und Wohnort der Eltern	Tag der Prüfung	Namen des Vorsitzenden und der prüfenden Mitglieder	Abstim- ob der Kandidat überhaupt
					mit „ja" haben gestimmt
					....

(3. Seite.)

mung darüber,				
den Anforderungen entsprochen hat	in welchem Maße er entsprochen hat		Ergebnis der Prüfung	Bemerkungen
mit „nein" haben gestimmt	gestimmt hat	für		
....	....	....		
....	....	....		
....	....	....		

Formular D. **Anlage IV.**

(1. Seite.)

Prüfungskommission in ....

Verzeichnis

der Kandidaten, die im Jahre 1............ zur ersten Prüfung für den höheren Justiz- und Verwaltungsdienst zugelassen wurden, mit Angabe des Ergebnisses der Prüfung oder der Gründe, aus denen ein Kandidat die Prüfung nicht abgelegt hat.

(2. Seite.)

Fortlauf. Nummer	Namen der Kandidaten	Namen, Stand und Wohnort der Eltern	Tag der Prüfung	Namen des Vorsitzenden und der prüfenden Mitglieder	Ergebnis des schriftlichen Teiles der Prüfung		
					Aufgabe	Wie bearbeitet	Ob mit Stimmeneinheit oder mit Stimmenmehrheit
				....	I	....	....
				....	II	....	....
				....	III	....	....
				....	IV	....	....
				....			

(3. Seite.)

Abstimmung über das Ergebnis des mündlichen Teiles der Prüfung		Abstimmung über das Gesamtergebnis der Prüfung		Ergebnis der Prüfung	Bemerkungen
Mit „ja" haben gestimmt	Mit „nein" haben gestimmt	gestimmt haben	für		
....	....	....	....		
....	....	....	....		
....	....	....	....		
....	....	....	....		
....	....	....	....		

Formular E. Anlage V.

Alphabetisches Verzeichnis

derjenigen Kandidaten, welche die erste Prüfung für den höheren Justiz- und Verwaltungsdienst vor der Prüfungskommission in .... bestanden haben.

Fortlaufende Nummer	Namen und Heimat der Kandidaten	Ob der Kandidat die Prüfung bestanden oder mit Auszeichnung bestanden hat	Bemerkungen

Formular F. | Anlage VI.

Alphabetisches Verzeichnis

derjenigen Kandidaten, welche die juristische Zwischenprüfung vor der Prüfungskommission in .... am .... 1.........
nicht bestanden haben.

Fortlaufende Nummer	Namen und Heimat der Kandidaten	Stimmen-verhältnis	Bemerkungen

Formular G. Anlage VII.

Alphabetisches Verzeichnis

derjenigen Kandidaten, welche die erste Prüfung für den höheren Justiz- und Verwaltungsdienst vor der Prüfungskommission in .... nicht bestanden haben.

Fortlaufende Nummer	Namen und Heimat der Kandidaten	Stimmenverhältnis	Bemerkungen

Formular H. Anlage VIII.

Rechnung

über

Einnahmen und Ausgaben

auf die

Zwischenprüfung

und die

erste Prüfung

für den

höheren Justiz- und Verwaltungsdienst

in..

im

Jahre 19.............

Gestellt von dem Vorsitzenden der Prüfungskommission

....

....

Mit .... Beilagen.

am...19..............

A. Einnahmen.

Soll-Einnahme M.	Soll-Einnahme Pf.	Kap.	§	Vortrag	Wirkliche Einnahme M.	Wirkliche Einnahme Pf.	Rückzahlungen M.	Rückzahlungen Pf.	Nachlässe M.	Nachlässe Pf.	Nr. der Belege
		I		**Zwischenprüfung.**							
			1	Gebühren für das Prüfungszeugnis:							
			2	Besondere Prüfungsgebühren:							
				Summe Kap. I							

A. Einnahmen.

Soll-Einnahme M.	Soll-Einnahme ₰	Kap.	§	Vortrag	Wirkliche Einnahme M.	Wirkliche Einnahme ₰	Rückzahlungen M.	Rückzahlungen ₰	Nachlässe M.	Nachlässe ₰	Nr. der Belege
		II		**Erste Prüfung.**							
			1	Gebühren für das Prüfungszeugnis.							
			2	Besondere Prüfungsgebühren:							
				Summe Kap. II							
				Hierzu „ „ I							
				Summe der Einnahmen							

B. Ausgaben.

Vortrag			Ausgaben im einzelnen		Ausgaben im ganzen		Nr. der Belege	Bemerkungen
Kap.	§		M.	Pf.	M.	Pf.		
I		**Persönliche Ausgaben:**						
	1	Remunerationen aus Anlaß der Zwischenprüfung:						
	2	Remunerationen aus Anlaß der ersten Prüfung:						
		Seite						

B. Ausgaben.

Kap.	§	Vortrag	Ausgaben im einzelnen M.	Ausgaben im einzelnen Pf.	Ausgaben im ganzen M.	Ausgaben im ganzen Pf.	Nr. der Belege	Bemerkungen
		Übertrag						
	3	Remuneration aus Anlaß der Zwischenprüfung und der ersten Prüfung:						
		Summe Kap. I						
II		**Sächliche Ausgaben:**						
	1	Diäten und Reisekosten . . .						
	2	Portoauslagen und Insertionsgebühren						
	3	Schreibmaterialien						
	4	Lithographien und Autographien						
	5	Gebührenmarken						
	6	Löhne						
	7	Sonstige Ausgaben						
		Summe Kap. II						
		Hierzu „ „ I						
		Summe der Ausgaben						

C.

Abgleichung.

Einnahmen	....	M.	₰
Ausgaben	....	„	„
	Aktivrest	M.	₰

(mit Worten) ....

.............................., den .... 19 ....

Beteiligung der einzelnen Examinatoren

an der Zwischen-/ersten Prüfung der Rechtskandidaten des Jahres 19.............

I. (II.) Kommission.

Examinatoren	Auf die einzelnen Examinatoren treffende Prüfungstage des Monats																		Summe der Halbtage
	V.	N.	V.	N.	V.	N.	V.	N.	V.	N.	V.	N.	V.	N.	V.	N.	V.	N.	
N. N.	15	15	—	—	—	—	—	—	—	—	—	—	—	—	—	—	—	—	2
N. N.	15	15	16	16	17	—	18	—	19	—	20	20	—	—	—	—	26	—	10
																			108

Summe der Halbtage

Bestätigt

.............................., den.................. 19.............

Der Vorsitzende der Prüfungskommission.

Formular K. | Anlage X.

(1. Seite.)

Geschäftsverzeichnis

des

Rechtspraktikanten

aus

(2. Seite.)

Der Vorbereitungsdienst wurde abgeleistet:

1. bei dem K. Amtsgerichte N. vom 1. September 1899 bis zum 31. Mai 1900;
   Zur Bestätigung:
2. bei dem K. Landgerichte N. vom 1. Juni 1900 bis zum 28. Februar 1901;
   Zur Bestätigung: ....
3. bei dem K. Bezirksamte N. vom 1. März 1901 bis zum 28. Febr. 1902;[1])
   Zur Bestätigung: ....
4. bei dem Rechtsanwalte L. zu N. vom 1. März bis zum 31. August 1902.
   Zur Bestätigung: ....

Unterbrechungen des Vorbereitungsdienstes:

[1]) oder:

3a) bei dem K. Bezirksamte N. vom 1. März 1901 bis zum 31. August 1901.

b) bei $\frac{\text{der K. Polizeidirektion in München}}{\text{dem Stadtmagistrate N.}}$ vom 1. Sept. 1901 bis zum 28. Febr. 1902.

1899 September.	Amtsgericht N. Verpflichtet am 1. September 1899.
1. bis 7. Gesehen: 7. IX. 1899 X. K. Amtsgerichtssekretär.	Zugewiesen der Gerichtsschreiberei. Beschäftigt mit der Aufnahme von Gesuchen, Erklärungen, Anträgen und Klagen in bürgerlichen Rechtsstreitigkeiten sowie mit der Führung des Prozeßregisters, Mahnregisters, Vollstreckungsregisters. Unterweisung erhalten über die Behandlung des Ein- und Auslaufs, Aktenbildung, Aktenvorlegung, Aktenrücklegung (Registraturordnung).
8. bis 14. Gesehen: 14. IX. 1899. X. K. Amtsgerichtssekretär.	Beschäftigt wie in der vorigen Woche. Am 9. teilgenommen an dem von dem K. Amtsrichter N. abgehaltenen Kurse über das Hypotheken- und Grundbuchwesen.
15. bis 21. Gesehen: 21. IX. 1899. X. K. Amtsgerichtssekretär.	Beschäftigt mit der Aufnahme von Gesuchen, Anträgen und Klagen wie in den früheren Wochen, außerdem mit der Aufnahme von Anträgen im Konkursverfahren, Anmeldungen zur Konkurstabelle, Führung einer Konkurstabelle, Führung des Konkursregisters.
22. bis 28. Gesehen: 28. IX. 1899. X. K. Amtsgerichtssekretär.	Beschäftigt wie in der vorigen Woche, außerdem mit der Aufnahme von Erklärungen und Anträgen im Subhastationsverfahren. Unterweisung erhalten in der Gebührenbewertung, der Führung des Gebühren- und Vorschußregisters, des Sitzungskalenders. Am 23. teilgenommen am Kurse über das Hypotheken- und Grundbuchwesen. Gesehen am 30. IX. 1899. Y. K. Ober-Amtsrichter.
29. September bis 5. Oktober. Gesehen: 5. X. 1899. X. K. Amtsgerichtssekretär.	Beschäftigt mit der Aufnahme von Erklärungen und Anträgen in Privatklagesachen und in sonstigen Strafsachen, ferner mit der Aufnahme von Berufungen, Beschwerden, Einsprüchen, Widersprüchen. Fortsetzung der Unterweisung über das Gebührenwesen und die Registerführung. Am 29. September teilgenommen am Kurse über das Hypotheken- und Grundbuchwesen. Am 5. Oktober in der Strafsache gegen Konrad Huber von Stürtingen wegen Körperverletzung als Offizialverteidiger vor dem Schöffengericht aufgetreten.

1899 **Oktober.** 6. bis 15.	**Amtsgericht N.**
	Beschäftigt in Strafsachen wie in der vorigen Woche. Unterweisung erhalten über die Behandlung des Kostenwesens in Strafsachen, ferner Unterweisung über die Führung des Depositenhauptbuchs, des Depositentagebuchs, die Behandlung der Depositen und Depositenbelege und das gerichtliche Hinterlegungswesen überhaupt.
Gesehen: 15. X. 1899. X. K. Amtsgerichtssekretär.	Am 7. und 14. teilgenommen an dem Kurse über das Hypotheken- und Grundbuchwesen.
16. bis 23.	Am 16. Oktober 1899 zugewiesen dem K. Ober-Amtsrichter Y.
	Beschäftigt in Strafsachen im vorbereitenden Verfahren, insbesondere im Ermittelungsverfahren. Protokoll geführt bei Vernehmung von Zeugen und Sachverständigen und Beschuldigten. Haftbefehle und Vorführungsbefehle, Beschlüsse über Verlängerung der Haftfrist entworfen. Eröffnungs- und Einstellungsbeschlüsse entworfen.
Gesehen: 23. X. 1899. Y. K. Ober-Amtsrichter.	Am 23. Gerichtsschreiberdienst geleistet in der öffentlichen Sitzung des Schöffengerichts. In sämtlichen Sachen der Beratung und Abstimmung beigewohnt.
24. bis 31. Gesehen: 31 X. 1899. Y. K. Oberamtsrichter.	Beschäftigt wie in der vorigen Woche. Außerdem mit der Ausarbeitung der Entwürfe sämtlicher in der schöffengerichtlichen Sitzung vom 23. ergangenen Urteile und Beschlüsse.
November. 1. bis 7.	Beschäftigt im vorbereitenden Verfahren wie früher, ferner mit der Prüfung der eingelaufenen Anträge auf Erlassung von Strafbefehlen, dem Entwerfen der erforderlichen Verfügungen.
	Am 3. Protokoll geführt in der nach § 211 der StPO. ohne Zuziehung von Schöffen abgehaltenen Sitzung des Amtsgerichts. Die Urteile entworfen.
Gesehen: 7. XI. 1899. Y. K. Ober-Amtsrichter.	Am 6. als Gerichtsschreiber in der Schöffengerichtssitzung verwendet. Der Beratung und Abstimmung angewohnt.
8. bis 15.	Beschäftigt wie in der vorigen Woche. Urteile und Beschlüsse entworfen in gewöhnlichen

1899 November.	Amtsgericht N.
	Strafsachen und in Privatklagesachen. Studium von abgeschlossenen Akten. Unterweisung erhalten bezüglich der Strafvollstreckung; dazu Verfügungen entworfen.
Gesehen: 15. XI. 1899. Y. K. Ober-Amtsrichter.	Am 14. in der Hauptverhandlung gegen den Palier O. wegen Unterschlagung vor dem Schöffengericht als Offizialverteidiger aufgetreten.
16. bis 23.	Beschäftigt im Mahnverfahren mit dem Entwerfen von Zahlungs- und Vollstreckungsbefehlen. Studium geschlossener Akten über bürgerliche Rechtsstreitigkeiten.
Gesehen: 23. XI. 1899. Y. K. Ober-Amtsrichter.	Am 20. November in der öffentlichen Zivilsitzung des Amtsgerichts als Gerichtsschreiber Dienst geleistet. Drei Versäumnisurteile, ein Anerkennungsurteil, einen Beweisbeschluß entworfen.
24. bis 30.	Beschäftigt im Mahnverfahren wie in der vorigen Woche. Fortsetzung des Aktenstudiums. Zwei größere auf Grund kontradiktorischer Verhandlung ergangene Endurteile aus dem Gebiete des Sachenrechts und des Obligationenrechts entworfen.
Gesehen: 30. XI. 1899. Y. K. Ober-Amtsrichter.	Am 27. November in der Zivilsitzung als Gerichtsschreiber Dienst geleistet.
Dezember. 1. bis 7.	Beschäftigt in Zivilsachen wie in den früheren Wochen. Der öffentlichen Sitzung angewohnt. Urteile und Beschlüsse entworfen. Studium von Konkursakten. Entwurf eines Konkurseröffnungsbeschlusses.
Gesehen: 7. XII. 1899. Y. K. Ober-Amtsrichter.	
8. bis 15.	Beschäftigt in Zivilsachen und Konkurssachen wie in den früheren Wochen. Als Gerichtsschreiber Dienst geleistet bei einem Prüfungstermin, einem Zwangsvergleichstermin, einem Schlußtermin.
Gesehen: 15. XII. 1899. Y. K. Ober-Amtsrichter.	Kostenfestsetzungsbeschlüsse entworfen. Am 16. Dezember zugewiesen dem K. Amtsrichter N. (Hypothekenamt).
16. bis 23.	Unterwiesen über die Führung des Hypothekenbuchs, des Hypothekentagebuchs, der Personen- und Sachregister, die Behandlung der Hypothekenprotokolle und der Beilagen. Studium

1899
Dezember.

Amtsgericht N.

der Generalakten über das Hypothekenwesen. Einsicht der Bücher und Register.

Übung im Anstellen von Ermittelungen über Hypothekenverhältnisse, Studium von Notariatsurkunden, Vergleichen vollzogener Notariatsurkunden mit den Einträgen im Hypothekenbuch, im Personen- und Sachregister, im Hypothekentagebuch.

Gesehen: 23. XII. 1899.
N.
K. Amtsrichter

24. bis 31.

Beschäftigt wie in der vorigen Woche. Außerdem mit der Einsicht des gesamten hypothekenamtlichen Einlaufs und Auslaufs. Besprechung der Behandlung mit dem Richter.

Gesehen 31. XII. 1899.
Y.
K. Ober-Amtsrichter.

Gesehen: 31. XII. 1899.
N.
K. Amtsrichter.

1900
Januar.
1. bis 7.

Beschäftigt mit dem Führen des Hypothekenprotokolls, dem Entwerfen von hypothekenamtlichen Verfügungen jeder Art, der Anfertigung von Entwürfen für Hypothekenbuchseinträge, Vollzugsbestätigungen, dem Entwerfen von Auszügen aus dem Hypothekenbuch. Studium der Akten über die im Jahre 1898 durchgeführte Vereinigung des Hypothekenwesens und des Ergebnisses der Vereinigung, Vergleichung der Folien eines außer Gebrauch gesetzten Hypothekenbuchbandes mit den übertragenen Hypothekenbuchblättern, Vergleichung einzelner Blätter der außer Gebrauch gesetzten und der neuen Register. Besprechung über die Vereinigung mit dem Richter.

Gesehen: 7. I. 1900.
N.
K. Amtsrichter.

8. bis 15.

Beschäftigt mit dem Führen des Hypothekenprotokolls, ferner mit dem Umlegen mehrerer unübersichtlich gewordener Hypothekenbuchblätter und der Vornahme der dadurch erforderlich gewordenen Änderungen in den Registern.

Studium der Vorschriften über die Anlegung des Grundbuchs.

Gesehen: 15. I. 1900.
N.
K. Amtsrichter.

16. bis 23.

Beschäftigt mit dem Anlegen mehrerer neuer Hypothekenbuchblätter, dem Vollzuge von

1900
Januar.

Amtsgericht N.

Hypothekenamt.

notariellen Urkunden in den Büchern, dem Entwerfen der veranlaßten Verfügungen und Vollzugsbestätigungen, dem Vollzuge von Verlassenschaftsverhandlungen. Fortsetzung des Studiums der Vorschriften über die Anlegung des Grundbuchs. Hilfeleistung bei den Grundbuchanlegungsarbeiten.

Gesehen: 23. I. 1900.
N.
K. Amtsrichter.

24. bis 31.

Beschäftigt in Hypothekensachen und bei der Grundbuchanlegung wie in der vorigen Woche, außerdem in Subhastationssachen mit dem Entwerfen eines Beschlagnahmebeschlusses, eines Verzeichnisses nach Art. 35 der Subhastationsordnung, eines Verteilungsplans. Protokoll geführt in einem Verteilungstermin.

Gesehen: 31. I. 1900.
N.
K. Amtsrichter.

Gesehen 31. I. 1900.
Y
K. Ober-Amtsrichter.

Februar.

1. bis 7.

(Grundbuchamt.[1]) Fortsetzung des Studiums der Vorschriften über die Anlegung des Grundbuchs, Studium und Einsicht der Anlegungsakten.

Gesehen: 7. II. 1900.
N.
K. Amtsrichter.

8. bis 14.

Beschäftigt wie in der vorigen Woche: daneben mit dem Studium der Vorschriften über die Führung des Grundbuchs.

Gesehen: 14. II. 1900.
N.
K. Amtsrichter.

15. bis 22.

Beschäftigt wie in den vorangegangenen zwei Wochen, ferner mit dem Studium des gesamten Einlaufs und Auslaufs des Grundbuchamts.

Gesehen: 22. II. 1900.
N.
K. Amtsrichter.

23. bis 28.

Herangezogen zur Erledigung der Geschäfte des Grundbuchamts, beschäftigt insbesondere mit der Aufnahme von Erklärungen über Auflassung und von Eintragungsbewilligungen, mit dem Vollzuge der eingelaufenen Notariatsurkunden, dem Entwerfen von Verfügungen,

---

[1]) Anmerkung: Es ist angenommmen, daß für den Amtsgerichtsbezirk N. das Grundbuch am 1. Februar 1900 als angelegt anzusehen ist.

1900 Februar.	Amtsgericht N.
Gesehen: 28. II. 1900. N. K. Amtsrichter.	der Ausstellung von Hypothekenbriefen, der Anfertigung und der Vergleichung von Grundbuchauszügen. Gesehen 28. II. 1900. Y. K. Ober-Amtsrichter.
März.	
1. bis 7. Gesehen: 7. III. 1900. N. K. Amtsrichter.	Beschäftigt mit der Erledigung der Geschäfte des Grundbuchamts wie in der vorigen Woche, ferner im Verfahren der Zwangsversteigerung von Grundstücken mit dem Entwerfen von Zwangsversteigerungsanordnungen und von Anordnungen zur Sicherung des Beschlagnahmegegenstands, endlich mit dem Entwerfen eines Teilungsplans.
8. bis 15. Gesehen: 15. III. 1900. N. K. Amtsrichter.	Beschäftigt bei Ausübung der Obliegenheiten des Grundbuchamts und des Vollstreckungsgerichts wie in der vorigen Woche.
16. bis 23.	Am 16. März zugewiesen dem K. Amtsrichter O. (Vormundschafts- und Nachlaßsachen).
Gesehen: 23. III. 1900. O. K. Amtsrichter.	Beschäftigt mit dem Studium der Vorschriften über die Behandlung der Vormundschaftssachen und der Nachlaß- und Teilungssachen, ferner mit der Durchsicht geschlossener und laufender Akten über Vormundschaftssachen und Nachlaßsachen. Besprechung der Sachbehandlung mit dem Richter.
24. bis 31. Gesehen: 31. III. 1900. O. K. Amtsrichter.	Beschäftigt wie in der vorigen Woche, außerdem mit der Durchsicht des Einlaufs und des Auslaufs in Nachlaßsachen und Vormundschaftssachen, ferner in Entmündigungssachen. Gesehen 31. III. 1900. Y. K. Ober-Amtsrichter.
April.	
1. bis 7.	Beschäftigt mit der Aufnahme von Vormundschafts-Verhandlungen, dem Entwerfen

von Beschlüssen über die Anordnung von Vormundschaften und die Bestellung von Vormündern und Gegenvormündern. Angewohnt der Verpflichtung der Vormünder und der dabei den Vormündern und Gegenvormündern vom Richter erteilten Belehrung über ihre Pflichten und Rechte.

Gesehen: 7. IV. 1900.
O.
K. Amtsrichter.

8. bis 15.

Beschäftigt in Vormundschaftssachen wie bisher, außerdem mit dem Prüfen der von den Vormündern eingereichten Vermögensverzeichnisse und der von ihnen gelegten Rechnungen, dem Entwerfen der zur Herbeiführung der Berichtigung und Ergänzung der Rechnungen nötigen Beschlüsse. Prüfung der Frage der Sicherheitsleistung durch die Vormünder. Beschlüsse entworfen über die Erteilung oder Versagung der von den Vormündern nach §§ 1821 ff. des BGB. erbetenen Genehmigung des Vormundschaftsgerichts. Beschäftigt ferner mit dem Anlegen und Ergänzen von Vormerkungsbogen.

Gesehen: 15. IV. 1900.
O.
K. Amtsrichter.

16. bis 22.

Beschäftigt in Vormundschaftssachen wie in der vorigen Woche, außerdem mit dem Entwerfen eines Beschlusses über Entmündigung wegen Geisteskrankheit nach abgeschlossenen Akten, aus denen der Beschluß entfernt war. Besprechung darüber mit dem Richter. Später Protokoll geführt in einer Entmündigungssache. Protokoll geführt bei der Beurkundung von Vereinbarungen über den Unterhalt außerehelicher Kinder und die Anerkennung der Vaterschaft. Aktenstudium und Beschäftigung in Pflegschafts- und Beistandschaftssachen.

Gesehen: 22. IV. 1900.
O.
K. Amtsrichter.

23. bis 30.

Beschäftigt in Nachlaß- und Teilungssachen mit der Beurkundung von Anträgen und Erklärungen, dem Entwerfen von Verfügungen über die Sicherung des Nachlasses, von Verfügungen über die Bestimmung der Inventarfrist und die Anordnung der Nachlaßpflegschaft und Nachlaßverwaltung. Protokoll geführt bei der Eröffnung von Testamenten. Ersuchungsschreiben entworfen an auswärtige Gerichte um Vermittelung der Bekanntmachung des Inhalts von Testamenten. Protokoll geführt bei Verhandlungen über die Erteilung des Erb-

1900
April.

Amtsgericht N.

scheins. Besprechung mit dem Richter zur Prüfung des Vorliegens der Voraussetzungen für den Erbschein. Entwerfen eines Erbscheins.

Gesehen 30. IV. 1900.
Y.
K. Ober-Amtsrichter.

Gesehen: 30. IV. 1900.
O.
K. Amtsrichter.

Mai.

1. bis 7.

Weiter in Nachlaßsachen beschäftigt wie in der vorigen Woche, insbesondere auch in dem Verfahren, betr. die Vermittelung der Auseinandersetzung des Nachlasses. Aufnahme von Anträgen auf Vermittelung. Entwerfen von Verfügungen über die Bestellung des Abwesenheitspflegers, über die Ladung zum Termine zur Verhandlung über die Auseinandersetzung. Entwerfen eines Auseinandersetzungsplans. Im Auseinandersetzungstermin als Protokollführer verwendet. Den Bestätigungsbeschluß entworfen.

Gesehen: 7. V. 1900.
O.
K. Amtsrichter.

8. bis 15.

Beschäftigt in Nachlaßsachen wie in den früheren Wochen. Beschäftigt mit dem Entwerfen von Verfügungen und der Aufnahme von Protokollen im Verfahren über die Erteilung, Einziehung und Kraftloserklärung des Erbscheins. Protokoll geführt bei der Abnahme des Offenbarungseids.

Gesehen: 15. V. 1900.
O.
K. Amtsrichter.

16. bis 23.

Beschäftigt in Nachlaß- und Teilungssachen wie in der vorigen Woche. Verwendet als Gerichtsschreiber zur Aufnahme des Nachlaßinventars nach Artikel 63 Abs. 2 des Ausführungsgesetzes zum Gerichtsverfassungsgesetze.

Gesehen: 23. V. 1900.
O.
K. Amtsrichter.

24. bis 31.

(Registersachen.) Unterwiesen von dem Richter über die Führung des Güterrechtsregisters, Vereinsregisters, Genossenschaftsregisters, Handelsregisters. Anmeldungen zu diesen Registern und Anträge an den Registerrichter aufgenommen. Verfügungen in Registersachen entworfen.

Gesehen: 31. V. 1900.
O.
K. Amtsrichter.

Gesehen 31. V. 1900.
Y.
K. Ober-Amtsrichter.

1900
Juni.

Landgericht N.

1. bis 7.

Am 1. Juni eingetreten in den landgerichtlichen Vorbereitungsdienst und zugewiesen der Gerichtsschreiberei.

Gesuche und Erklärungen in Strafsachen protokolliert; in die Registerführung eingewiesen. Unterwiesen über die Behandlung der Asservate, die Registraturordnung.

Am 5. vor dem Schwurgericht im Verfahren wider den Händler O. wegen Meineids als Offizialverteidiger aufgetreten.

Am 7. teilgenommen an dem von dem K. Landgerichtsrate T. abgehaltenen Übungskurse.

Gesehen: 7. VI. 1900.
Z.
K. Obersekretär.

8. bis 14.

Beschäftigt in der Gerichtsschreiberei wie in der vorigen Woche.

Beschäftigt mit der Bearbeitung des „praktischen Falles aus dem Justizfache" des Staatskonkurses 1899. Am 14. teilgenommen an dem Übungskurse wie am 7.

Gesehen: 15. VI. 1900.
Z.
K. Obersekretär.

15. bis 21.

In der Gerichtsschreiberei beschäftigt wie in der vorigen Woche, außerdem mit der Aufnahme von Armenrechtsgesuchen, dem Entwerfen von Rechtskraftsklauseln. Hiebei Studium geschlossener Akten.

Unterwiesen in der Gebührenbewertung, der Führung der Vorschuß- und Gebührenregister. Bearbeitung der Staatskonkursaufgaben aus dem Zivilprozeßrecht 1893.

Am 21. teilgenommen am Übungskurse. Hiebei Besprechung des in der vorigen Woche bearbeiteten praktischen Falles.

Gesehen: 21. VI. 1900.
Z.
K. Obersekretär.

22. bis 30.

In der Gerichtsschreiberei beschäftigt wie früher. Ferner mit der Bearbeitung der vom K. Landgerichtsrate T. gegebenen besonderen Kursaufgabe, Teilnahme am Kurse vom 28. und hiebei Besprechung der in der vorigen Woche bearbeiteten Staatskonkursaufgaben. Am 30. Juni in der Sitzung des Schwurgerichts als Gerichtsschreiber verwendet.

Gesehen: 30. VI. 1900.
Z.
K. Obersekretär.

Gesehen 30. VI. 1900.

Dr. N.

K. Landgerichtspräsident.

1900 Juli.	Landgericht N.
1. bis 7.	Vom 1. Juli an zugewiesen der Strafkammer. Teilgenommen an den nicht öffentlichen Sitzungen der Kammer vom 3. und 5., beigewohnt der öffentlichen Sitzung der Kammer vom 6. Beschäftigt mit dem Entwerfen von Beschlüssen auf Eröffnung des Hauptverfahrens, Beschlüssen auf Beschwerde in Haftsachen. Bearbeitung der 1. Aufgabe des Staatskonkurses 1899 aus dem Strafrechte. Am 6. Teilnahme an dem vom K. Landgerichtsrate T. abgehaltenen Kurse, Besprechung der gelieferten Arbeiten.
Gesehen: 7. VII. 1900. V. K. Landgerichtsdirektor.	
8. bis 15.	Am 10. als Gerichtsschreiber verwendet in der öffentlichen Sitzung der Strafkammer. Beigewohnt der Beratung und Abstimmung. Entworfen ein Urteil im Verfahren gegen U. und 5 Genossen wegen gefährlicher Körperverletzung. Besprechung des Entwurfs mit dem Berichterstatter.
Gesehen: 15. VII. 1900. V. K. Landgerichtsdirektor.	
16. bis 23.	Angewohnt der öffentlichen Sitzung und mehreren nicht öffentlichen Sitzungen, beschäftigt mit dem Entwerfen der Mehrzahl der ergangenen Beschlüsse. Vorgetragen in einer nicht öffentlichen Sitzung über eine Haftbeschwerde, eine Anklage wegen fahrlässiger Tötung. Teilgenommen am Kurse vom 20. Am 19. vor der Strafkammer in zwei Sachen als Offizialverteidiger aufgetreten.
Gesehen: 23. VII. 1900. V. K. Landgerichtsdirektor.	
24. bis 31.	Beschäftigt wie in der vorigen Woche. Am 24. in der öffentlichen Sitzung der Kammer als Gerichtsschreiber verwendet. Angewohnt der Beratung und Abstimmung. Vorgetragen in der Sache gegen den Maurer Z. wegen Diebstahls. Entworfen das Urteil in dieser Sache. Teilgenommen am Kurse vom 27. Hiezu Urteile, Beschlüsse und Verfügungen nach gegebener Aufgabe ausgearbeitet.
Gesehen: 31. VII. 1900. V. K. Landgerichtsdirektor.	

Gesehen 31. VII. 1900.

Dr. N.

K. Landgerichtspräsident.

1900 August.	Landgericht N.
1. bis 9.	Beschäftigt in Strafsachen wie in der früheren Woche. Am 3. teilgenommen am Kurse, am 4. als Gerichtsschreiber an der öffentlichen Sitzung der Strafkammer. Zugleich aushilfsweise beim Untersuchungsrichter als Protokollführer verwendet.
Gesehen: 19. VIII. 1900. V. K. Landgerichtsdirektor.	
10. August bis 21. Sept.	Abwesend, weil eingerufen zu einer Reservedienstübung im 10. Infanterieregiment.
	Gesehen 31. VIII. 1900. Dr. N. K. Landgerichtspräsident.
....	....
	....
	....
	....
	....
November.	
1. bis 7.	Vom 1. November an zugewiesen der 2. Zivilkammer. Beschäftigt mit dem Studium der Akten für die Sitzung vom 3. November. Am 3. November in der öffentlichen Sitzung als Gerichtsschreiber verwendet. Der Beratung und Abstimmung beigewohnt, zwei Versäumnisurteile, ein Urteil auf Grund kontradiktorischer Verhandlung nach Anweisung des Referenten entworfen. Am 7. teilgenommen am Übungskurse, hierbei Besprechung eines vom K. Landgerichtsrate T. besonders konstruierten Rechtsfalls aus dem Gebiete des Obligationenrechts.
Gesehen: 7. XI. 1900. S. K. Landgerichtsdirektor.	
8. bis 14.	Teilgenommen an der nicht öffentlichen Sitzung der Kammer vom 8., an der öffentlichen vom 10. Der Beratung und Abstimmung angewohnt. Vorgetragen in der Beratung der Berufungssache F. gegen G. wegen Viehgewährschaft; entworfen das beschlossene Urteil, ferner einstweilige Verfügung in der Sache H. gegen J. und G. wegen Ausübung eines Weiderechts. Teilgenommen am Kurse vom 14.
Gesehen: 14. XI. 1900. S. K. Landgerichtsdirektor.	

1900 **November.** 15. bis 21.	**Landgericht N.** Der Sitzung, Beratung und Abstimmung angewohnt, wie bisher, Urteile und Beschlüsse entworfen. Für den Übungskurs bearbeitet die beiden Staatskonkursaufgaben aus dem bürgerlichen Rechte 1899 nach altem und nach neuem Rechte. Am 21. am Kurse teilgenommen.
Gesehen: 21. XI. 1900. S. K. Landgerichtsdirektor.	
22. bis 30.	Beschäftigt in gleicher Weise wie bisher. Gesehen 30. XI. 1900. Dr. N. K. Landgerichtspräsident.
Gesehen: 30. XI. 1900. S. K. Landgerichtsdirektor.	
....	....
	....
	....
	....
	....
1901 **Februar.** 1. bis 7.	Vom 1. Februar an zugewiesen der Kammer für Handelssachen. In der Sitzung vom 6. als Gerichtsschreiber verwendet, zwei Urteile entworfen.
Gesehen: 7. II. 1901. P. K. Landgerichtsrat.	
....	....
	....
März.	**Bezirksamt N.**
1. bis 7.	Am 1. März eingetreten in die bezirksamtliche Praxis und zugewiesen dem K. Bezirksamtsassessor P. Mit der Führung des zum Eintragen der Ein- und Ausläufe bestimmten Tagebuchs bekannt gemacht und beschäftigt. Eingewiesen in die Registratur. Unterwiesen über den formellen Geschäftsgang und die Dienstordnung Studium laufender und abgeschlossener Akten.
Gesehen: 7. III. 1901. P. K. Bezirksamtsassessor.	
8. bis 14.	In der Amtsanwaltschaft beschäftigt mit Führung des Anzeigeverzeichnisses, Entwerfen der auf einlaufende Anzeigen zu erlassenden Verfügungen, Entwerfen von Anklageschriften, Strafbefehlanträgen, Sitzungsanträgen, Ergänzen der Strafliften.
Gesehen: 14. III. 1901. P. K. Bezirksamtsassessor.	

1901	**Bezirksamt N.**
März.	
15. bis 21.	In der Amtsanwaltschaft beschäftigt wie in voriger Woche. Ferner beschäftigt in Bausachen; Beschlüsse entworfen, betreffend die Erteilung und Verweigerung der Genehmigung von Bauplänen, Baulinienfestsetzung. Beschlüsse in Gewerbepolizeisachen entworfen, insbesondere Beschluß über die Erteilung der distriktspolizeilichen Genehmigung zur Errichtung und Betrieb einer neuen Gast- und Schankwirtschaft in C.
Gesehen: 21. III. 1901. P. K. Bezirksamtsassessor.	Eingewiesen und beschäftigt im Verfahren, betr. die Erteilung von Legitimationsscheinen für den Gewerbebetrieb im Umherziehen.
22. bis 31.	Beschäftigt wie in der vorigen Woche, außerdem in Angelegenheiten der allgemeinen Landespolizei, insbesondere der Sicherheits- und Gesundheitspolizei.
Gesehen: 31. III. 1901. P. K. Bezirksamtsassessor.	Beschlüsse entworfen, betreffend die Ausweisung von Ausländern und die Einschaffung von Inländern ins Arbeitshaus. Gesehen am 31. III. 1901. R. K. Bezirksamtmann.
. .	. . . .
Mai.	
1. bis 7.	Beschäftigt im Referate für Heimat, Verehelichung und Aufenthalt und Armenwesen. Entwerfen eines Endbescheids im verwaltungsrechtlichen Verfahren in der Sache M. gegen die Gemeinde G. wegen gebührenfreier Verleihung des Heimatrechts. Entwerfen eines Bescheids, betreffend die Verweigerung der von Z. erbetenen Ausstellung eines distriktspolizeilichen Verehelichungszeugnisses.
Gesehen: 7. V. 1901. P. K. Bezirksamtsassessor.	Beschäftigt mit Revision der standesamtlichen Nebenregister, Ausstellung von distriktspolizeilichen Verehelichungszeugnissen.
8. bis 14.	Beschäftigt wie in der vorigen Woche. Beschluß entworfen in der Sache der Armenpflege der Gemeinde S. gegen den Stationsmeister Johann W. in M., Kurkostenersatz betreffend.
Gesehen: 14. V. 1901. P. K. Bezirksamtsassessor.	Vorlageberichte entworfen in Sachen betreffend die Unterstützung von Ausländern.

1901
Mai.

Bezirksamt N.

15. bis 21.

Beschäftigt wie in den beiden früheren Wochen. Beschlüsse über Unterstützungspflicht und Ersatzpflicht auf Grund des Armengesetzes entworfen, ferner Beschlüsse entworfen in Krankenversicherungssachen. Privatstudium der Unfall- und Invaliditätsversicherungsgesetzgebung. Hierauf bezügliche praktische Übungen nach Anleitung des K. Bezirksamtsassessors P.

Gesehen: 21. V. 1901.
P.
K. Bezirksamtsassessor.

22. bis 31.

Beschäftigung die gleiche wie in den vorigen Wochen. Bearbeitung des praktischen Falles aus der inneren Verwaltung 1889. Besprechung desselben mit dem K. Bezirksamtsassessor P.

Gesehen: 31. V. 1901.
P.
K. Bezirksamtsassessor.

Gesehen 31. V. 1901.
R.
K. Bezirksamtmann.

....

....

....

....

September.

1. bis 7.

Vom 1. September an zugewiesen dem K. Bezirksamtmann R.

Bearbeitung der Aufgabe für den Übungskurs.

Beschäftigt mit Instruktion des Erlasses neuer ortspolizeilicher Vorschriften für die Gemeinde U., den Vorlagebericht an die K. Kreisregierung entworfen. Beschäftigt mit Revision der Gemeinderechnungen für drei Gemeinden, Entwerfen der Revisionserinnerungen hiezu. Am 5. teilgenommen am Übungskurse des Assessors P.

Gesehen: 7. IX. 1901.
R.
K. Bezirksamtmann.

8. bis 14.

Beigewohnt der vom K. Bezirksamtmann vorgenommenen Visitation zweier Gemeinden.

Beschäftigt mit dem Entwerfen der hienach ergehenden Erinnerungen und Anordnungen, Bescheid entworfen in der Sache, betreffend die Pflicht zur Unterhaltung der Flutbrücke bei U. (zu geschlossenen älteren Akten, aus denen der Bescheid vorher entfernt war), Besprechung und Kritik des entworfenen Bescheides durch den K. Bezirksamtmann. Bearbeitung der Aufgabe für den Übungskurs; diesem am 12. beigewohnt.

Gesehen: 14. IX. 1901.
R.
K. Bezirksamtmann.

Bezirksamt N.

1901
September.
15. bis 21.

Beschluß entworfen in den Sachen, betreffend Differenzen wegen Räumung des Klarbachs, Errichtung einer neuen Schule in B., Beschaffung einer neuen Orgel für die Kirche in M. Bearbeitung der Aufgabe für den Übungskurs.

Instruktion des Gesuchs der Katholiken von S. um Umpfarrung aus der katholischen Pfarrei A. in die katholische Pfarrei B. Entwerfung des Beschlusses in der Sache, die religiöse Erziehung der ersteheliche Kinder des Taglöhners K. in Z. betreffend.

Am 19. dem Übungskurse beigewohnt.

Am 20. Protokoll geführt über die unter dem Vorsitze des K. Bezirksamtmanns abgehaltene Sitzung des Ausschusses des Distriktsrats O.

Gesehen: 21. IX. 1901.
R.
K. Bezirksamtmann.

22. bis 30.

Bearbeitung der Aufgabe für den Übungskurs. Studium abgeschlossener Zwangsenteignungsakten. Unterwiesen über die Geschäfte der Distriktsverwaltungsbehörde hinsichtlich der Musterung und Aushebung, speziell die Geschäfte des Zivilvorsitzenden der Ersatzkommission.

Am 26. teilgenommen am Übungskurse.

Gesehen: 30. IX. 1901.
R.
K. Bezirksamtmann.

....

....

....

....

....

1902
März.
1. bis 7.

Am 1. März eingetreten bei dem Rechtsanwalt L. zu N.

Studium von Handakten, Informationsaufnahme.

Entwerfen von Klagen und Klagebeantwortungen, Erklärungen und Anträgen.

Am 7. in der Sache N. gegen H. wegen Alimentation und Kindbettkosten bei der mündlichen Verhandlung vor dem K. Amtsgerichte N. die Klägerin verbeistandet.

Gesehen: 7. III. 1902.
L.
Rechtsanwalt.

8. bis 14.

Beschäftigt wie in der vorigen Woche, außerdem mit dem Entwerfen von Berufungs- und Beschwerdeschriften in Zivil- und Strafsachen, von Rekursschriften in Verwaltungssachen

1902 März.	**Rechtsanwalt.**
Gesehen: 14. III. 1902. L. Rechtsanwalt.	Am 13. verteidigt in der Hauptverhandlung gegen F. wegen Vergehens wider die öffentliche Ordnung, am 14. unter Assistenz des Rechtsanwalts in der Sache C. gegen D. wegen Anerkennung des Eigentums vor der I. Zivilkammer des Landgerichts N. die Rechte der Klagspartei ausgeführt.
15. bis 21. Gesehen: 21. III. 1902. L. Rechtsanwalt.	Beschäftigt mit dem Entwerfen von Schriftsätzen verschiedener Art wie in der vorigen Woche. Parteivertretung in mehreren Privatklagesachen geführt. Anträge im Zwangsvollstreckungs-, insbesondere im Subhastationsverfahren entworfen; hiezu Hypothekenrecherchen vorgenommen.
22. bis 31. Gesehen: 31. III. 1902. L. Rechtsanwalt.	Beschäftigt wie früher. Am 23. und 27. vor dem K. Landgerichte, I. Zivilkammer und Kammer für Handelssachen, in mehreren Prozessen unter Assistenz des Anwalts die Parteirechte vertreten. Begnadigungsgesuch für den Taglöhner X. entworfen.

Übersicht

der Beschäftigung des Rechtspraktikanten

.... aus ....

während des Vorbereitungsdienstes bei dem K. Amtsgerichte

Die erste Prüfung bestanden am

Bisherige Praxis: bei de

vom .... bis zum

Eintritt in die amtsgerichtliche Praxis am ....

Unterbrechungen der amtsgerichtlichen Praxis: .... Wochen

vom.............. bis zum.............. wegen..............

Urlaub: ....Tage, vom .... bis zum ....

Diese Übersicht ist beim Austritt aus der Praxis dem Amtsgerichtsvorstande vorzulegen.

Nr.	I. Gerichtsschreiberei.	
1.	Wie oft als Gerichtsschreiber verwendet in den öffentlichen Sitzungen	des Schöffengerichts?
2.		des Zivilgerichts?
3.		des Forstrügegerichts?
4.	Wie oft Protokoll geführt bei dem ersuchten Richter?	
5.	Wie oft Annahme von:	
	a)	Armenrechtsgesuchen?
	b)	Anträgen auf Sühnetermin?
	c)	Klageerhebungen?
	d)	Gesuchen um Arrest und einstweilige Verfügung?
	e)	Einspruchseinlegungen gegen Versäumnisurteile?
	f)	Beschwerdeeinlegungen in bürgerlichen Streitsachen?
	g)	Desgl. in der freiwilligen Gerichtsbarkeit?
	h)	Anträgen (Gesuchen) auf Todeserklärung?
	i)	Anträgen (Gesuchen) auf Entmündigung?
	k)	Anträgen (Gesuchen) auf Kostenfestsetzung?
	l)	Anträgen (Gesuchen) auf Eröffnung des Konkurses?
	m)	Anträgen (Gesuchen) auf Beschlagnahme von Grundstücken?
	n)	Anträgen (Gesuchen) auf Einstellung der Zwangsvollstreckung?
	o)	Anträgen (Gesuchen) auf Pfändung von Forderungen?
	p)	Anträgen (Gesuchen) auf Abnahme des Offenbarungseids?
	q)	Gesuchen, Anträgen u. Erklärungen in Strafsachen?
	r)	Insbesondere im Privatklageverfahren?
	s)	Rechtsmitteln in Strafsachen?
6.	Erfolgte eine Unterweisung im	finanziellen Teile des Gerichtsschreibereidienstes?
7.		Ladungs- und Zustellungswesen?
8.	Wurde der Rechtspraktikant noch zu anderen Dienstgeschäften verwendet? Zu welchen?	

Nr.	II. Strafgerichtsbarkeit.
1.	Wie oft den strafgerichtlichen Sitzungen als Zuhörer beigewohnt?
2.	Wie viele Beschlüsse auf Eröffnung oder Nichteröffnung des Hauptverfahrens vor dem Schöffengericht entworfen?
3.	Wie viele Strafbefehle entworfen?
4.	Wie viele Haft- und Vorführungsbefehle entworfen?
5.	Wie viele Urteile entworfen?
6.	Wie oft im Ermittelungsverfahren als Gerichtsschreiber verwendet?
7.	Erfolgte eine Unterweisung im Strafvollzuge?
8.	Wie oft die Verteidigung geführt? Gegenstand der Anklage?
9.	Wurde der Rechtspraktikant noch zu anderen Dienstgeschäften verwendet? Zu welchen?

Nr.	III. Zivilgerichtsbarkeit.
1.	Wie oft den Sitzungen des Zivilgerichts als Zuhörer beigewohnt?
2.	Wie viele Beweisbeschlüsse entworfen?
3.	Wie viele kontradiktorische Urteile entworfen?
4.	Wie viele andere Urteile entworfen?
5.	Wie viele Kostenfestsetzungsbeschlüsse entworfen?
6.	Wie viele Beschlüsse im Entmündigungsverfahren entworfen?
7.	Wie viele Zahlungs- u. Vollstreckungsbefehle entworfen?
8.	Wie viele Beschlüsse im Aufgebotsverfahren entworfen?
9.	Wie viele Beschlüsse u. Verfügungen im Konkursverfahren entworfen?
10.	Wie viele Beschlüsse u. Verfügungen im Subhastationsverfahren entworfen?
11.	Wie viele Beschlüsse u. Verfügungen im sonstigen Zwangsvollstreckungsverfahren entworfen?
12.	Wie oft als Gerichtsschreiber bei Beweiserhebungen außerhalb der Sitzung verwendet?
13.	Wurde der Rechtspraktikant noch zu anderen Dienstgeschäften verwendet? Zu welchen?

Nr.	IV. Freiwillige Gerichtsbarkeit.	
1.	Wie oft verwendet zur Aufnahme von Verhandlungen in	Nachlaß- und Teilungssachen?
2.		Vormundschaftssachen?
3.		Hypothekensachen? / Grundbuchsachen?
4.	Wie viele Beschlüsse und Verfügungen entworfen in	Nachlaß- und Teilungssachen?
5.		Vormundschaftssachen?
6.		Hypothekensachen? / Grundbuchsachen?
7.	Erfolgte eine Unterweisung / Beschäftigung in dem Verfahren bei der Anlegung des Grundbuchs?	
8.	Wie oft Einträge f. d. Hypothekenbuch / Grundbuch entworfen (Hypotheken, Zessionen, Löschungen, Vormerkungen, Widersprüche rc. rc.)?	
9.	Wie oft neue Hypothekenbuchblätter / Grundbuchblätter angelegt?	
10.	Wie oft beschäftigt mit dem Übertragen unübersichtlich gewordener Hypothekenbuchblätter? / Grundbuchblätter?	
11.	Wie oft Auszüge a. d. Hypothekenbuch / Grundbuch entworfen oder ihre Richtigkeit geprüft?	
12.	Wie oft Hypothekenbriefe entworfen?	
13.	Erfolgte eine Unterweisung und Beschäftigung in der Führung des Handelsregisters, des Güterrechtsregisters und der sonstigen Register?	
14.	Erfolgte eine Unterweisung und Beschäftigung im Hinterlegungswesen?	
15.	Wie viele Beschlüsse u. Verfügungen in anderen Angelegenheiten der freiwilligen Gerichtsbarkeit entworfen? In welchen?	

V. Bestätigung der Richtigkeit der Einträge in der Spalte:			
I.	II.	III.	IV.

VI. Ein Exemplar der Dienstanweisung erhalten?

VII. Besondere Bemerkungen:

....

(Unterschrift des Rechtspraktikanten).

Formular M. Anlage XII.

Übersicht

der Beschäftigung des Rechtspraktikanten

.... aus ....

während des Vorbereitungsdienstes bei dem K. Landgerichte

....

Die erste Prüfung bestanden am ....

Bisherige Praxis: 1. bei de ....

vom .... bis zum ....

2. bei de ....

vom .... bis zum ....

Eintritt in die landgerichtliche Praxis am ....

Unterbrechungen der landgerichtlichen Praxis: .... Wochen, ...

vom .... bis zum .... wegen ....

Urlaub: .... Tage, vom .... bis zum ....

Diese Übersicht ist beim Austritt aus der Praxis dem Landgerichtspräsidenten vorzulegen.

Nr.	I. Gerichtsschreiberei	Nr.	II. Strafkammer	Nr.	III. Zivilkammer (Kammer für Handelssachen)
1.	Wie oft verwendet als Gerichtsschreiber in den öffentlichen Sitzungen? a) Der Strafkammer? b) der Zivilkammer? c) der Kammer für Handelssachen? d) des Schwurgerichts?	1.	Wie oft den öffentlichen und geheimen Sitzungen der Kammer als Zuhörer beigewohnt?	1.	Wie oft den öffentlichen und geheimen Sitzungen der Kammer als Zuhörer beigewohnt?
		2.	Wie oft bei den Beratungen der Kammer mündlich vorgetragen?	2.	Wie oft bei den Beratungen der Kammer mündlich vorgetragen?
2.	Wie oft Protokoll geführt bei dem beauftragten Richter oder bei dem Untersuchungsrichter?	3.	Wie viele Beschlüsse auf Eröffnung des Hauptverfahrens vor der Strafkammer oder dem Schwurgericht entworfen?	3.	Wie viele Beweisbeschlüsse entworfen?
3.	Wie oft Aufnahme von a) Rechtsmitteln in Zivil- und Strafsachen? b) Armenrechtsgesuchen? c) Gesuchen um Arreste und einstweilige Verfügungen? d) sonstigen Anträgen u. Erklärungen in Zivilsachen? e) Anträgen u. Erklärungen in Strafsachen?	4.	Wie viele Beschlüsse auf Eröffnung des Hauptverfahrens vor dem Schöffengericht entworfen?	4.	Wie viele Kostenfestsetzungsbeschlüsse entworfen?
		5.	Wie viele Beschlüsse auf Nichteröffnung des Hauptverfahrens entworfen?	5.	Wie viele andere Beschlüsse entworfen?

4.	Wie oft Rechtskraftszeugnisse gefertigt und Vollstreckungsklauseln erteilt?	6.	Wie viele andere Beschlüsse und Verfügungen entworfen?	6.	Wie viele kontradiktorische Urteile entworfen a) nach dem bisherigen bürgerlichen Rechte? b) nach dem neuen bürgerlichen Rechte?
5.	Erfolgte eine Unterweisung in der Führung der Sitzungskalender?				
6.	Erfolgte eine Unterweisung in der Führung der Gesellschafts-, Firmen- und sonstigen Register?	7.	Wie viele Urteile entworfen?	7.	Wie viele andere Urteile entworfen a) nach dem bisherigen bürgerlichen Rechte? b) nach dem neuen bürgerlichen Rechte?
7.	Hat der Rechtspraktikant Zustellungen an Verhaftete vorgenommen?				
8.	In welcher Weise und innerhalb welcher Zeit erfolgte die Unterweisung im finanziellen Teile des Gerichtsschreibereidienstes?	8.	Wurde der Rechtspraktikant während der Verwendung bei der Kammer — abgesehen von Verteidigungen (Spalte IV) — auch noch zu anderen Dienstgeschäften beigezogen und zu welchen?	8.	Wurde der Rechtspraktikant während der Verwendung bei der Kammer auch noch zu anderen Dienstgeschäften beigezogen und zu welchen?
9.	Wurde der Rechtspraktikant noch zu anderen Dienstgeschäften verwendet und zu welchen?				

IV. Zahl der im Vorverfahren und in der Hauptverhandlung geführten Verteidigungen, Gegenstand der Anklage?

V. Zahl der bei den praktischen Übungen gelieferten Arbeiten?

VI. Bestätigung der Richtigkeit der Einträge in der Spalte:

I.	II.	III.	IV.	V.

VII. Ein Exemplar der Dienstanweisung erhalten? ....

VIII. Besondere Bemerkungen:

....

(Unterschrift des Rechtspraktikanten.)

Königl. ....

Zeugnis.

Gemäß dem § 31 der Königl. Allerhöchsten Verordnung vom 4. Juli 1899, die Prüfungen für den höheren Justiz- und Verwaltungsdienst und die Vorbereitung für diese Prüfungen betreffend, und dem § 94 der Ausführungsvorschriften hiezu vom 6. Juli 1899 wird hiemit folgendes bezeugt:

Der Rechtspraktikant Herr ....
geboren zu ...., ist beim Königl. ....
am .... 1......... in den Vorbereitungsdienst getreten und in diesem bis heute geblieben.

Er war beschäftigt

vom .... 1 .... bis zum .... 1 ....
....
vom .... 1 .... bis zum .... 1 ....
....
vom .... 1 .... bis zum .... 1 ....
....
vom .... 1 .... bis zum .... 1 ....
....

Seine Leistungen ....
....
....

Sein Verhalten ....

....

....

Hervorgetretene Mängel: ....

....

....

Herr Rechtspraktikant .... ist als im ....
lichen Dienste für die Ablegung der zweiten Prüfung genügend vorbereitet .... zu erachten.

....

....

Beurlaubt war er vom .... 1 .... bis zum
.... 1 .....

Der Vorbereitungsdienst wurde unterbrochen
durch Krankheit vom .... 1 .... bis zum
.... 1 ....

....

durch Militärdienst vom ...... 1 .. bis zum
1 .

....

.........., den 1

(Siegel und Unterschrift.)

Formular O. **Anlage XIV.**

(Seite 1.)

K. Regierung von ....

Verzeichnis

der

für die im Jahre 1.......... abzuhaltende zweite Prüfung für den höheren Justiz- und Verwaltungsdienst vorläufig angemeldeten Rechtspraktikanten.

(Geordnet nach der Reihenfolge der Anmeldungen.)

(Seite 2 u. 3.)

Fortl. Nummer	Namen der angemeldeten Kandidaten	Heimatsort	Der Eltern Namen, Stand u. Wohnort	Behörden, bei denen der Kandidat bisher im Vorbereitungsdienste stand	Name und Wohnsitz des Rechtsanwalts, bei dem sich der Kandidat im Vorbereitungsdienste befindet	Bemerkungen *)
1	2	3	4	5	6	7
						*) In die Spalte 7 sind insbesondere die Wünsche der Kandidaten bezüglich der Wahl d. Prüfungsorts und die Gutachten der Kreisregierungen einzutragen.

Formular P. (Seite 1.) Anlage XV.

K. Regierung von ....

Verzeichnis

der

Rechtspraktikanten, welche zu der im Jahre 1...... in .... abzuhaltenden zweiten Prüfung für den höheren Justiz- und Verwaltungsdienst zugelassen wurden.

(Geordnet nach der Reihenfolge der Anmeldungen.)

(Seite 2.)

Fortl. Nummer	Der Kandidaten a. Vor- und Zuname, b. Geburtszeit u. Geburtsort, Heimat, c. Familienstand (ob ledig oder verheiratet?) d. Konfession, e. Militärverhältnis	Des Vaters Name, Stand u. Wohnort	Ort u. Zeit der I. Prüfung	Ort und
				bei Gerichten

(Seite 3.)

Zeit des Vorbereitungsdienstes		Bemerkungen*)
bei Verwaltungsbehörden	in der Rechtsanwaltschaft	

*) In der Spalte „Bemerkungen" ist insbesondere anzugeben, ob der Kandidat unbedingt, bedingt (§ 99 Abs. 5 der Ausführungsvorschriften) oder mit Ministerialgenehmigung zugelassen wurde, ob er sich der Prüfung zum zweitenmal unterzieht u. dergl.

Formular Q. **Anlage XVI.**

(Seite 1.)

Zweite Prüfung für den höheren Justiz- und Verwaltungsdienst im Jahre 1..............

Beschlüsse

der Zensurkommission bei d...... K...

....

über die von den Prüfungskandidaten gelieferten Bearbeitungen de..........

....

....

(Seite 2.)

Namen der Kandidaten	Votum des Referenten, K. .... mit kurzer Begründung	Votum des Korreferenten*) K.	Votum des Vorsitzenden	Beschluß	
				Note	Neben-note
1	2	3	4	5	6

*) Das Votum des Korreferenten ist nur dann kurz zu begründen, wenn er dem Votum oder der Begründung des Referenten nicht beipflichtet.

(Seite 3.)

Namen der Kandidaten	Votum des Referenten, R. .... mit kurzer Begründung	Votum des Korreferenten R.	Votum des Vorsitzenden	Beschluß	
				Note	Nebennote
1	2	3	4	5	6

Formular R. Anlage XVII.

Tabellarische Übersicht

der

von der Zensurkommission bei dem K. ....

den Kandidaten bei der zweiten Prüfung für den höheren Justiz- und Verwaltungsdienst im Jahre 1 . . . . . für die Bearbeitung der ....

.... Aufgabe aus ....

....

erteilten Noten.

Namen der Kandidaten	Note	Nebennote	Bemerkungen
I. Kandidaten der Prüfung bei der K. Regierung in			

Formular 8. **Anlage XVIII.**

Prüfungszeugnis.

Im Auftrage der K. Staatsministerien der Justiz und des Innern wird Ihnen eröffnet, daß Sie bei der im Dezember .... abgelegten zweiten Prüfung für den höheren Justiz- und Verwaltungsdienst folgende Noten erhalten haben:

Hauptnote im Justizfach	Hauptnote im Verwaltungsfach	Gesamtnote	Gesamtnebennote für Stil und Darstellung
$II^{15}/_{20}$ d. i. II	$II^{16}/_{20}$ d. i. III	$II^{31}/_{40}$ d. i. III	2

und daß Sie unter den 216 Prüfungskandidaten des Königreichs den 140. Platz erlangt haben.

Die Beilagen des Gesuchs um Zulassung zur Prüfung folgen zurück. Eine Zusammenstellung ihrer Einzelnoten liegt an.

......................................, den ....

K. Regierung, Kammer des Innern, von ....

(Unterschrift.)

(Siegel.)

An

den geprüften Rechtspraktikanten,

Herrn ....

Zusammenstellung

der von dem Rechtspraktikanten .... bei der im Dezember abgelegten zweiten Prüfung für den höheren Justiz- und Verwaltungsdienst erhaltenen Einzelnoten.

Noten aus der ersten Abteilung (Justiz)										Noten aus der zweiten Abteilung (Verwaltung)									
Landeszivilrecht	Reichs-Zivilrecht und Reichs-Zivilprozeßrecht				Strafrecht und Strafprozeß-recht			Praktischer Fall		Staatsrecht		Kirchenrecht		Polizeirecht	Volkswirtschafts-lehre	Staats-finanz-wirtschaft		Prak-tischer Fall	
einzige Aufgabe	erste Aufgabe	zweite Aufgabe	dritte Aufgabe	vierte Aufgabe	erste Aufgabe	zweite Aufgabe	dritte Aufgabe	Doppel-note		erste Aufgabe	zweite Aufgabe	Aufgabe aus dem kath. Kirchenrecht	Aufgabe aus dem prot. Kirchenrecht	einzige Aufgabe	einzige Aufgabe	erste Aufgabe	zweite Aufgabe	Doppel-note	
III	II½	III½	III	II½	II	II	III	III	III	II½	III½	II½	III	II	II	III½	III	III	III

III. Verordnung vom 4. Januar 1901.[1])

Im Namen Seiner Majestät des Königs.

Luitpold,

von Gottes Gnaden Königlicher Prinz von Bayern, Regent.

Wir finden Uns bewogen, über die Praxis der Bewerber um Anstellung im höheren Justizstaatsdienste, welche die Fähigkeit zum Richteramt erlangt haben, zu verordnen, was folgt:

Regelmäßige Praxis.

§ 1. Die geprüften Rechtspraktikanten, die sich um Anstellung im höheren Justizstaatsdienste bewerben, haben alsbald nach dem Bestehen der zweiten Prüfung für den höheren Justiz- und Verwaltungsdienst die Praxis bei einer bayerischen Justizbehörde oder bei einem Rechtsanwalt oder als Rechtsanwalt in Bayern fortzusetzen.

Die vom Schlusse der zweiten Prüfung an bis zur Bekanntgabe des Prüfungsergebnisses erstandene Praxis wird der nach der Bekanntgabe des Prüfungsergebnisses fortgesetzten Praxis gleichgeachtet.

1. § 1 enthält den Grundsatz der ganzen Verordnung.

Jeder Bewerber um Anstellung im höheren Justizstaatsdienste hat vom Bestehen der zweiten Prüfung an bis zur Anstellung sich einer seine Ausbildung für den späteren Beruf fördernden Praxis zu unterziehen.

In welcher Weise der Bewerber sich beschäftigen will, ist ihm innerhalb des Rahmens des § 1 und des ihn ergänzenden § 2 der VO. II an sich freigegeben. Er ist jedoch dadurch beschränkt, daß er für die Anstellung in einem besonderen Dienstzweig auch noch eine besondere Praxis durchzumachen hat, wie sich aus den folgenden Bestimmungen ergibt. Weitere Beschränkungen ergeben sich für ihn aus den §§ 4 und 5 der VO. II.

---

[1]) GVBl S. 31; JMBl. S. 50.

2. Wann der geprüfte Rechtspraktikant die Praxis fortzusetzen hat, ergibt sich aus § 4 der MB. II. Der Eintritt in die Praxis hat — wenn Nachteile vermieden werden wollen — spätestens drei Monate nach der Bekanntgabe des Prüfungsergebnisses (Übergabe des Prüfungszeugnisses, § 125 MB. I) zu erfolgen.

3. Unter Justizbehörden sind zu verstehen: Das Justizministerium, die Gerichte, die Staatsanwaltschaften bei dem Obersten Landesgerichte, den Oberlandesgerichten und den Landgerichten, die Notariate (Art. 6 des Notariatsgesetzes), die Strafanstalten; s. jedoch die Einschränkungen in § 4 Satz 2 VO. II und § 12 MB. II.

4. Die Amtsanwaltschaft wird in Bayern in der Regel von Organen der inneren Verwaltung oder (in der Mehrzahl der unmittelbaren Städte) durch Gemeindebeamte besorgt. Es können aber in besonderen Fällen auch besondere Amtsanwälte aufgestellt werden (Art. 55 AG. z. GVG. vom 23. Februar 1879 [GVBl. S. 273] u. JMB. v. 27. Sept. 1879 [JMBl. S. 1179]). In den beiden ersteren Fällen sind die Amtsanwaltschaften keine Justizbehörden; bei ihnen kann deshalb die Praxis nicht fortgesetzt werden. Soweit selbständige Amtsanwälte bestellt sind, können sie Justizbehörden sein. Die Beschäftigung als Amtsanwalt oder bei Amtsanwaltschaften kann aber auch in anderen Fällen im Wege des § 2 VO. II als Praxis anerkannt werden (s. § 32 MB. II).

5. Auch die Tätigkeit eines geprüften Rechtspraktikanten als Notariatsverweser ist Fortsetzung der Praxis im Sinne des § 1 (Autogr. JME. v. 10. Dez. 1902 Nr 49001).

6. Militärjustizbehörden sind keine Justizbehörden im Sinne des § 1 VO. II; die Praxis bei ihnen kann im Wege des § 2 VO. II zugelassen werden.

7. Die geprüften Praktikanten, die bei Rechtsanwälten beschäftigt und in das Hauptverzeichnis der Bewerber um Anstellung im höheren Justizstaatsdienst eingetragen sind, haben auch Pflichtverteidigungen zu übernehmen. (Autogr. JME. v. 11. Juni 1904 Nr. 16102 mit Autogr. JME. v. 11. Juli 1902 Nr. 24143).

8. Aus Abs. 2 ergibt sich, daß der Rechtspraktikant mit dem Eintritt in die Praxis nicht bis zur Bekanntgabe des Prüfungsergebnisses zuwarten muß. Dies ist insbesondere von Bedeutung, wenn er die besondere Praxis, die er abzuleisten hat, sofort nach dem Schlusse der zweiten Prüfung beginnt. In letzterem Falle ist jedoch die Wirksamkeit der Praxis durch den Erfolg der Prüfung bedingt; bei deren Nichtbestehen, oder bei dem Verzicht auf das Prüfungsergebnis wird sie wirkungslos.

Außerordentliche Praxis.

§ 2. Mit Genehmigung des Staatsministeriums der Justiz können die geprüften Rechtspraktikanten auch Praxis bei einer Justizbehörde oder bei einem Rechtsanwalt in einem anderen deutschen Bundesstaate nehmen oder die Zulassung zur Rechtsanwaltschaft bei einem Gericht eines anderen Bundesstaats erwerben oder sich bei einer nicht in dem § 1 genannten Behörde oder Stelle oder bei einer öffentlichen oder privaten Anstalt oder Unternehmung, welche die nötige Gewährschaft für gedeihliche Fortbildung gibt (z. B. Bankanstalt oder größeres Bankgeschäft, Handels- und Gewerbekammer, Berufsgenossenschaft, Versicherungsanstalt) beschäftigen lassen.

Diese Praxis oder Beschäftigung wird als Fortsetzung der Praxis im Sinne des § 1 erachtet.

1. § 2 gewährt dem Bewerber nicht nur die Möglichkeit, sich eine ihm passende Praxis zu wählen und bei seiner Beschäftigung seine persönlichen und wirtschaftlichen Verhältnisse zu berücksichtigen, sondern gestattet ihm auch, sich vorläufig einem anderen Berufe zuzuwenden, ohne jedoch die Anwartschaft auf Anstellung in Bayern zu verlieren.

Insbesondere kann der Bewerber auf Grund des § 2 gleichzeitig die Anstellung in einem anderen Bundesstaate oder im Reichsdienste anstreben; es steht auch nichts im Wege, daß er — mit Genehmigung des Justizministeriums — eine Anstellung im nichtbayerischen Staatsdienste wirklich erlangt und dennoch seine Bewerbung um Anstellung in Bayern aufrecht erhält.

2. Die nach § 2 notwendige Genehmigung kann von vornherein auf bestimmte Zeitdauer beschränkt, auch unter Bedingungen erteilt werden. Es ist auch jederzeit ein Widerruf zulässig (s. § 10 der MB. II).

3. Eine allgemeine Genehmigung auf Grund des § 2 ist durch § 3 der MB. II erteilt für die Beschäftigung bei dem Bureau einer Kammer des Landtags und bei dem stenographischen Bureau des Reichstags.

4. Die besondere Praxis (s. Bem. 1 zu § 1) kann natürlich durch eine Praxis nach § 2 niemals ersetzt werden.

Freiheit der Wahl.

§ 3. Soweit nicht ein anderes bestimmt ist, sind die Wahl und der Wechsel der Praxis oder Beschäftigung freigegeben.

1. Dem Bewerber ist es freigegeben, unter den verschiedenen Beschäftigungen, die ihm die §§ 1 u. 2 gestatten, die ihm zusagende zu wählen. Er kann auch von einer Art zu einer anderen übertreten, ebenso von einer Behörde zu einer gleichartigen andern. Für die besondere Praxis bleiben die besonderen Einschränkungen bestehen.

2. Ueber gleichzeitige Praxis bei mehreren Stellen s. § 9 MB. II.

Beschränkungen in der Wahl.

§ 4. Das Staatsministerium der Justiz kann die Praxis bei einzelnen Behörden oder Rechtsanwälten sowie die Beschäftigung bei einzelnen Anstalten oder Unternehmungen verbieten. Es kann die Bewilligung zum Eintritt in die Praxis bei einzelnen Justizbehörden von seiner Genehmigung abhängig machen.

1. Wegen besonderer Berichterstattung zum Zwecke des Vollzugs des § 4 s. § 10 MB. II.

2. Von der durch Satz 2 gegebenen Befugnis, die Praxis bei einzelnen Justizbehörden von einer Genehmigung abhängig zu machen, ist durch § 12 MB. II Gebrauch gemacht.

3. Folgen der Nichtbeachtung der gemäß § 4 erlassenen Verbote s. §. 11 MB. II.

§ 5. Die Zahl der bei einer Justizbehörde zur Fortsetzung der Praxis zuzulassenden geprüften Rechtspraktikanten ist nach der Möglichkeit ihrer zweckmäßigen und vollständigen Ausbildung zu bemessen.

Die Bewilligung zum Eintritt in die Praxis bei einer Justizbehörde wird von dem Vorstande der Behörde erteilt.

1. Zu § 5 vgl. § 13 MB. II.

2. Die Bewilligung zum Eintritt in die Praxis bei einem Notariate hat der Notar zu erteilen. Eine Verpflichtung, geprüften Rechtspraktikanten den Eintritt zu gestatten, dürfte auch für die Notare bestehen; denn die Notariate sind Justizbehörden, die Zulassung bei einer Justizbehörde kann aber nur aus den in § 13 Abs. 2 MB. II aufgeführten Gründen versagt werden.

Die Zubilligung eines Honorars an den Bewerber unterliegt dagegen selbstverständlich der freien Vereinbarung der Beteiligten.

3. Für Rechtsanwälte besteht keine Verpflichtung, geprüfte Rechtspraktikanten in ihre Kanzlei aufzunehmen, sie können auch den bei ihnen beschäftigten Bewerbern — vorbehaltlich zivilrechtlicher Ansprüche — jederzeit die weitere Beschäftigung in der Kanzlei versagen.

Verwendung der Praktikanten.

§ 6. Die Beamten der Justizbehörden, bei denen die geprüften Rechtspraktikanten in Praxis stehen, haben dafür zu sorgen, daß die Praxis den geprüften Rechtspraktikanten volle Gelegenheit bietet, sich in allen Geschäftszweigen wissenschaftlich und praktisch genügend auszubilden und den Dienst in materieller und formeller Hinsicht genau kennen zu lernen.

Die Beaufsichtigung und Leitung der Praxis liegt den Vorständen der Behörden ob, bei denen die geprüften Rechtspraktikanten die Praxis ableisten.

1. Vgl. hiezu §§ 14 ff. MB. II.

2. Durch Abs. 1 werden auch die Notare verpflichtet, den bei ihnen beschäftigten Rechtspraktikanten Gelegenheit zur Ausbildung zu geben. Eine Vernachlässigung dieser Verpflichtung würde unter Art. 67 des Notariatsgesetzes fallen.

3. Für die Rechtsanwälte besteht keine Verpflichtung, die Ausbildung der geprüften Rechtspraktikanten zu fördern (§ 40 der Rechtsanwaltsordnung trifft hier nicht zu). Es muß dem einzelnen überlassen bleiben, sich eine ausreichende und belehrende Beschäftigung zu sichern Mittelbar eröffnet allerdings § 4 der VO. II dem Ministerium die Möglichkeit, auch die Rechtsanwälte zur zweckentsprechenden Ausbildung ihrer Konzipienten anzuhalten.

4. Die Ausbildung hat sich nach § 6 regelmäßig auf alle Geschäftszweige der Stelle zu erstrecken, auch auf die Geschäfte der Justizverwaltung.

Bei der besonderen Praxis erfolgt dagegen zuweilen eine ausschließliche Ausbildung in bestimmten Geschäftszweigen (s. § 20 Nr. 1 MB. II).

Zur Besorgung des Schreibwerks sollen die geprüften Rechtspraktikanten nicht verwendet werden (§ 15 MB. II § 83 Abs. 3 MB. I).

5. Zur besonderen Aufsicht und zur Überwachung seiner Tätigkeit wird der geprüfte Rechtspraktikant, der bei den Gerichten oder bei einer Staatsanwaltschaft die Praxis fortsetzt, stets einem oder mehreren Beamten zugeteilt (s. § 15 MB. II und § 82 Abs. 1 der MB. I).

6. Im übrigen vgl. die Bemerkungen zu § 15 MB. II.

Besondere Praxis.

§ 7. Das Staatsministerium der Justiz kann, soweit nicht schon gesetzliche Bestimmungen bestehen, allgemein für die Bewerber um Anstellung in einem bestimmten Dienstzweig eine besondere Art und Dauer der Fortsetzung der Praxis vorschreiben.

1. Eine besondere Art und Dauer der Praxis ist gesetzlich vorgeschrieben für die Bewerber um Notariate und für die Notariatsverweser. Art. 9 u. Art. 96 des Notariatsgesetzes bestimmen hierüber:

Zum Notar kann nur ernannt werden, wer die Fähigkeit zum Richteramt erlangt und den Nachweis einer zur Vorbereitung für das Amt eines Notars genügenden Beschäftigung bei einem Notariate erbracht hat.

Der Vorbereitungsdienst soll nach der Erlangung der Fähigkeit zum Richteramt abgeleistet werden und in der Regel nicht weniger als zwei Jahre dauern.

Von dem Erfordernisse des Vorbereitungsdienstes kann bei Bewerbern, welche das Richteramt bekleiden oder bekleidet haben, abgesehen werden.

Notariatsverweser kann nur werden, wer die Voraussetzungen für die Ernennung zum Notar erfüllt hat.

Von dem Erfordernisse der Ableistung eines Vorbereitungsdienstes kann für die Bestellung zum Notariatsverweser außer bei Personen, die das Richteramt bekleiden oder bekleidet haben, auch bei den zum Richteramt befähigten Gerichtsschreibern der Amtsgerichte abgesehen werden.

2. Soweit gesetzliche Bestimmungen bestehen, kann das Justizministerium weitere Vorschriften über „eine besondere Art und Dauer der Praxis" nicht geben; vgl. aber § 20 Nr. 4 MB. II.

3. Die auf Grund des § 7 erlassenen Vorschriften sind in §§ 20—24 MB. II enthalten.

§ 8. Das Staatsministerium der Justiz kann im einzelnen Falle anordnen, daß ein Bewerber die auf Grund des § 7 allgemein vorgeschriebene Praxis verlängere oder eine Praxis bestimmter Art nehme, wenn seine bisherige Praxis oder Beschäftigung ihrer Art, ihrer Dauer oder ihrem Ergebnisse nach für die erstrebte Anstellung nicht genügend erscheint.

Dienstaufsicht.

§ 9. Die bei einer Justizbehörde in Praxis befindlichen geprüften Rechtspraktikanten unterstehen der Dienstaufsicht des Vorstandes der Behörde und der vorgesetzten Behörden; die bei einem Rechtsanwalt in Praxis befindlichen geprüften Rechtspraktikanten der Dienstaufsicht des Rechtsanwalts, des Vorstandes des Gerichts, bei dem der Rechtsanwalt zugelassen ist und der vorgesetzten Aufsichtsbehörden; die in Bayern in Beschäftigung nach § 2 stehenden geprüften Rechtspraktikanten der Dienstaufsicht des Präsidenten des Landgerichts und der vorgesetzten Aufsichtsbehörden.

Ist der Rechtsanwalt, bei dem sich ein geprüfter Rechtspraktikant in Praxis befindet, bei mehreren Gerichten verschiedener Ordnung zugelassen, so untersteht der geprüfte Rechtspraktikant der Dienstaufsicht des Vorstandes des Gerichts niederer Ordnung und der diesem vorgesetzten Aufsichtsbehörden, im Falle gleichzeitiger Zulassung des Rechtsanwalts bei den Landgerichten München I und II der Dienstaufsicht des Präsidenten des Landgerichts München I und der diesem vorgesetzten Aufsichtsbehörden.

1. Zur Aufsicht über die in Bayern in Beschäftigung nach § 2 stehenden geprüften Rechtspraktikanten werden die Präsidenten des Landgerichts und des Oberlandesgerichts zuständig sein, in deren Bezirk der Rechtspraktikant in Praxis steht.

Besondere Aufsichtsbehörden für die Bewerber, die nach § 2 VO. II Praxis außerhalb Bayerns genommen haben, oder ihre Praxis als Rechtsanwälte fortsetzen, sind nicht bestimmt.

Es kann übrigens auch von einer Dienstaufsicht gegenüber Praktikanten, die nach § 2 VO. II in Bayern in Beschäftigung stehen (s. § 9 VO. II Abs. 1 letzter Satz), nur in sehr eingeschränktem Sinne die Rede sein. In erster Linie wird die Behörde, die den Praktikanten in Dienst nimmt, seine Dienste regeln und selbst die Aufsicht ausüben; eine private Anstalt oder Unternehmung wird noch weniger geneigt sein, eine Dienstaufsicht zuzulassen.

2. Vgl. wegen sonstiger Beaufsichtigung die §§ 25 u. 26 MB. II.

3. Die bei einem Notariate beschäftigten Bewerber unterstehen der Aufsicht des Notars und der diesem vorgesetzten Behörden (s. Art. 63 des Notariatsgesetzes.) Der Notar hat in jeder Beziehung die Stellung des Amtsvorstands.

4. S. a. Bem. 5 zu § 6 VO. II.

Disziplin.

§ 10. Die bei einer Justizbehörde in Praxis befindlichen geprüften Rechtspraktikanten unterstehen der Disziplin des Amtsvorstandes, die Rechtspraktikanten, welche die Praxis bei einem Rechtsanwalte fortsetzen, der Disziplin des Präsidenten des Landgerichts.

Disziplinarmittel ist die Zurechtweisung. Ist diese fruchtlos oder mit Rücksicht auf die Verfehlung ungenügend, so ist an das Staatsministerium der Justiz zu berichten. Inzwischen kann der Inhaber der Disziplinargewalt dem Rechtspraktikanten die Fortsetzung der Praxis vorläufig untersagen.

Das Staatsministerium der Justiz kann je nach der Schwere des Verschuldens einen Verweis mit Androhung der Entlassung oder Ausschließung von der Praxis, die Entlassung aus der Praxis ohne Untersagung der anderweitigen Fortsetzung oder die zeitweilige oder dauernde Ausschließung von der Fortsetzung der Praxis überhaupt verfügen.

Für die zur Rechtsanwaltschaft zugelassenen Bewerber bewendet es bei den Vorschriften der Rechtsanwaltsordnung. Das Staatsministerium der Justiz kann einen solchen Bewerber aus disziplinären Erwägungen aus der Liste der Bewerber streichen.

1. Die Disziplinargewalt fällt im allgemeinen mit dem Rechte der Dienstaufsicht zusammen, mit der Ausnahme, daß den Rechtsanwälten keine Disziplinarbefugnis zugestanden ist und daß den Vorständen der Amtsgerichte die Disziplin über die Bewerber, die bei einem gleichzeitig am Amtsgericht und Landgericht zugelassenen Rechtsanwalt beschäftigt sind, nicht zusteht (s. a. Bem. 3).

2. Ueber die Disziplinargewalt hinsichtlich der nach § 2 VO. II in Bayern oder außerhalb Bayerns in Beschäftigung stehenden Bewerber sind Bestimmungen nicht getroffen. Ihnen gegenüber kann deshalb eine solche nicht geübt werden.

3. Stehen Bewerber bei einem Rechtsanwalt in Praxis, der gleichzeitig bei den Landgerichten München I und II zugelassen ist, so wird der Schlußsatz des § 9 Abs. 2 entsprechend anzuwenden sein. Bewerber, die bei einem nur an einem Oberlandesgericht oder am Obersten Landesgerichte zugelassenen Rechtsanwalt in Praxis stehen, sind in erster Instanz der Disziplinargewalt des Präsidenten des Landgerichts unterstellt, in dessen Bezirke sie beschäftigt sind. Die Dienstaufsichtsbehörde wird diesem etwaige Verfehlungen mitzuteilen haben.

4. In welcher Form die Zurechtweisung erteilt werden soll, ist nicht ausdrücklich bestimmt; sie wird also mündlich oder schriftlich erteilt werden können. Das Recht der Beschwerde an die nächste vorgesetzte Behörde wir nicht zu versagen sein; an eine Frist dürfte die Beschwerde nicht gebunden sein.

Von der in § 10 Abs. 2 Satz 2 erwähnten Berichterstattung an das Staatsministerium der Justiz — welche eintritt, wenn der Vorgesetzte sich von der Zurechtweisung keinen Erfolg verspricht oder sie für ungenügend hält — ist die im § 25 Abs. 2 MB. vorgeschriebene Berichterstattung über eine erfolgte Disziplinierung zu unterscheiden.

5. Der Beamte, dem die besondere Aufsicht übertragen ist (s. Bem. 5 zu § 6), hat als solcher keine Disziplinargewalt.

6. Für die Rechtsanwälte gelten die Vorschriften über das ehrengerichtliche Verfahren (§§ 62—97 der Rechtsanwaltsordnung). Gemäß Abs. 4 Satz 2 kann jedoch das Justizministerium, auch ohne daß ein ehrengerichtliches Verfahren eingeleitet wurde oder ohne daß der Ausgang eines eingeleiteten Verfahrens abgewartet wird, den Ausschluß von weiterer Bewerbung um Anstellung verfügen.

Vom Stande jedes ehrengerichtlichen Verfahrens wird das Ministerium verständigt (§ 26 MB. II).

7. Bezüglich der Notariatsverweser s. Art. 116 Abs. 2 des Notariatsgesetzes.

Pflicht zur Übernahme von Verwendungen.

§ 11. Die bei einer bayerischen Justizbehörde die Praxis fortsetzenden geprüften Rechtspraktikanten sind verpflichtet, jederzeit eine Geschäftsaushilfe oder eine Hilfsarbeiterstelle bei einer bayerischen Justizbehörde zu übernehmen. Dieser Dienst gilt als Fortsetzung der Praxis.

Dies findet entsprechende Anwendung auch auf Bewerber, die in Bayern zur Rechtsanwaltschaft zugelassen sind oder die Praxis bei einem Rechtsanwalt in Bayern fortsetzen, sobald sie um Anstellung im höheren Justizstaatsdienste förmlich nachgesucht haben.

Bezüglich der Gewährung von Vergütungen, Tagegeldern und Reisekosten im Falle der Einberufung zur Geschäftsaushilfe oder auf Hilfsarbeiterstellen bewendet es bei den bestehenden Vorschriften.

1. Als Stellen im Sinne des § 11 Abs. 2 kommen z. B. in Betracht:

die Stellen der Hilfsarbeiter bei Amtsgerichtsvorständen, Landgerichts- und Oberlandesgerichtspräsidenten und im Justizministerium, ferner die Aushilfsstellen bei den Staatsanwaltschaften, den Gerichtsschreibereien usw.

2. Durch Abs. 2 werden die Rechtsanwälte, die förmlich um Anstellung nachgesucht haben, auch verpflichtet, im Fall ihrer Einberufung zur Dienstleistung die Aufgabe ihrer Zulassung zu erklären (s. übrigens § 27 Abs. 3 MB. II).

3. Die Verwendung nach § 11 gilt zwar als Fortsetzung der Praxis im Sinne des § 1, nicht aber als besondere Praxis im Sinne des § 7. Nur durch besondere Verfügung des Ministeriums kann sie dieser gleichgestellt werden.

4. Welche Folgen die Weigerung, einer Einberufung nach § 11 Folge zu leisten, nach sich zieht, ergibt sich aus § 27 MB. II.

5. Wegen Führung eines Verzeichnisses über die zur Verwendung nach § 11 geeigneten Bewerber durch die Präsidenten der Oberlandesgerichte s. § 33 MB II.

6. Wegen der Tagegelder und der Reisekosten s. die Anm. zu § 103 MB. I.

Grundsätze für die Anstellung.

§ 12. Bei der Erstattung von Anträgen auf Anstellung als dritter Staatsanwalt soll in erster Linie auf die mit den besten Noten gewürdigten Bewerber jedes Prüfungsjahrs und bezüglich der Anstellung im richterlichen Dienste außer auf die dritten Staatsanwälte insbesondere auf diejenigen Sekretäre Bedacht genommen werden, welche bei der zweiten Prüfung mit der ersten oder zweiten Note gewürdigt worden sind, zur Förderung der Geschäftsaufgaben der Gerichtsschreiberei wesentlich beigetragen und sich eine gründliche Ausbildung für den Richterdienst angeeignet haben.

Bei der Erstattung von Anträgen auf Besetzung von Notariaten sollen vorzugsweise diejenigen Bewerber berücksichtigt werden, welche mit der ersten oder zweiten Note gewürdigt wurden und bei der Verwesung von Notariaten Ersprießliches geleistet haben.

1. Aus § 12 ergibt sich, daß Bewerber, die bei der zweiten Prüfung mit der Note III gewürdigt wurden, in der Regel keine Aussicht auf Anstellung als Richter haben werden. Auch geht aus ihm hervor, daß der Anstellung als Richter regelmäßig die Anstellung als III. Staatsanwalt oder als Sekretär vorauszugehen hat und die sofortige Verwendung im richterlichen Dienste Ausnahme sein soll.

2. Zu Abs. 2 vgl. § 20 Nr. 4 MB. II.

Zeitpunkt des Inkrafttretens.

§ 13. Diese Verordnung tritt mit dem Tage ihrer Veröffentlichung im Gesetz- und Verordnungsblatt an die Stelle der bisher für die Fortsetzung der Praxis der Bewerber um Anstellung im höheren Justizstaatsdienste geltenden Vorschriften.

1. Durch § 13 werden aufgehoben:
   1. die K. Allerh. Verordnung vom 27. April 1880 (JMBl. S. 121),
   2. die Ministerialbekanntmachung vom 15. Juli 1880 (JMBl. S. 237),
   3. die autographierten Ministerialentschließungen vom 9. Juni 1894 Nr. 15374, vom 9. Juli 1895 Nr. 15463, vom 11. März 1897 Nr. 6850, vom 16. November 1897 Nr. 31015.
2. Aufrecht erhalten bleiben die K. Allerh. Verordnung vom 20. August 1868 (Reg.Bl. S. 1609).

Vollzugsbestimmungen.

§ 14. Das Staatsministerium der Justiz wird ermächtigt, die zum Vollzuge dieser Verordnung nötigen Vorschriften zu erlassen.

Ein Recht zur Dispensation von den Vorschriften der VO. II ist in dieser selbst dem Justizministerium nicht eingeräumt; anders in § 54 VO. I. Die Bestimmungen der MB. II kann das Justizministerium jederzeit auch für einen einzelnen Fall aufheben.

München, den 4. Januar 1901.

Luitpold, Prinz von Bayern,
des Königreichs Bayern Verweser.

Dr. **Frhr. v. Leonrod.**

Königlich Allerhöchste Verordnung, die Praxis der Bewerber um Anstellung im höheren Justizstaatsdienste betr.

Auf allerhöchsten Befehl:
Der General-Sekretär:
Ministerialrat
v. Thelemann.

IV. Bekanntmachung vom 7. Januar 1901.[1])

Königliches Staatsministerium der Justiz.

Zur Ausführung der Königlich Allerhöchsten Verordnung vom 4. Januar 1901, die Praxis der Bewerber um Anstellung im höheren Justizstaatsdienste betreffend, werden auf Grund des § 14 folgende Vorschriften erlassen:

I. §§ 1—7 zu den §§ 1, 2 der VO. II.

§ 1. Die geprüften Rechtspraktikanten, die den Vorschriften der Verordnung vom 4. Januar 1901 entsprechend die Praxis fortsetzen oder Beschäftigung nehmen, werden, sofern nicht der Verzicht auf Anstellung ausdrücklich erklärt wird, als Bewerber um Anstellung im höheren Justizstaatsdienste betrachtet und in das bei dem Staatsministerium der Justiz geführte Hauptverzeichnis der Bewerber um Anstellung im höheren Justizstaatsdienst eingetragen.

1. Aus § 1 ergibt sich, daß es in der Regel eines besonderen Gesuches um Aufnahme in das Hauptverzeichnis nicht bedarf, sondern daß die Aufnahme ins Verzeichnis dadurch erwirkt wird, daß der Bewerber eine den Vorschriften des § 1 VO. II entsprechende Praxis nimmt oder in eine Beschäftigung nach § 2 VO. II mit Genehmigung des Ministeriums eintritt.

2. Ausnahmen von der Regel des § 1 ergeben sich aus §§ 2, 4 und § 30 Abs. 2 MB. II.

§ 2. Diejenigen geprüften Rechtspraktikanten, welche die Zulassung zur Rechtsanwaltschaft bei einem bayerischen Gericht erlangen, ohne vorher die Praxis im Sinne der §§ 1, 2 der Verordnung fortgesetzt zu haben, und welche daher auch nicht in das Hauptverzeichnis eingetragen waren, werden künftig in das Hauptverzeichnis nur eingetragen, wenn sie die Erklärung abgeben, daß sie als Bewerber um Anstellung im höheren Justizstaatsdienste betrachtet sein wollen. Diejenigen geprüften Rechtspraktikanten, welche die Zulassung zur Rechtsanwaltschaft bei einem bayerischen Gericht erlangen, nachdem

---

[1]) Abgedruckt JMBl. S. 54.

sie vorher in das Hauptverzeichnis eingetragen waren, werden künftig im Hauptverzeichnisse nur dann fortgeführt, wenn sie gleichzeitig mit dem Gesuch um Zulassung zur Rechtsanwaltschaft die Erklärung abgegeben haben, daß sie auch ferner als Bewerber um Anstellung im höheren Justizstaatsdienste betrachtet sein wollen. Nach Ablauf von drei Jahren werden sie vom Hauptverzeichnisse gestrichen, wenn sie nicht vorher um Aufrechthaltung ihrer Eigenschaft als Bewerber für eine bestimmte weitere Zeitdauer nachgesucht oder ein förmliches Gesuch um Anstellung im höheren Justizstaatsdienst eingereicht haben.

Die zur Zeit im Hauptverzeichnis eingetragenen geprüften Rechtspraktikanten, welche die Zulassung zur Rechtsanwaltschaft bereits erlangt und noch nicht förmlich um Anstellung im höheren Justizstaatsdienste nachgesucht haben, sind durch die Vorstände der Gerichte, bei denen sie zugelassen sind, zur sofortigen Abgabe einer Erklärung zu veranlassen, ob sie ferner noch als Bewerber um Anstellung im höheren Justizstaatsdienste betrachtet sein wollen. Die Erklärungen sind dem Staatsministerium der Justiz vorzulegen. Diejenigen Rechtsanwälte, welche eine bejahende Erklärung abgeben, werden bis zum 31. Dezember 1903 im Hauptverzeichnisse fortgeführt werden. Für die Folge findet auch auf sie die Bestimmung im Abs. 1 Satz 3 Anwendung.

Die hienach erforderlichen Erklärungen der Rechtsanwälte sind, wenn sie nicht vor der Zulassung zur Rechtsanwaltschaft in dem Gesuch um Zulassung oder in einem Nachtrage hiezu erfolgen, dem Vorstande des Gerichts gegenüber abzugeben, bei dem sie zugelassen sind, im Falle ihrer gleichzeitigen Zulassung bei mehreren Gerichten gegenüber dem Vorstande des Gerichts niederer Ordnung, im Falle gleichzeitiger Zulassung bei den Landgerichten München I und II gegenüber dem Präsidenten des Landgerichts München I. Die Erklärungen sind stets sofort dem Staatsministerium der Justiz vorzulegen. Eine Abschrift ist dem Oberstaatsanwalte bei dem Oberlandesgericht und den Vorständen der übrigen Gerichte, bei denen der Rechtsanwalt zugelassen ist, mitzuteilen.

Von den in dem Gesuch um Zulassung zur Rechtsanwaltschaft oder in einem Nachtrage hiezu enthaltenen Erklärungen werden der Oberstaatsanwalt und die Vorstände der Gerichte, bei denen die Zulassung erfolgt, durch das Staatsministerium der Justiz benachrichtigt werden.

1. Die in Abs. 1 Satz 1 bezeichneten Bewerber müssen um Aufnahme in das Hauptverzeichnis nicht notwendig gleichzeitig mit dem Gesuch um Zulassung nachsuchen, sie können dies auch später noch tun (vgl. Abs. 3).

2. Etwas anders steht es mit den in Abs. 1 Satz 2 bezeichneten Bewerbern. Diese werden gestrichen, wenn sie nicht gleichzeitig mit dem Gesuch um Zulassung um Weiterführung im Hauptverzeichnisse bitten. Sind sie gestrichen, so werden sie wie die in Abs. 1 Satz 1 bezeichneten Bewerber behandelt.

3. Abs. 1 Satz 3 bezieht sich auf beide vorhergehende Sätze. Die dreijährige Frist ist von dem Zeitpunkt an zu berechnen, in dem der Bewerber in seiner Eigenschaft als Rechtsanwalt in das Hauptverzeichnis eingetragen oder in diesem fortgeführt wurde. Auch bei Versäumung der Frist ist eine nochmalige Aufnahme in das Hauptverzeichnis möglich.

4. Wenn ein im Hauptverzeichnis eingetragener Rechtsanwalt die Zulassung aufgibt und in eine den Bestimmungen der Verordnung entsprechende Praxis tritt, so wird er wie ein Bewerber im Sinne des § 1 MB. II behandelt. Abs. 1 Satz 3 findet dann keine Anwendung mehr auf ihn.

Auch ein im Hauptverzeichnis nicht eingetragener Rechtsanwalt, der unter Aufgabe der Zulassung entsprechende Praxis nimmt, wird nach § 4 MB. II zu behandeln sein.

§ 3. Die Beschäftigung bei dem Bureau einer Kammer des Landtags und bei dem stenographischen Bureau des Reichstags ist den geprüften Rechtspraktikanten gestattet und gilt als Beschäftigung im Sinne des § 2 der Verordnung, ohne daß im einzelnen Falle die Genehmigung des Staatsministeriums der Justiz einzuholen ist.

§ 4. Ein geprüfter Rechtspraktikant, der den Eintritt in eine den Vorschriften der Verordnung entsprechende Praxis oder Beschäftigung länger als drei Monate nach der Bekanntgabe des Prüfungsergebnisses unterlassen hat, hat um die Aufnahme in das Hauptverzeichnis förmlich nachzusuchen. Das Gesuch ist bei dem Staatsministerium der Justiz einzureichen und mit Zeugnissen darüber zu belegen, wie sich der Gesuchsteller seit der zweiten Prüfung beschäftigt und geführt hat. Im Gesuch ist zugleich anzugeben, in welcher Weise der geprüfte Rechtspraktikant die Praxis fortsetzen will. Bevor die Aufnahme in das Hauptverzeichnis vom Staatsministerium der Justiz bewilligt ist, darf der Rechtspraktikant bei keiner Justizbehörde zur Fortsetzung der Praxis zugelassen werden.

1. Ueber die Bekanntgabe des Prüfungsergebnisses s. § 125 der MB. I.

2. Die Unterlassung des rechtzeitigen Eintritts in die Praxis hat gemäß § 4 nicht den Verlust der Anwartschaft auf Anstellung zur Folge. Der Zulassung hat aber ein besonderes Verfahren vorauszugehen.

3. § 4 ist selbstverständlich auch anzuwenden, wenn ein geprüfter Rechtspraktikant gelegentlich des Gesuchs um Zulassung zur Rechtsanwaltschaft erklärt, er wolle noch als Bewerber betrachtet sein.

4. S. a. §§ 6 und 7 MB. II.

5. Ueber den Fall, daß die Ableistung des Militärdienstes vor Eintritt in die Praxis erfolgt, s. Bem. 2 zu § 5 MB. II.

6. S. a. Bem. 4 zu § 5 MB. II.

§ 5. Ein geprüfter Rechtspraktikant, welcher die Praxis oder Beschäftigung länger als drei Monate unterbrochen hat, wird vom Hauptverzeichnisse gestrichen. Auf seine Wiederaufnahme in das Hauptverzeichnis und seine Zulassung zur Praxis bei einer Justizbehörde finden die Vorschriften des § 4 entsprechende Anwendung.

1. Der Rechtspraktikant kann gemäß § 5 MB. II seine Praxis — vorbehaltlich der nach § 7 MB. II drohenden Nachteile — jederzeit für drei Monate unterbrechen. Die besondere Praxis (Bem. 1 zu § 1 VO. II) darf in der Regel nicht unterbrochen werden (§ 22 MB. II).

2. Militärische Übungen (Reserveübungen) sind keine Unterbrechung der Praxis (§ 19 Abs. 4 MB. II).

Anders steht es dagegen mit der Ableistung des Militärdienstes (Abdienen des Einjährig-Freiwilligen-Jahres). Sie gilt als Unterbrechung der Praxis. Der Bewerber muß also unter Vorlage entsprechender Nachweise um Wiederaufnahme in das Hauptverzeichnis nachsuchen. Doch wird nichts im Wege stehen, daß er schon vor dem Diensteintritte unter Vorlage der Beweise um Fortführung im Hauptverzeichnisse vorbehaltlich seines Wiedereintritts in die Praxis nachsucht.

Die gleiche Behandlung wird einzutreten haben, wenn vor dem Eintritt in die Praxis der Militärpflicht genügt wird.

3. S. im übrigen die Bemerkungen zu § 22 MB. II.

4. Der Bewerber, der die Praxis in unzulässiger Weise unterbrochen hat, darf — ebenso wie ein Bewerber, der sich gegen § 4 verfehlt hat, — bei keiner Justizbehörde zur Praxis zugelassen werden, ehe er nicht ins Hauptverzeichnis wieder aufgenommen ist. So oft daher bei einer Behörde ein Bewerber in Praxis treten will, muß er den Nachweis über die Beobachtung der §§ 4 und 5 MB. II führen, widrigenfalls er nicht zugelassen werden darf.

§ 6. Im Falle des § 4 wird die Aufnahme in das Hauptverzeichnis und im Falle des § 5 die Wiederaufnahme in das Hauptverzeichnis versagt werden, wenn der geprüfte Rechtspraktikant die Vertretung oder Verbeistandung von Parteien in bürgerlichen Rechtsstreitigkeiten oder in der nichtstreitigen Rechtspflege geschäftsmäßig betrieben hat, ohne zur Rechtsanwaltschaft zugelassen zu sein.

§ 7. Die Unterlassung der rechtzeitigen Fortsetzung der Praxis und eine längere Unterbrechung der Praxis, die nicht durch besondere Umstände entschuldbar erscheint, haben für die geprüften Rechtspraktikanten unter allen Umständen den Nachteil zur Folge, daß sie bei Vorschlägen zur Besetzung erledigter Stellen unter sonst gleichen Verhältnissen denjenigen Bewerbern nachstehen müssen, welche sich solche Unterbrechungen und Unterlassungen nicht oder in geringerem Maße haben zuschulden kommen lassen.

II. §§ 8—12 zu den §§ 3, 4 der PO. II.

§ 8. Die Wahl und der Wechsel der Praxis oder Beschäftigung sind den geprüften Rechtspraktikanten freigegeben. Es liegt jedoch ebensosehr im Interesse der Justizverwaltung als der geprüften Rechtspraktikanten selbst, daß sie sich vor ihrer Anstellung im Justizstaatsdienst eine möglichst umfassende und gründliche Ausbildung in allen Zweigen des Justizdienstes und eine allseitige Kenntnis des praktischen Lebens aneignen. Die geprüften Rechtspraktikanten haben daher bei der Auswahl und dem Wechsel der Praxis oder Beschäftigung den Gesichtspunkt ihrer entsprechenden allseitigen Ausbildung im Auge zu behalten.

Sie werden gut daran tun, nicht nur bei Justizbehörden, sondern insbesondere auch eine Zeitlang bei der Rechtsanwaltschaft Praxis zu nehmen. Da für jeden rechtskundigen Sekretär und für jeden Richter eines Amtsgerichts die Möglichkeit eintreten kann, vorübergehend die Verwesung eines Notariats übernehmen zu müssen, so ist es nur erwünscht, wenn auch diejenigen Bewerber, welche nicht ausschließlich Verwendung im Notariatsdienst anstreben, eine Zeitlang Praxis bei einem Notariate nehmen.

Auch eine zeitweise Beschäftigung bei einer Bankanstalt, einem größeren Bankgeschäft, einer Versicherungsanstalt oder ähnlichen Anstalt oder Unternehmung wird nur dazu beitragen, die allseitige Ausbildung der geprüften Rechtspraktikanten zu fördern, ihren Blick zu erweitern und die für ihren künftigen Beruf dringend gebotene Kenntnis des praktischen Lebens zu vertiefen.

Zu Abs. 2 vgl. Notariatsgesetz Art. 96 Abs. 2.

§ 9. Die Praxis oder Beschäftigung soll in der Regel jeweils nur bei einer einzigen Stelle genommen werden. Gleichzeitige Beschäftigung bei mehreren Stellen ist nur mit Genehmigung des Staatsministeriums der Justiz zulässig.

Gleichzeitige Beschäftigung bei einer Justizbehörde und bei einem Rechtsanwalt oder bei einer Justizbehörde und bei einer privaten Anstalt oder Unternehmung wird nicht gestattet werden.

Eine unzulässige gleichzeitige Beschäftigung bei mehreren Stellen macht zwar die Praxis nicht ungültig, kann aber Disziplinareinschreitung und Streichung von der Liste, bei der besonderen Praxis auch eine Verfügung nach § 8 VO. II zur Folge haben.

§ 10. Bestehen Bedenken darüber, ob den bei einer Behörde oder einem Rechtsanwalt in Praxis oder sonst nach § 2 der Verordnung in Beschäftigung stehenden geprüften Rechtspraktikanten die Möglichkeit einer vollständigen oder zweckmäßigen Ausbildung geboten ist, oder ist die Fortsetzung der Praxis bei einer Behörde oder bei einem Rechtsanwalt oder die anderweitige Beschäftigung aus sonstigen Gründen bedenklich, so ist darüber von den Dienstaufsichtsbehörden an das Staatsministerium der Justiz zu berichten.

Bei den Visitationen ist hierauf besonderes Augenmerk zu richten.

§ 10 soll dem Ministerium die Möglichkeit zu einem Einschreiten gemäß § 4 VO. II oder zum Widerrufe der nach § 2 VO. II erteilten Genehmigung geben.

§ 11. Ein geprüfter Rechtspraktikant, der einem auf Grund des § 4 der Verordnung erlassenen Verbote zuwider die Praxis oder Beschäftigung fortsetzt, wird vom Hauptverzeichnisse gestrichen.

§ 12. Bei dem Obersten Landesgerichte, bei der Generalstaatsanwaltschaft und bei einer Strafanstalt darf die

Zulassung zur Fortsetzung der Praxis nur mit Genehmigung des Staatsministeriums der Justiz erfolgen.

Diejenigen geprüften Rechtspraktikanten, welche als Hilfsarbeiter bei dem Staatsministerium der Justiz verwendet werden sollen, werden vom Staatsministerium der Justiz bestimmt.

III. §§ 13—19 zu den §§ 5, 6 der VO. II.

§ 13. Die geprüften Rechtspraktikanten, welche die Praxis bei einer Justizbehörde fortsetzen wollen, haben bei dem Vorstande der Behörde um die Zulassung zur Fortsetzung der Praxis nachzusuchen.

Die Zulassung ist abzulehnen, wenn bei der Behörde schon so viele geprüfte Rechtspraktikanten in Praxis oder nicht geprüfte Rechtspraktikanten im Vorbereitungsdienste stehen, daß eine zweckmäßige und vollständige Ausbildung mit Rücksicht auf die Zahl der Bewerber und den Umfang der Geschäfte nicht möglich erscheint (vgl. § 79 der Bekanntmachung I vom 6. Juli 1899 JMBl. S. 229). Sie kann auch aus sonstigen wichtigen Gründen abgelehnt werden. Gegen den ablehnenden Bescheid steht die Beschwerde im Dienstaufsichtsweg offen.

Die Zulassung kann jederzeit aus denselben Gründen zurückgenommen werden, aus denen sie verweigert werden kann.

1. Aus Abs. 2 ergibt sich, daß die Zahl der bei Amtsgerichten und Landgerichten gleichzeitig zugelassenen Bewerber die Zahl der angestellten Richter in der Regel nicht überschreiten soll. Für einzelne Gerichte kann das Ministerium besondere Bestimmungen treffen. Wenn die Meldungen die zulässige Anzahl übersteigen, so haben die Bewerber den Vorzug, denen wichtige Gründe zur Seite stehen. Die Zulassung ist daher unter Umständen nur in widerruflicher Weise zu erteilen.

2. § 13 findet auch Anwendung auf die Notariate; dagegen sind die Rechtsanwälte nicht gehalten, nur eine bestimmte Anzahl von Rechtspraktikanten bei sich aufzunehmen (doch ist § 10 MB. II zu beachten).

§ 14. Bei dem Eintritt in die Praxis bei einer Justizbehörde ist der geprüfte Rechtspraktikant an die gemäß § 29 der Königlich Allerhöchsten Verordnung vom 4. Juli 1899 geleisteten Eide zurückzuerinnern.

Bei dem Austritt eines geprüften Rechtspraktikanten aus der Praxis bei einer Justizbehörde hat der Vorstand der Behörde, gegebenenfalls nach Anhörung derjenigen Beamten, welchen der Rechtspraktikant zur besonderen Aufsicht zugeteilt war, ein Zeugnis über die Dauer der Praxis, über das dienstliche und außerdienstliche Verhalten, sowie über die Leistungen des Rechtspraktikanten und die hiebei hervorgetretenen Mängel auszustellen und zu den Personalakten des Rechtspraktikanten zu nehmen.

1. Zu Abs. 1 vgl. die Bemerkungen zu § 29 der Verordnung I. Die Behändigung einer Dienstanweisung an geprüfte Rechtspraktikanten ist nicht vorgeschrieben. Der Bewerber wird bei seinem Diensteintritt auf die Bestimmungen der VO. II und der MB. II ausdrücklich hinzuweisen sein.

2. Das nach Abs. 2 auszustellende Zeugnis wird sich auch darüber zu äußern haben, ob der Bewerber sich eine gründliche Kenntnis des Gerichtsschreibereiwesens und des Gebühren- und Kostenwesens angeeignet hat (vgl. § 20 Nr. 3 MB. II).

3. Die Erteilung eines Zeugnisses ist für die bei Rechtsanwälten beschäftigten Bewerber nicht vorgeschrieben, auch diese werden aber gut tun, sich wenigstens eine Bescheinigung über die Dauer der Praxis ausstellen zu lassen, damit ihnen beim Eintritte bei einer Behörde der Nachweis möglich ist, daß sie sich nicht gegen §§ 4 und 5 MB. II verfehlt haben.

4. Den Notariatspraktikanten muß ein Zeugnis ausgestellt werden.

5. Bezüglich der Anzeigen über Eintritt und Austritt s. § 28 MB. II.

6. Vgl. noch Bem. 7 zu § 19 MB. II.

§ 15. Auf die Praxis der geprüften Rechtspraktikanten bei einer Justizbehörde finden die Vorschriften, die in den §§ 81, 82, 83, im § 84 Abs. 1, 2 und in den §§ 85, 86 der Bekanntmachung I vom 6. Juli 1899, die Prüfungen für den höheren Justiz- und Verwaltungsdienst und die Vorbereitung für diese Prüfungen betreffend, für den Vorbereitungsdienst der Rechtspraktikanten vor Ablegung der zweiten Prüfung gegeben sind, entsprechende Anwendung. Selbstverständlich sind die geprüften Rechtspraktikanten während ihrer Praxis bei einer Justizbehörde — unabbrüchig des eigentlichen Zweckes ihrer Praxis, ihrer allseitigen praktischen Ausbildung und wissenschaftlichen Fortbildung — zur Erledigung der laufenden Geschäfte der Behörde entsprechend heranzuziehen.

1. Aus Satz 1 ergibt sich insbesondere folgendes:

a) Die entsprechende Ausbildung der geprüften Rechtspraktikanten ist eine besondere Pflicht aller mit der Leitung der Praxis betrauten Beamten.

b) Jeder Bewerber wird einem oder mehreren Beamten zur besonderen Aufsicht und Überwachung zugewiesen. Diese haben dafür zu sorgen, daß der geprüfte Rechtspraktikant genügend und in fördernder Weise beschäftigt wird.

c) Die Ausbildung hat sich auf alle Zweige der behördlichen Tätigkeit zu erstrecken; tunlichst oft sind die Bewerber mit Verteidigungen zu betrauen. Rein formale Arbeiten sind ihnen nur soweit zu überbürden, als es die Ausbildung erfordert. Schreibwerk haben sie nicht zu leisten.

d) Bei den Amtsgerichten sind die geprüften Rechtspraktikanten nach und nach durch alle Dienstzweige zu führen, bei den Landgerichten nacheinander den verschiedenen Kammern und der Gerichtsschreiberei zuzuteilen.

2. Vgl. im übrigen die Bemerkungen zu §§ 82, 83, 84, 85 der MB. I.

3. Aus 86 Abs. 2 ergibt sich, daß die Bewerber, die bei Gerichten in Praxis sind, auch zum Sitzungsdienste heranzuziehen sind.

4. Die Regeln des § 15 erleiden eine wesentliche Einschränkung in den Fällen der besonderen Praxis (vgl. § 20 MB. II). Diese erstreckt sich nur auf bestimmte Dienstzweige.

§ 16. Den bei den Gerichten, Staatsanwaltschaften und Notariaten in Praxis stehenden geprüften Rechtspraktikanten ist die Teilnahme an den für die Rechtspraktikanten im Vorbereitungsdienste nach § 84 Abs. 3, § 87 der Bekanntmachung I vom 6. Juli 1899, die Prüfungen für den höheren Justiz- und Verwaltungsdienst und die Vorbereitung für diese Prüfungen betreffend, stattfindenden Unterweisungen und Übungen zu gestatten. Es können auch besondere Übungen und Unterweisungen für sie abgehalten werden.

§ 17. Sekretäre, die sich um Anstellung als Richter bewerben wollen und hiezu geeignet erscheinen, sind wie geprüfte Rechtspraktikanten, welche die Praxis fortsetzen, neben ihrer eigentlichen Geschäftsaufgabe auch, soweit möglich, in den richterlichen Geschäften zu unterweisen und zu beschäftigen.

§ 18. Zur Übernahme der Stellvertretung eines Rechtsanwalts in einzelnen Rechtssachen, einer Verteidigung, der Stelle eines Bevollmächtigten oder Beistandes in Zivilsachen oder einer sonstigen Vertretung, die in den Kreis des Anwaltsberufs fällt, bedürfen die bei einer Justizbehörde zugelassenen geprüften Rechtspraktikanten der Genehmigung des Amtsvorstandes. Die Genehmigung ist nur für den einzelnen Fall und nur dann zu erteilen, wenn dienstliche Bedenken nicht entgegenstehen.

Diese Bestimmungen finden keine Anwendung auf die Fälle des § 116 der ZPO. und auf die Fälle der Pflichtverteidigung.

Macht sich ein geprüfter Rechtspraktikant in der Übernahme von Wahlverteidigungen eines mit den dienstlichen Interessen nicht verträglichen Übermaßes schuldig, so kann ihm vom Vorstande die Übernahme solcher überhaupt untersagt werden.

Die Bestimmung des Abs. 2 wird auch zutreffen für die Fälle des § 14 FGG.

§ 19. Die bei einer bayerischen Justizbehörde in Praxis stehenden geprüften Rechtspraktikanten dürfen sich ohne Genehmigung des Amtsvorstandes nicht über 24 Stunden vom Amtssitz entfernen.

Urlaub kann ihnen in jedem Geschäftsjahre bis zur Dauer von einem Monate vom Amtsvorstand erteilt werden. Gesuche um Urlaub von längerer Dauer sind vom Amtsvorstande mit gutachtlicher Äußerung dem Staatsministerium der Justiz vorzulegen.

Gesuche um Erteilung eines Urlaubs von mehr als drei Tagen sind schriftlich anzubringen und zu verbescheiden.

Zum Zwecke der Ableistung von militärischen Übungen bedürfen die geprüften Rechtspraktikanten keines Urlaubs. Sie haben lediglich dem Vorstande der Behörde den Nachweis des Beginnes und der Dauer der Übung vorzulegen.

1. Ein Recht auf Urlaub besteht nicht.

2. Abs. 4 handelt lediglich von der Ableistung von Übungen, dagegen nicht vom Abdienen des Einjährig-Freiwilligen-Jahres (s. hiezu Bem. 2 zu § 5 MB. II).

3. Der im Abs. 4 verlangte Nachweis wird durch Vorlage der Einberufungsordre, des Militärpasses oder eines besonderen Zeugnisses der Militärbehörde (Bezirkskommando) zu führen sein.

4. In Krankheitsfällen wird der Rechtspraktikant gut tun, seine Verhinderung sofort durch ein ärztliches Zeugnis zu bescheinigen (s. übrigens auch § 25 Abs. 2 MB. II).

5. Urlaub ist es nicht, wenn der Bewerber aus *besonderen Gründen* für einzelne Tage oder halbe Tage (mit Genehmigung des Vorstands) keinen Dienst leistet. (s. § 82 Abs. 3 letzten Satz MB. I.)

6. Auf die besondere Praxis wird weder die Zeit von Krankheiten noch die des Urlaubs oder militärischer Übungen angerechnet (§ 22 MB. II.).

7. Die Anführung von Urlaubszeit, von Krankheiten und militärischen Übungen im Abgangszeugnisse (§ 14 Abs. 2 MB. II) ist nicht vorgeschrieben, kann aber unter Umständen empfehlenswert sein.

§ 20. Auf Grund des § 7 der Verordnung werden bis auf weiteres folgende Bestimmungen getroffen:

1. Geprüfte Rechtspraktikanten, die sich um Anstellung als Richter bewerben wollen, haben mindestens sechs Monate bei einem bayerischen Amtsgerichte Praxis zu nehmen und sind während dieser Zeit ausschließlich in der freiwilligen Gerichtsbarkeit und im Grundbuch- und Hypothekenwesen sowie in dem hierauf bezüglichen Teile des Gebühren- und Kostenwesens zu beschäftigen.
2. Geprüfte Rechtspraktikanten, die sich um Anstellung als dritter Staatsanwalt bewerben wollen, haben außerdem mindestens noch auf die Dauer von vier Monaten Praxis bei der Staatsanwaltschaft an einem bayerischen Landgerichte zu nehmen.
3. Geprüfte Rechtspraktikanten, die sich um Anstellung als Sekretär bewerben wollen, haben sich eine gründliche Kenntnis des Gerichtsschreibereidienstes und des gerichtlichen Gebühren- und Kostenwesens anzueignen und zu diesem Zwecke, insoweit ihnen dies während der in Ziff. 1 vorgeschriebenen Praxis oder während ihrer sonstigen Praxis bei Gerichten nicht möglich war, eine Zeit lang ausschließlich Praxis bei der Gerichtsschreiberei eines bayerischen Amtsgerichts oder Landgerichts zu nehmen.
4. Für die Bewerber um Anstellung als Notar bewendet es bei den Bestimmungen im § 9 des Notariatsgesetzes vom 9. Juni 1899. Es wird jedoch Gewicht darauf gelegt, daß der Bewerber vor Einreichung seines Gesuchs um Anstellung als Notar mindestens einmal als Verweser eines Notariats in der Dauer von mindestens vier Wochen zur Zufriedenheit Dienste geleistet hat.

1. § 20 zählt die Fälle der b e s o n d e r e n P r a x i s auf (s. Bem. 1 zu § 1 VO. II).

2. S. vor allem auch § 22 MB. II.

3. Während der in 20 Nr. 1 gebotenen Praxis ist eine Beschäftigung der Bewerber in anderen als den aufgeführten Dienstzweigen schlechthin unzulässig, also auch die Heranziehung zum Sitzungsdienst in Zivilsachen oder in Strafsachen.

4. Wie lange die in Nr. 3 vorgeschriebene Praxis zu nehmen ist, ist nicht bestimmt.

5. Die Unterbrechung der in Nr. 3 und 4 bezeichneten Praxis ist nicht verboten. Wegen Unterbrechung kommen die Bestimmungen des § 5 MB. II zur Anwendung.

6. Bei der in Nr. 1 bezeichneten Praxis sind die Bewerber in allen Angelegenheiten der freiwilligen Gerichtsbarkeit nicht nur in Vormundschaftssachen und in Nachlaßsachen zu beschäftigen.

7. Die besondere Praxis kann schon vor Bekanntgabe des Prüfungsergebnisses begonnen werden s. § 1 VO. II Anm. 8.

8. Die Bestimmung des § 9 über gleichzeitige Beschäftigung bei mehreren Stellen findet auch auf die besondere Praxis Anwendung.

9. Art. 9 des Notariatsgesetzes ist abgedruckt bei § 7 der VO. II.

§ 21. Die Amtsvorstände haben bei jeder Vorlage eines Anstellungsgesuchs ausdrücklich zu erwähnen, ob der Bewerber sich der für die erstrebte Anstellung vorgeschriebenen Praxis unterzogen, welche Leistungen er dabei betätigt und ob er die zur selbständigen Erledigung der Geschäfte der von ihm erstrebten Stelle erforderliche Sachkenntnis und Gewandtheit in hinreichendem Maße erworben hat.

Falls ein Bewerber sich im Hypotheken- und Grundbuchwesen besonders bewandert und verwendbar erweist und eine Verwendung bei Hypothekenbereinigungen oder den Arbeiten für die Anlegung des Grundbuchs anstrebt, so ist hierüber Anzeige an das Staatsministerium der Justiz zu erstatten.

§ 22. Die im § 20 Ziff. 1, 2 vorgeschriebene Praxis ist ununterbrochen zu nehmen.

Auf die vorgeschriebene Dauer dieser Praxis kann nach ihrem Zwecke weder die Zeit des Urlaubs noch die Zeit, während welcher der geprüfte Rechtspraktikant durch unverschuldete Hindernisse (Krankheit, Militärdienst) der Praxis entzogen war, angerechnet werden.

1. Die im Abs. 2 aufgezählten Gründe für eine Aussetzung der Praxis, sowie das Nehmen von Urlaub gelten nicht als Unterbrechung, aber die versäumte Zeit wird auch nicht in die Praxis eingerechnet; die Praxis kann nach Behebung des Hindernisses fortgesetzt werden und die bisherige Ableistung der Praxis bleibt wirksam und wird eingerechnet. Der Bewerber erleidet also nur den Nachteil, daß die Vollendung der Praxis später erfolgt; auch muß er sich unter Umständen — wenn z. B. die Praxis durch Krankheit sehr lange Zeit gehemmt war — auf eine Verlängerung der Praxis nach § 8 VO. II gefaßt machen.

Unter „Militärdienst" im Sinne des Abs. 2 ist sowohl die Ableistung einer Übung, als auch die Erfüllung der aktiven Dienstpflicht zu verstehen.

2. Jede Unterbrechung der Praxis — gleichviel von welcher Dauer — bewirkt, daß der bisher geleistete Teil nicht mehr beachtet wird und die Praxis nochmals ganz wiederholt werden muß.

Dies ist also der Fall, wenn z. B. der Bewerber vor Beendigung der Praxis seinen Austritt erklärt oder die Fortsetzung tatsächlich unterläßt oder, wenn er auf Grund des § 10 VO. II aus der Praxis entlassen wird, ohne sie sofort bei einer anderen Behörde wieder anzutreten, oder, wenn die zeitweilige Ausschließung von der Praxis verfügt wird.

Das gleiche wird zu gelten haben, wenn dem Bewerber auf Grund des § 10 Abs. 2 VO. II die Fortsetzung der Praxis vorläufig untersagt wird. Würde jedoch in diesem Falle die Verfügung der Disziplinarbehörde auf eingelegte Beschwerde hin aufgehoben, so würde das Hindernis als unverschuldet zu betrachten und nur nach Abs. 2 zu behandeln sein.

3. Eine Vorschrift des Inhalts, daß die in § 20 Nr. 1 und 2 MB. II bezeichnete Praxis nur bei einer Behörde abgeleistet werden dürfe, ist nicht getroffen. Ein Wechsel wird also — vorausgesetzt, daß keine Unterbrechung eintritt — zulässig sein. Damit jedoch nicht die Gefahr entsteht, daß auf Grund des § 8 VO. II eine Verlängerung der Praxis verfügt werde, wird der Bewerber gut tun, sich rechtzeitig zu vergewissern, ob der Wechsel die Zustimmung des Ministeriums findet.

§ 23. Den Bewerbern wird angeraten, die im § 20 vorgeschriebene Praxis rechtzeitig abzulegen, damit sie, wenn die Reihe des Vorschlags zur Anstellung sie trifft, nicht hinter Bewerbern aus dem gleichen Prüfungsjahr und mit gleicher Note, welche die vorgeschriebene Praxis bereits erstanden haben, zurückstehen müssen.

§ 24. Diejenigen geprüften Rechtspraktikanten, welche sich nur dem Gerichtsschreiberdienste widmen wollen, werden gut daran tun, sich im Hauptverzeichnisse der Bewerber um Anstellung im höheren Justizstaatsdienste streichen zu lassen und um Aufnahme in die Liste der geprüften Bewerber für das Gerichtsschreiberamt nachzusuchen, da sie sonst nur nach der Reihe ihrer Prüfung zur Anstellung vorgeschlagen werden können.

Geprüfte Rechtspraktikanten, die in die Liste der geprüften Bewerber um das Gerichtsschreiberamt aufgenommen sind, haben für die Folge die für die Fortsetzung der Praxis dieser Bewerber bestehenden Vorschriften zu beachten.

Zu Abs. 2 vgl. die Verordnung vom 23. August 1879 § 20 (G. u. VBl. S. 1043; JMBl. S. 381) mit JMB. vom 1. Febr. 1880, die Anstellung im Gerichtsschreiberamt betr. (JMBl. S. 21; FMBl. S. 45) und deren Zusatzbestimmungen: JMB. vom 26. April 1888 (JMBl.

S. 107), JMB. vom 24. Mai 1883 (JMBl. S. 225), JMB. vom 27. März 1886 (JMBl. S. 114), JMB. vom 1. März 1888 (JMBl. S. 58), JMB. vom 30. Juni 1896 (JMBl. S. 219).

V. §§ 25, 26 zu den §§ 9, 10 der VO. II.

§ 25. Erhält eine Justizbehörde Kenntnis von Tatsachen, die geeignet sind, Disziplinareinschreitung gegen einen Bewerber um Anstellung im höheren Justizstaatsdienste zu veranlassen oder die auf die Frage seiner künftigen Verwendung im Justizdienste von Einfluß sein können, so hat sie diese Tatsachen und die etwaigen Beweismittel derjenigen Justizbehörde mitzuteilen, welcher die Dienstaufsicht über den Bewerber in erster Linie zusteht.

Die Dienstaufsichtsbehörde hat die ihr mitgeteilten und die zu ihrer Kenntnis kommenden Tatsachen, die von Einfluß auf die Frage der Anstellung des Bewerbers sein können, so insbesondere auch Erkrankungen, welche die dauernde Dienstfähigkeit zweifelhaft erscheinen lassen, sowie jede Disziplinierung eines Bewerbers dem Staatsministerium der Justiz zu berichten.

Ist der Bewerber zur Rechtsanwaltschaft zugelassen, so tritt an die Stelle der Dienstaufsichtsbehörde der Vorstand des im § 2 Abs. 3 bezeichneten Gerichts.

1. Die Anzeigen über Bewerber, die ihre Beschäftigung gemäß § 2 VO. II außerhalb Bayerns genommen haben, werden unmittelbar dem Justizministerium vorzulegen sein.

2. Unter § 25 fallen nicht Anzeigen über ein Strafverfahren oder ein Verfahren vor der Anwaltskammer, soferne das Verfahren in Bayern geführt wird, denn hier liegt die Anzeigepflicht den staatsanwaltschaftlichen Behörden ob (§ 26 MB. II).

Dagegen umfaßt die Anzeigepflicht des § 25 ein in einem anderen deutschen Bundesstaat oder im Ausland gegen einen Bewerber durchgeführtes Verfahren.

§ 26. Von jeder Einleitung eines Strafverfahrens gegen einen Bewerber um Anstellung im höheren Justizstaatsdienste sowie von jeder Einleitung eines ehrengerichtlichen Verfahrens gegen einen zu den Bewerbern um Anstellung im höheren Justizstaatsdienste zählenden Rechtsanwalt haben die Staatsanwälte unter Mitteilung des Sachverhalts sofort dem Staatsministerium der Justiz Anzeige zu erstatten. Sie haben weiter von Zeit zu Zeit über den Fortgang des Verfahrens zu berichten und nach der Erledigung eine Abschrift des rechtskräftigen Urteils dem Staatsministerium der Justiz vorzulegen.

1. Die erste Anzeige ist zu erstatten, sobald der Staatsanwalt mit der Sache befaßt wird.

2. Die Anzeigepflicht wird auch für die Amtsanwälte bestehen.

3. Die Oberstaatsanwälte erhalten davon, welche Rechtsanwälte noch als Bewerber im Hauptverzeichnis geführt werden, durch die nach § 2 Abs. 3 u. 4 MB. II ihnen zugehenden Mitteilungen Kenntnis.

VI. § 27 zu § 11 der VO. II.

§ 27. Die Bewerber um Anstellung im höheren Justizstaatsdienste, die nach § 11 der Verordnung verpflichtet sind, eine Geschäftsaushilfe oder eine Hilfsarbeiterstelle zu übernehmen, müssen jederzeit zur Übernahme bereit sein. Von der Übernahme eines solchen Auftrages kann nur aus wichtigen Gründen entbunden werden.

Die Weigerung, einen solchen Auftrag zu übernehmen, ist sofort dem Staatsministerium der Justiz zu berichten. Sie hat die Streichung des Bewerbers aus dem Hauptverzeichnisse zur Folge.

Rechtsanwälten und geprüften Rechtspraktikanten, die sich gegen Bezahlung bei Notariaten oder Rechtsanwälten in Praxis befinden, wird der Auftrag zur Übernahme einer Geschäftsaushilfe oder einer Hilfsarbeiterstelle nur dann zugehen, wenn Aussicht besteht, daß die Funktion längere Zeit dauert oder daß bei ihrer Beendigung der Vorschlag zur Anstellung erfolgen kann.

1. S. die Bemerkungen zu § 11 VO. II.

2. S. a. § 33 MB. II.

VII. §§ 28, 29. Anzeigeerstattung.

§ 28. Damit bei dem Staatsministerium der Justiz das Hauptverzeichnis der Bewerber um Anstellung im höheren Justizstaatsdienste stets richtig und vollständig geführt werden kann, muß das Staatsministerium der Justiz von jedem Eintritt eines Bewerbers in eine Praxis oder Beschäftigung sofort Kenntnis erhalten.

Um dies zu ermöglichen, wird folgendes bestimmt:

1. Von jedem Eintritt eines geprüften Rechtspraktikanten in die Praxis bei einer bayerischen Justizbehörde und von jedem Austritte hat der Vorstand der Behörde sofort dem Staatsministerium der Justiz Anzeige zu erstatten.
2. Bewerber, die bei einem Rechtsanwalt oder bei einer anderen als einer Justizbehörde oder bei einer privaten

Anstalt oder Unternehmung in Praxis oder Beschäftigung treten, haben, wenn die Praxis oder Beschäftigung in Bayern genommen wird, den Eintritt in die Praxis oder Beschäftigung und den Austritt stets binnen einer Woche der zunächst vorgesetzten Aufsichtsbehörde (§ 9 der Verordnung) anzuzeigen.

Die Aufsichtsbehörden haben diese Anzeigen sofort dem Staatsministerium der Justiz vorzulegen.

3. Bei der Vorlegung jeder Anzeige ist das Jahr und das Ergebnis der zweiten Prüfung anzugeben.
4. Die Anzeigen sind für jeden Rechtspraktikanten gesondert zu erstatten.
5. Diese Vorschriften finden auf Anzeigen von dem Tode eines geprüften Rechtspraktikanten entsprechende Anwendung.

1. Den Rechtsanwälten ist eine Anzeige vom Wechsel der Zulassung und von der Aufgabe der Zulassung nicht zur Pflicht gemacht. Das Ministerium erhält von diesen Vorgängen ohnehin gelegentlich der Führung der Rechtsanwaltslisten und der Verbescheidung der Gesuche Kenntnis.

2. Den nicht in Bayern beschäftigten Bewerbern ist durch § 28 Abs. 2 keine Anzeigepflicht auferlegt. Allein Anzeigen über Eintritt und Austritt, sowie über einen Wechsel in der Beschäftigung werden sie gleichwohl erstatten müssen. Es kann übrigens die Erstattung von Anzeigen bei Erteilung der Genehmigung noch besonders zur Bedingung gemacht werden.

3. Zu Abs. 2 Nr. 2 vgl. § 29 MB. II.

4. Auch von dem Beginn und der Beendigung der Tätigkeit eines geprüften Rechtspraktikanten als Notariatsverweser ist die in § 28 Abs. 2 Nr. 1 vorgeschriebene Anzeige zu erstatten, soferne nicht von dem Eintritt des geprüften Rechtspraktikanten in die Praxis bei demselben Notariate schon Anzeige erstattet ist oder der Rechtspraktikant auch nach der Beendigung seiner Tätigkeit als Notariatsverweser die Praxis bei demselben Notariate noch fortsetzt. Die Erstattung der Anzeige obliegt dem Notariat, also gegebenenfalls dem geprüften Rechtspraktikanten, um dessen Praxis es sich handelt, als Verweser des Notariats. (Autogr. JME. vom 10. Dezember 1902 Nr. 49001).

5. Wegen Angabe des Familienstands in den Anzeigen und der Bemerkung, ob eine Verehelichung vom dienstlichen Standpunkt gewürdigt wurde, s. § 30 Abs. 5 MB. II.

§ 29. Unterlassungen der in § 28 Ziff. 2 vorgeschriebenen Anzeigen haben für die geprüften Rechtspraktikanten die gleichen Nachteile wie die Unterlassung des rechtzeitigen Eintrittes oder die Unterbrechung der Praxis (§ 7) zur Folge.

1. Die Unterlassung der Anzeigen kann bewirken, daß das Justizministerium den Bewerber aus dem Hauptverzeichnisse streicht, weil nicht ersichtlich ist, ob er die Bestimmungen über Unterbrechung der Praxis beobachtet hat. Die Aufnahme kann nachträglich wieder erfolgen, wenn nachgewiesen wird, daß die Praxis richtig abgeleistet wurde, doch kann sich dadurch eine Verzögerung in der Anstellung ergeben.

2. Eine Verspätung der Anzeige kann ähnliche Folgen nach sich ziehen.

3. Unterlassung der Anzeigen oder Versäumung der Frist können auch disziplinär geahndet werden.

VIII. § 30. Verehelichung.

§ 30. Die Aufsichtsbehörden haben darüber zu wachen, daß die Königlich Allerhöchste Verordnung vom 20. August 1868, die Verehelichung der Staatsdienstadspiranten betreffend (Reg.Bl. S. 1609), beobachtet wird.

Hat sich ein geprüfter Rechtspraktikant verehelicht, ohne daß die Verehelichung vom dienstlichen Standpunkt aus gewürdigt wurde, so hat er um Aufnahme in das Hauptverzeichnis förmlich nachzusuchen. Das Gesuch ist bei dem Staatsministerium der Justiz einzureichen. Vor der Bewilligung der Aufnahme in das Hauptverzeichnis darf der Rechtspraktikant bei keiner Justizbehörde zur Fortsetzung der Praxis zugelassen werden.

Ein Bewerber um Anstellung im höheren Justizstaatsdienste, der sich verehelicht, ohne daß seine Verehelichung vom dienstlichen Standpunkt aus gewürdigt worden ist, wird vom Hauptverzeichnisse gestrichen.

Von der Verehelichung eines Bewerbers ist dem Staatsministerium der Justiz Anzeige zu erstatten. Dabei ist ausdrücklich zu bemerken, ob die Bewilligung zur Verehelichung erteilt worden ist.

In allen Anzeigen über den Eintritt eines geprüften Rechtspraktikanten in eine Praxis oder Beschäftigung ist der Familienstand anzugeben und gegebenenfalls zu bemerken, ob die Verehelichung vom dienstlichen Standpunkt aus gewürdigt wurde.

Die Rechtsanwälte sind nach Abgabe der in § 2 bezeichneten Erklärung von dem Vorstande des im § 2 Abs. 3 bezeichneten Gerichts auf die Bestimmungen der Verordnung vom 20. August 1868 ausdrücklich hinzuweisen. Dem Vorstande dieses Gerichts obliegt die Verpflichtung zu Anzeigeerstattung nach dem Absatz 4; ihm hat der Rechtsanwalt seine Verehelichung anzuzeigen.

Im übrigen finden auf die Erstattung der Anzeige von der Verehelichung eines Bewerbers und auf die Verpflichtung der Bewerber um Anstellung im höheren Justizstaatsdienst, ihre Verehelichung anzuzeigen, die Vorschriften der §§ 28, 29 entsprechende Anwendung. Ist hienach eine Behörde, der die Anzeige zu erstatten ist, nicht bestimmt, so ist sie an das Staatsministerium der Justiz unmittelbar zu richten.

1. Die Verordnung vom 20. August 1868 ist im Anhang abgedruckt.

2. Gemäß dieser Verordnung hat jeder Bewerber die von ihm beabsichtigte Verehelichung der dienstlichen Würdigung zu unterstellen, und zwar erfolgt die Würdigung nach der Verordnung durch diejenige Stelle, bei der der Bewerber vorgemerkt ist. Diese Bestimmung wird — entsprechend der bisherigen Praxis — dahin auszulegen sein, daß die Würdigung durch die Dienstaufsichtsbehörde (§ 9 VO. II) zu erfolgen hat. Für Bewerber, die außerhalb Bayerns beschäftigt sind, wird das Justizministerium zuständig sein, ebenso auch für Rechtsanwälte in Bayern, denn auch für diese ist eine besondere Dienstaufsichtsbehörde nicht bestimmt (Abs. 7 betrifft nur die Anzeigepflicht).

3. Wegen der Möglichkeit der Würdigung der Verehelichung von Praktikanten, die noch nicht in das Hauptverzeichnis aufgenommen sind, s. Bem. 2 zu § 90 MB. I. Es wird sich empfehlen, hievon Gebrauch zu machen, da nach Abs. 2 sonst der Eintritt in die Praxis verzögert wird.

4. Nach der Justizministerialbekanntmachung vom 24. September 1895 (JMBl. S. 234) haben die Vorstände der Gerichte, bei denen die Zulassung eines geprüften Praktikanten zur Rechtsanwaltschaft erfolgt, bei Abnahme des nach § 17 der Rechtsanwaltsordnung zu leistenden Eides auf die hinsichtlich der Verehelichung bestehenden Bestimmungen aufmerksam zu machen.

5. Aus Abs. 2 folgt, daß keine Justizbehörde einen verheirateten Bewerber zur Praxis aufnehmen darf, der nicht Nachweise über die dienstliche Würdigung vorlegt.

6. Im Falle des Abs. 3 kann natürlich unter nachträglicher Einholung der dienstlichen Würdigung um Wiederaufnahme in das Hauptverzeichnis nachgesucht werden.

7. Die im Abs. 4 bestimmte Anzeigepflicht wird dem Beamten obliegen, der die Dienstaufsicht führt, hinsichtlich der Rechtsanwälte dem Vorstande des im § 2 Abs. 3 MB. II bezeichneten Gerichts (s. Abs. 6).

8. Die durch Abs. 7 Satz 1 im Zusammenhalte mit § 29 MB. II angedrohten Nachteile treten auch ein, wenn die Verehelichung, die nicht angezeigt wurde, tatsächlich dienstlich gewürdigt worden ist.

9. Aus Abs. 7 Satz 2 dürfte hervorgehen, daß auch die außerhalb Bayerns beschäftigten Bewerber ihre Verehelichung anzuzeigen haben.

IX. §§ 31, 32. Verzeichnisse.

§ 31. Die Präsidenten der Landgerichte und die Präsidenten der Oberlandesgerichte müssen stets einen Überblick über die in ihrem Bezirke in Praxis oder Beschäftigung befindlichen Bewerber um Anstellung im höheren Justizstaatsdienste besitzen.

Zu diesem Behufe haben sie

1. für jedes Gericht und jedes Notariat des Bezirks, sowie für jeden im Bezirk ihres Gerichts zugelassenen Rechtsanwalt ein gesondertes Verzeichnis der dort in Praxis stehenden geprüften Rechtspraktikanten nach dem beigefügten Formular A;
2. für die in einer sonstigen Praxis oder Beschäftigung im Gerichtsbezirke stehenden geprüften Rechtspraktikanten ein gemeinsames Verzeichnis nach dem beigefügten Formular B und
3. für die Rechtsanwälte, die Erklärungen nach § 2 abgegeben haben, ein gemeinsames Verzeichnis nach Formular C zu führen.

Diese Verzeichnisse sind auf Grund der auf dem Dienstwege dem Staatsministerium der Justiz vorzulegenden und auf diese Weise zur Kenntnis der Präsidenten der Landgerichte und Oberlandesgerichte gelangenden Anzeigen stets auf dem Laufenden zu erhalten.

Die Verzeichnisse derjenigen geprüften Rechtspraktikanten, welche sich bei einem der zur Rechtsanwaltschaft bei den Landgerichten München I und II gleichzeitig zugelassenen Rechtsanwälte in Praxis befinden, und die Verzeichnisse der gleichzeitig bei den Landgerichten München I und II zugelassenen Rechtsanwälte, die Erklärungen im Sinne des § 2 abgegeben haben, führt der Präsident des Landgerichts München I.

§ 32. Die Oberstaatsanwälte haben nach dem Formular A über die bei den Staatsanwaltschaften des Oberlandesgerichtsbezirks in Praxis stehenden und über die als Amtsanwälte aufgestellten geprüften Rechtspraktikanten Verzeichnisse zu führen.

X. § 33 zu § 11 der VO. II.

§ 33. Die Präsidenten der Oberlandesgerichte haben ein weiteres Verzeichnis zu führen, in das sie auf Grund der von ihnen nach § 31 zu führenden Verzeichnisse und der an sie gelangenden Anzeigen diejenigen Bewerber einzutragen haben, welche auf Grund der Bestimmung im § 11 der Verordnung zur Übernahme einer Geschäftsaushilfe oder einer Hilfsarbeiterstelle herangezogen werden können.

XI. §§ 34, 35. Vorlage der Verzeichnisse an das Staatsministerium der Justiz.

§ 34. Bis zum 15. Januar jeden Jahres haben die Landgerichtspräsidenten über den durch die Verzeichnisse nach § 31 Ziff. 1 für das abgelaufene Kalenderjahr ausgewiesenen Zu- und Abgang eine Übersicht nach dem beigefügten Formular D dem Präsidenten des Oberlandesgerichts vorzulegen. Der Präsident des Oberlandesgerichts legt sie mit den nötigen Ergänzungen nach dem von ihm geführten Verzeichnisse dem Staatsministerium der Justiz vor.

Bis zum gleichen Tage haben die Oberstaatsanwälte die Übersichten bezüglich der bei der Oberstaatsanwaltschaft und den landgerichtlichen Staatsanwaltschaften in Praxis stehenden und der als Amtsanwälte in Praxis stehenden geprüften Rechtspraktikanten dem Staatsministerium der Justiz vorzulegen.

§ 35. Bis zum 1. Februar jeden Jahres sind Abschriften der nach § 31 Ziff. 2, 3 hergestellten Verzeichnisse nach dem Stande am Schlusse des abgelaufenen Kalenderjahrs dem Staatsministerium der Justiz vorzulegen.

XII. § 36. Art der Vorlagen an das Staatsministerium der Justiz.

§ 36. Alle nach der Verordnung und nach dieser Bekanntmachung vorgeschriebenen Vorlagen an das Staatsministerium der Justiz haben stets auf dem Dienstwege zu erfolgen.

Die Vorlegung aller von einem untergeordneten Gerichte erstatteten Anzeigen hat demgemäß durch die Hand der Oberlandesgerichtspräsidenten zu gehen. (Autogr. JME. vom 24. Januar 1901 Nr 3995).

München, den 7. Januar 1901.

Dr. **Frhr. v. Leonrod.**

Die Praxis der Bewerber um Anstellung im höheren Justizstaatsdienste betr.

Formular A.

Verzeichnis

der bei dem (Amtsgerichte, Landgerichte, Notariate, Rechtsanwalte) in Praxis getretenen geprüften Rechtspraktikanten.

Fortl. Nr.	Familien- und Vorname, dann Heimat des Rechtspraktikanten	Prüfungs-		Zeit des Eintrittes			Zeit des Austrittes			Bemerkungen
		Jahr	Note	Tag	Monat	Jahr	Tag	Monat	Jahr	
1.	***Wachter Franz*** *von Tölz*	*1900*	*II 21/40*	*1.*	*Januar*	*1901*	*15.*	***März***	*1901*	

Anmerkung: In das Verzeichnis sind auch diejenigen Rechtspraktikanten aufzunehmen, welche vor Bekanntgabe des Prüfungsergebnisses in Praxis getreten sind.

Formular B.

Verzeichnis

der im Bezirke des Landgerichts N. in einer sonstigen Praxis oder Beschäftigung stehenden Rechtspraktikanten nach § 31 Abs. 2 Ziff. 2 der Bekanntmachung vom 7. Januar 1901.

Fortl. Nr.	Name und Heimat des Rechtspraktikanten	Prüfungs-		Art der Praxis oder Beschäftigung	Zeit des Eintrittes	Zeit des Austrittes	Bemerkungen
		Jahr	Note				
1.	*Franz **Müller** von Hof*	*1899*	*II $^{15}/_{40}$*	*Stenograph beim Bureau der Kammer der Abgeordneten*	*1. Oktober 1901*	*1. April 1902*	
2.	*Hans **Meier** von Schweinfurt*	*1899*	*II $^{4}/_{40}$*	*Bankgeschäft von Molinari & Cie. in München*	*1. Mai 1901*		*hat Prokura*
3.	*Emil **Huber** von Erlangen.*	*1899*	*II $^{8}/_{40}$*	*Handels- und Gewerbekammer von Oberbayern*	*1. Juni 1901*		*versieht die Stelle eines Sekretärs der Kammer*

Formular C.

K. Landgericht N.
K. Oberlandesgericht N.

Verzeichnis

der in das Hauptverzeichnis der Bewerber um Anstellung im Justizstaatsdienst aufgenommenen Rechtsanwälte.

Fortl. Nr.	Name und Heimat des Rechtspraktikanten	Prüfungs-		Gerichte der Zulassung	Zeit der ersten Eintragung in die Rechtsanwaltsliste	Bemerkungen
		Jahr	Note			
1.	***Karl Gras*** *von Waldmünchen*	*1900*	$I^{10}/_{40}$	*Landgericht N.*	*1. Mai 1901*	*hat am 1. Juli 1901 um Anstellung als Sekretär nachgesucht.*
2.	***Xaver Beil*** *von Augsburg*	*1900*	$I^{82}/_{40}$	*Landgericht und Oberlandesgericht N.*	*1. Juni 1901*	*hat am 1. Oktober 1901 auf Anstellung verzichtet.*

Formular D.

Übersicht

über den

Zu- und Abgang an geprüften Rechtspraktikanten im Bezirke des K. Landgerichts .... im Geschäftsjahre 19 ......

Bezeichnung der I. Gerichte II. Notariate III. Rechtsanwälte	Zahl der bei dem Gerichte angestellten Richter	Zahl der am Schlusse des Geschäftsjahres 1900 in Praxis gestandenen geprüften Rechtspraktikanten	Zahl der im Geschäftsjahre 1901 eingetretenen geprüften Rechtspraktikanten	Zahl der im Geschäftsjahre 1901 ausgetretenen geprüften Rechtspraktikanten	Zahl der am Schlusse des Geschäftsjahres 1901 in Praxis gestandenen geprüften Rechtspraktikanten	Bemerkungen
I. Gerichte						
1. Landgericht N.	*10*	*3*	*1*	*3*	*1*)*	**) Hilfsarbeiter des Landgerichts-Präsidenten.*
2. Amtsgericht N.	*3*	*2*	*2*	*1*	*3*	*In nebiger Ziffer ist der zur Bereinigung des Hypothekenwesens aufgestellte Funktionär N. einbegriffen.*
3. „ N.	*2*	*1*	*1*	--	*2*	*In nebiger Ziffer ist der Anlegungskommissär einbegriffen.*
II. Notariate.						
1. Notariat N.	—	*1*	—	—	*1*	
III. Rechtsanwälte.						

Anmerkung: Befinden sich unter der in Spalte 6 vorgetragenen Ziffer Rechtspraktikanten, deren Prüfungsnote noch nicht bekannt ist, so ist die Zahl derselben in Spalte 7 zu bemerken.

Anhang.

I.

1. Kultus-Ministerialbekanntmachung,

die Konferenz deutscher Schulverwaltungsbeamten zu Dresden, hier die gleichmäßige Anerkennung der von deutschen Gymnasien ausgestellten Reifezeugnisse betreffend, vom 26. August 1874. (K. MBl. S. 411).

Die Regierungen sämtlicher deutschen Staaten sind übereingekommen, bezüglich der Einrichtung der (humanistischen) Gymnasien und der Maturitäts- (Absolutorial-) Prüfungen fortan gewisse gemeinsame Grundsätze zur Anwendung zu bringen und mit Rücksicht hierauf die von deutschen Gymnasien ausgestellten Maturitäts- (Absolutorial-) Zeugnisse für die Zulassung zu den Universitätsstudien und in allen öffentlichen Verhältnissen gegenseitig als vollgültig und den einheimischen Reifezeugnissen gleichwertig anzuerkennen.

Hievon werden die obengenannten Stellen und Behörden unter gleichzeitiger Bekanntgabe der vorbezeichneten allgemeinen Grundsätze mit dem Bemerken in Kenntnis gesetzt, daß hiernach die vom Schlusse des Studienjahres 1873/74 an von außerbayerischen Gymnasien ausgestellten Maturitätszeugnisse als den bayerischen gleichgeltend anzusehen sind, und daß es daher fernerhin einer speziellen höheren Ermächtigung zur Anerkennung solcher Zeugnisse nicht mehr bedarf.

München, den 26. August 1874.

Dr. v. Lutz.

Beilage:

Behufs gleicher Geltung der von den deutschen Gymnasien ausgestellten Maturitätszeugnisse für die Zulassung zu den Universitätsstudien und in allen öffentlichen Verhältnissen sind die deutschen Staatsregierungen übereingekommen, bei den Gymnasien fortan folgende Grundsätze zu befolgen:

1. Die gesamte Kursusdauer des vollständigen Gymnasiums beträgt mindestens 9 Jahre. Die Aufnahme in die unterste Klasse erfolgt dabei in der Regel nicht vor dem vollendeten 9. Lebensjahre. (Der in Bayern zur Zeit noch bestehende achtjährige Gymnasialkursus ist, da demselben schon ein lateinischer Elementarunterricht vorausgeht, dem neunjährigen Gymnasialkurs gleichgeachtet.)

2. Bei einem Anstaltswechsel geschieht die Aufnahme eines Schülers nur nach Beibringung eines Entlassungszeugnisses der vorher von ihm besuchten Anstalt, und nicht in eine höhere Klasse oder Abteilung, als danach die Reife bei ihm vorhanden ist. Der Wechsel darf dem Schüler hinsichtlich der o dnungsmäßigen Kursusdauer keinen Zeitgewinn einbringen.

3. Der Unterricht wird, unvermeidliche vorübergehende Vertretungen ausgenommen, nur von Lehrern erteilt, welche sich über ihre Qualifikation genügend ausgewiesen haben.

4. Die Zulassung zur Maturitätsprüfung, oder die Dispensation von einer der dabei reglementsmäßig zu erfüllenden Bedingungen, z. B. da, wo die oberen Klassen einen je zweijährigen Kursus haben, von der vollständigen Absolvierung des zweijährigen Kursus der ersten Klasse, kann nicht von einer Patronats- oder Regierungsbehörde verfügt werden, sondern bleibt von dem Urteil der Prüfungs-Kommission des Gymnasiums abhängig. In Fällen außerordentlicher Art kann eine derartige Dispensation nur von der Zentralbehörde des betreffenden Staates gewährt werden.

5. Gegenstände der Maturitätsprüfung sind auf allen Gymnasien die deutsche, lateinische, griechische, französische Sprache, Mathematik und Geschichte. Die übrigen Lehrobjekte sind nicht notwendig auch Gegenstände der Prüfung.

Schriftliche Klausurarbeiten sind überall ein deutscher Aufsatz, eine lateinische Arbeit (Aufsatz oder Extemporale, oder beides) und die Lösung mathematischer Aufgaben. Darüber hinaus auch eine Übersetzung ins Deutsche, Griechische und Französische u. a. zu verlangen, bleibt der Anordnung jedes Staates überlassen.

6. Als Maßstab für die Erteilung des Zeugnisses der Reife gelten im allgemeinen diejenigen Anforderungen, welche das preußische Prüfungsreglement dafür aufstellt.

Dabei ist ausnahmsweise die Kompensation zulässig, nach welcher das Zurückbleiben in einem Gegenstande durch desto befriedigendere Leistungen in einem anderen gedeckt wird. Eine solche Ausgleichung ist namentlich in dem gegenseitigen Verhältnis der Mathematik zu den alten Sprachen anwendbar. In dem Gegenstande, für welchen die Kompensation zugelassen wird, dürfen jedoch die Leistungen keinesfalls unter das Maß herabgehen, welches für die Versetzung nach Prima erfordert wird.

7. Bei jeder mündlichen Maturitätsprüfung ist ein Regierungs-Kommissarius zugegen. Derselbe hat die Zeugnisse mitzuvollziehen. Es ist zulässig, ausnahmsweise auch den Direktor des Gymnasiums zum Regierungs-Kommissarius zu bestellen.

In solchem Fall hat derselbe bei seiner Unterschrift auch diese außerordentliche Funktion bemerklich zu machen.

8. Bei der schließlichen Beratung über die Gewährung oder Versagung eines Zeugnisses der Reife sind stimmberechtigt nur die in den oberen Klassen unterrichtenden wissenschaftlichen Lehrer, der Regierungs-Kommissarius, und bei den nicht ausschließlich vom Staate unterhaltenen Gymnasien außerdem ein Vertreter des betreffenden Patronats, und, wo ein solches besteht, des Ephorats oder Scholarchats.

9. Die Zuerkennung eines Zeugnisses der Reife darf nicht durch den gewählten Beruf des Schülers motiviert werden.

10. Für die Form der Zeugnisse gelten behufs ihrer leichten und sicheren Benutzbarkeit folgende Bestimmungen:

Es muß sofort erkennbar sein, von welchem Gymnasium das Zeugnis ausgestellt, und daß es ein Zeugnis der Reife ist. Im Eingange gibt dasselbe den vollständigen Namen, den Geburtstag und Ort, den Stand des Vaters und die Religion oder Konfession des Schülers an; ebenso, wann er auf das Gymnasium aufgenommen worden ist, eventuell welche Anstalt er vorher besucht hatte, wie lange er den oberen Klassen, namentlich der ersten (obersten), angehört hat, und welchem Studium er sich zu widmen beabsichtigt.

Der Inhalt des Zeugnisses bezieht sich nicht bloß auf die bestandene Prüfung, sondern auf den in den einzelnen Gegenständen, welche mit leicht erkennbarer Unterscheidung aufzuführen sind, überhaupt erlangten Grad des Wissens und der Fertigkeit. Werden die Urteile in Zahlen ausgedrückt, so ist deren Wert auf dem Zeugnis anzugeben. Die Ausfertigung geschieht unter einem bestimmten Datum.

11. Junge Leute, welche die Prüfung als Extraneer abzulegen wünschen, können dies in der Regel nur in demjenigen Staate tun, welchem sie angehören. Ausnahmen von dieser Regel müssen durch zureichende Gründe motiviert sein.

Die Extraneer können sich das Gymnasium nicht wählen, bei welchem sie sich prüfen lassen wollen, sondern haben darüber die Bestimmung der betreffenden Schulaufsichtsbehörde einzuholen.

2. Kultus-Ministerialbekanntmachung,

die gegenseitige Anerkennung der von deutschen Gymnasien bezw. Realgymnasien (Realschulen 1. Ordnung) ausgestellten Reifezeugnisse betreffend, vom 15. März 1889 (K. MBl. S. 73).

Hiedurch wird unter Bezugnahme auf die vorstehende Bekanntmachung vom 26. August 1874 das nachstehende Übereinkommen bekanntgegeben.

Übereinkommen der deutschen Staatsregierungen,

betreffend die gegenseitige Anerkennung der von den Gymnasien, bezw. Realgymnasien (Realschulen 1. Ordnung) ausgestellten Reifezeugnisse.

§ 1. 1. Das Reifezeugnis, welches ein Angehöriger des Deutschen Reichs an einem Gymnasium oder einem Realgymnasium (einer Realschule 1. Ordnung) irgendeines deutschen Staats als Schüler der Anstalt (vgl. § 3) erworben hat, gewährt in jedem einzelnen Bundesstaat diejenigen Berechtigungen, welche mit dem Reifezeugnis eines dem letzteren Staate angehörenden Gymnasiums bezw. Realgymnasiums (Realschule 1. Ordnung) verbunden sind.

2. In Anbetracht des Unterschiedes, welcher im Königreich Württemberg bezüglich des Lehrplans und der dadurch bedingten Berechtigungen der Realgymnasien im Vergleich zu denen der übrigen deutschen Staaten besteht, werden im Königreich Württemberg dem Reifezeugnis von einem Realgymnasium (Realschule 1. Ordnung) eines anderen deutschen Staats nur diejenigen Berechtigungen zuerkannt, welche mit demselben in demjenigen Staate verbunden sind, welchem das das Reifezeugnis ausstellende Realgymnasium (Realschule 1. Ordnung) angehört, auch dies jedoch nur insofern, als für diese Berechtigungen in Württemberg nicht das Zeugnis der Reife für die Immatrikulation bei der staatswissenschaftlichen Fakultät der Universität gefordert ist.

3. In gleicher Weise werden auch in den übrigen Bundesstaaten — unbeschadet der sonstigen Geltung des § 1, 1 — den Reifezeugnissen der Realgymnasien (Realschulen 1. Ordnung) eines anderen Bundesstaats nur diejenigen Berechtigungen zuerkannt, welche mit diesen Reifezeugnissen in dem dieselben ausstellenden Staate verbunden sind.

§ 2. Junge Leute, welche an einem Gymnasium bezw. Realgymnasium (Realschule 1. Ordnung), ohne Schüler der betreffenden Anstalt zu sein — als sogen. Extraneer — das Reifezeugnis mit der durch § 1 bezeichneten Wirkung erwerben wollen, haben dies an einer Anstalt desjenigen Staats zu tun, welchem sie durch die Staatsangehörigkeit oder durch den jeweiligen Wohnsitz ihrer Eltern, bezw. deren Stellvertreter angehören.

Die Ablegung der Reifeprüfung als Extraneer an einer Anstalt eines anderen deutschen Staats hat die im § 1 bezeichneten rechtlichen Folgen nur dann, wenn seitens der Unterrichtsverwaltung des Staats, welchem der Prüfungsbewerber angehört, die Erlaubnis dazu vorher gegeben ist. Ein Vermerk hierüber ist in das Zeugnis aufzunehmen.

§ 3. Die Beschränkung, welche bezüglich der Extraneer in § 2 bezeichnet ist, findet Anwendung auch auf diejenigen Schüler der Gymnasien und Realgymnasien (Realschulen 1. Ordnung), welche später als mit dem Beginn des drittobersten Jahreskursus (also später als mit dem Beginn der Ober-Sekunda nach weit verbreiteter Bezeichnung) in eine Anstalt eines Staats eintreten, welchem sie weder durch die Staatsangehörigkeit, noch durch den jeweiligen Wohnsitz ihrer Eltern bezw. deren Stellvertreter angehören. Die Direktoren der Gymnasien und Realgymnasien sind verpflichtet, wenn auswärtige Bewerber die Aufnahme in einer höheren Stelle des Gesamtkursus, als in dem Beginn der Ober-Sekunda, nachsuchen, dieselben mit der vorstehenden Bestimmung im voraus bekannt zu machen.

§ 4. Das im April 1874 unter den deutschen Staatsregierungen geschlossene Übereinkommen bezüglich der gegenseitigen Anerkennung der Gymnasial-Reifezeugnisse bleibt im übrigen in Geltung, mit alleiniger Ausnahme der durch § 3 bezeichneten Beschränkung.

Mit der gleichen Beschränkung finden die in dem Übereinkommen vom April 1874 bezüglich der Gymnasial-Reifeprüfungen und Reifezeugnisse getroffenen Bestimmungen sinnentsprechende Anwendung auf die Reifeprüfungen und die Reifezeugnisse der Realgymnasien (Realschulen 1. Ordnung).

Auf diejenigen jungen Leute, welche in dem Zeitpunkt der Veröffentlichung dieser Vereinbarung bereits Schüler eines Gymnasiums oder Realgymnasiums (Realschule 1. Ordnung) eines anderen Bundesstaats sind, als welchem sie durch Staatsangehörigkeit oder den zeitweiligen Wohnsitz ihrer Eltern angehören, findet die durch § 3 bestimmte Beschränkung nicht Anwendung.

II.

Die Studienpläne der Juristischen Fakultäten der drei Landesuniversitäten.

1. Studienplan der Juristischen Fakultät München mit der Anleitung zum Studium der Staatswissenschaften.

1. Es empfiehlt sich, das juristische Studium schon im ersten — dem sogen. philosophischen — Studienjahr zu beginnen.

2. Das juristische Studium ist zweckmäßig mit einer Vorlesung über Einleitung in die Rechtswissenschaft (Enzyklopädie der Rechtswissenschaft) anzufangen.

3. Die Gruppe der Einzeldisziplinen, worüber zuerst Vorlesungen gehört werden sollen, setzt sich zusammen aus Geschichte des römischen Rechts (einschließlich des römischen Zivilprozesses), System des römischen Privatrechts, Geschichte des deutschen Rechts, Grundzüge des deutschen Privatrechts.

4. Auf die unter Nr. 3 erwähnten Vorlesungen folgen diejenigen über das heutige bürgerliche Recht. Aus diesem sollen die Vorlesungen über Familien- und Erbrecht nicht vor und nicht gleichzeitig mit denjenigen über allgemeinen Teil, Recht der Schuldverhältnisse und Sachenrecht gehört werden. Es sollen ferner neben den Vorlesungen über das bürgerliche Recht nur einzelne über öffentliches Recht, insbesondere Allgemeines Staatsrecht, Kirchenrecht, Strafrecht, gehört werden. Im übrigen ist es jedoch zweckmäßig, die privatrechtlichen Vorlesungen denen über öffentliches Recht vorangehen zu lassen.

5. Der Vorlesung über Strafprozeßrecht hat die über Strafrecht voranzugehen.

6. Die Vorlesung über Rechtsphilosophie, welche eine Kenntnis des positiven Rechts voraussetzt, ist erst in einem der späteren Semester zu hören.

7. Die Teilnahme an exegetischen und praktischen Übungen wird empfohlen. Sie verspricht jedoch erst dann einen Nutzen, wenn die einschlägigen systematischen Vorlesungen schon gehört sind.

8. Das Studium der staatswirtschaftlichen Fächer ist nach Gelegenheit neben dem Studium der juristischen zu betreiben. Die Vorlesung über Nationalökonomie soll der Vorlesung über Finanzwissenschaft und ökonomischen Politik vorausgehen.

Nach diesen Gesichtspunkten wird sich das juristische Fachstudium in folgender Art ordnen:

Einleitung in die Rechtswissenschaft (Enzyklopädie der Rechtswissenschaft). — Geschichte des römischen Rechts. — System des römischen Privatrechts. — Geschichte des deutschen Rechts. — Grundzüge des deutschen Privatrechts. — Bürgerliches Recht (Bürgerliches Gesetzbuch nebst reichs- und landesrechtlichen Ergänzungen). — Handels- und Wechselrecht. — Strafrecht. — Zivilprozeßrecht. — Allgemeines Staatsrecht. — Deutsches Reichsstaatsrecht. — Deutsches Landesstaatsrecht. — Bayerisches Staatsrecht. — Verwaltungsrecht. — Kirchenrecht. — Völkerrecht. — Rechtsphilosophie. — Nationalökonomie. — Finanzwissenschaft. — Ökonomische Politik. — Spezial-Vorlesungen, insbesondere Übersicht über die Rechtsentwicklung in Bayern mit Rücksicht auf die einzelnen Landesteile. — Exegetische Übungen. — Praktische Übungen.

Anleitung zum Studium der Staatswissenschaften.

I. Ratschläge für Studierende der Rechtswissenschaft.

1. Zur Einführung für Anfänger sind folgende Vorlesungen bestimmt:

a) Über die Nationalökonomie als Wissenschaft (enthält einen Überblick über die Entwickelung des Denkens auf volkswirtschaftlichem Gebiet und eine Kritik der Methoden der heutigen Nationalökonomie).

b) Enzyklopädie der Staatswissenschaften zur Einführung in das staatswissenschaftliche Studium.

Beide Vorlesungen können übrigens auch in späteren Semestern gehört werden.

2. Es empfiehlt sich, die Vorlesungen über allgemeine Volkswirtschaftslehre (auch theoretische und allgemeine Nationalökonomie genannt) in den ersten Semestern zu hören. Die Vorlesungen über ökonomische Politik (auch spezielle Volkswirtschaftslehre oder praktische Nationalökonomie mit Einschluß der Wirtschaftspolitik genannt) können zwar im gleichen Semester wie allgemeine oder theoretische Volkswirtschaftslehre gehört werden; doch ist es rätlicher, zuerst die Studien über allgemeine Volkswirtschaftslehre abzuschließen, ehe das Studium der ökonomischen Politik oder speziellen Volkswirtschaftslehre begonnen wird.

3. Ausführlicher als es in den ad 2 genannten Vorlesungen möglich ist, werden Einzelfragen der Volkswirtschaft in folgenden Spezial-Vorlesungen behandelt:

a) Die Lehre vom Gelde und der heutige Stand der Währungsfrage;

b) Bank- und Börsenwesen, sowie Handels- und Verkehrspolitik (als Ergänzung zur ökonomischen Politik);

c) Armenwesen und Armenpflege;

d) Soziales Versicherungswesen mit besonderer Berücksichtigung der deutschen Arbeiterversicherung.

Diese Vorlesungen können jederzeit gehört werden. Doch eignet sich die Vorlesung über Bank- und Börsenwesen, sowie Handels- und Verkehrspolitik für solche Studierende, welche sich noch nicht mit

Handels- und Wechselrecht beschäftigt haben, als Vorbereitung für diese Gegenstände, während die Vorlesungen ad 3, a), c), d), besser erst vom 3. Semester ab besucht werden.

4. Die Vorlesungen über Finanzwissenschaft sollen erst nach Absolvierung der Vorlesungen über Volkswirtschaftslehre, sowie mindestens einer staatsrechtlichen Vorlesung gehört werden.

5. Die Vorlesungen

a) über Wirtschaftsgeschichte (Überblick über die Entwickelung der Volkswirtschaft und ihrer Organisation seit dem Untergang des römischen Reichs, mit besonderer Berücksichtigung der deutschen Volkswirtschaft);

b) über Statistik, und zwar

α) theoretische Statistik und Bevölkerungsstatistik,

β) Moralstatistik,

γ) Wirtschaftsstatistik,

können in irgendeinem Semester während des Studienganges gehört werden. Doch wird empfohlen, Wirtschaftsstatistik erst nach Absolvierung der volkswirtschaftlichen Vorlesungen zu hören.

Die Vorlesungen über Wirtschaftsgeschichte und diejenigen über Statistik werden den bayerischen Studierenden der Rechte als philosophische Vorlesungen angerechnet.

6. Soweit Vorlesungen über Politik (Staatslehre, sowie Geschichte der politischen Theorien) an hiesiger Universität abgehalten werden, empfiehlt es sich, diese Studien im Zusammenhange mit denjenigen über Staatsrecht und Finanzwissenschaft, bezw. als Einführung zu letztgenannten Fächern, zu betreiben.

7. Zu den Übungen des staatswirtschaftlichen Seminars werden Studierende, die im letzten Semester vor der juristischen Staatsprüfung stehen, in ihrem eigenen Interesse nicht zugelassen. Anderseits wird die Aufnahme auch solchen Studierenden noch nicht gewährt, die nicht bereits zwei volkswirtschaftliche Vorlesungen gehört haben.

8. Zu den Übungen im statistischen Seminar werden in der Regel nur Herren zugelassen, die bereits eine statistische Vorlesung gehört haben.

II. Ratschläge für solche Studierende, die Staatswissenschaften als Hauptfach erwählen.

1. Es gilt hier sinngemäß das ad I Bemerkte. Diejenigen, welche Staatswissenschaften als Hauptfach studieren, sollten jedoch nicht versäumen, vom 1. September ab eine gründliche juristische und philosophische Schulung sich anzueignen. Es wird außerdem darauf aufmerksam gemacht, daß angesichts der großen Bedeutung der Technik für das Wirtschaftsleben gewisse nationalökonomische, statistische und finanzwissenschaftliche Probleme ohne bestimmtes Maß mathematischer, chemischer und physikalischer Kenntnisse weder voll verstanden, noch wissenschaftlich gefördert werden können.

2. Jedenfalls sollten Studierende der Staatswissenschaften sobald als möglich in den neueren Sprachen, vor allem im Englischen und

Französischen diejenigen Kenntnisse sich zu erwerben suchen, die erforderlich sind, um wissenschaftliche Bücher in diesen Sprachen mit Vorteil zu lesen.

3. Hiernach empfiehlt sich für Studierende, die Staatswissenschaften als Hauptfach wählen, folgender Studiengang:

1. bis 3. Semester:

Einleitende staatswissenschaftliche Vorlesungen. — Wirtschaftsgeschichte — Allgem. Volkswirtschaftslehre (sogen. theoretische Nationalökonomie). — Ökonomische Politik (sogen. praktische oder spezielle Nationalökonomie.) — Theoretische und Bevölkerungsstatistik, eventuell auch Spezialvorlesungen, vgl. oben I. 3.

Daneben: Die nötigen philosophischen, juristischen und mathematisch-naturwissenschaftlichen Vorlesungen.

Vom 4. Semester ab bis zum Abschluß:

Moral- und Wirtschaftsstatistik, sowie sonstige staatswissenschaftliche Vorlesungen, insbesondere Finanzwissenschaft; ferner praktische Übungen in den Seminarien.

Daneben: Fortsetzung der juristischen Studien.

2. Studienplan der rechts- und staatswissenschaftlichen Fakultät der Universität Würzburg.

I.

Der Studienplan soll den Studierenden eine Anweisung geben, wie sie das Studium der Rechts- und Staatswissenschaft am zweckmäßigsten einrichten und namentlich, welche Reihenfolge der einzelnen Vorlesungen am besten eingehalten wird.

Bei Aufstellung des Planes war von den Vorschriften der Universitäts-Satzungen und der Allerh. Verordnung vom 4. Juli 1899 auszugehen, nach denen für jeden Studierenden, der sich zu einem öffentlichen Amte in Bayern vorbereitet, die akademische Studienzeit einschließlich des philosophischen Studiums vier Jahre dauert und jeder Studierende wenigstens acht ordentliche philosophische Vorlesungen innerhalb seiner akademischen Studienzeit zu hören hat.

Im Hinblick auf die durch Ministerialbekanntmachung vom 3. Mai 1897 eingeführte Zwischenprüfung, welche frühestens am Schlusse des dritten Semesters des akademischen Studiums abgelegt werden kann, vorausgesetzt, daß von diesen 3 Semestern mindestens 2 dem Studium der Rechtswissenschaft gewidmet waren, sowie auf Grund der durch Einführung des bürgerlichen Gesetzbuches bewirkten Vermehrung des zu bewältigenden Stoffes, empfiehlt es sich immerhin sofort im ersten Jahr das Rechtsstudium zu beginnen.

II.

A. Das Studium der Rechts- und Staatswissenschaft muß, wenn es ein vollständiges, alle Teile der Rechts- und Staatswissenschaft wenigstens in den Hauptdisziplinen umfassendes sein und den künftigen

Richtern und Verwaltungsbeamten die erforderliche Vorbildung gewähren soll, sich auf die Vorlesungen über folgende Disziplinen erstrecken:

1. Einführung in die Rechtswissenschaft. — 2. Römische Rechtsgeschichte und System des römischen Privatrechts. — 3. Deutsche Rechtsgeschichte und Grundzüge des deutschen Privatrechts. — 4. Deutsches bürgerliches Recht (bürgerliches Gesetzbuch nebst reichs- und landesrechtlichen Ergänzungen) in eingehender dogmengeschichtlicher Entwicklung. — 5. Übersicht über die Rechtsentwicklung in Bayern mit Rücksicht auf die einzelnen Landesteile. — 6. Handels- und Wechselrecht. — 7. Zivilprozeß einschließlich des Konkursprozesses. — 8. Strafrecht. — 9. Strafprozeß. — 10. Kirchenrecht. — 11. Allgemeines Staatsrecht. — 12. Deutsches Staatsrecht (Reichsstaatsrecht und Landesstaatsrecht) — 13. Bayerisches Staatsrecht. — 14. Verwaltungsrecht. — 15. Völkerrecht. — 16. Rechtsphilosophie. — 17. Nationalökonomie. — 18. Statistik. — 19. Finanzwissenschaft.

Es muß der größte Wert darauf gelegt werden, daß die Studierenden nicht nur die theoretischen Vorlesungen besuchen, sondern auch an den exegetischen und praktischen Übungen insbesondere solchen mit schriftlichen Arbeiten sich fleißig beteiligen.

B. Bei dem Gange und der Anordnung des Studiums sind folgende Gesichtspunkte zu berücksichtigen.

1. Die Verteilung der Vorlesungen auf die einzelnen Semester ist so vorzunehmen, daß jede Überladung eines Semesters vermieden wird. Der Studierende muß hinreichende Muße behalten, um das in Vorlesungen Gehörte während des Semesters selbst durch Repetieren und sonstiges Privatstudium zu verarbeiten. In der Regel werden 4 Stunden Vorlesungen — einschließlich der philosophischen Vorlesungen — nicht zu überschreiten sein.

2. Hinsichtlich der Reihenfolge der Vorlesungen besteht zwar im allgemeinen ein gewisser Spielraum; zu beachten ist jedoch, daß gewisse Disziplinen für das ganze Studium grundlegend sind und daß solche Vorlesungen, die zum Verständnisse anderer den Weg bahnen, vor den letzteren gehört werden müssen.

a) Die Vorlesung über Einführung in die Rechtswissenschaft soll möglichst beim Beginne des Fachstudiums gehört werden und wird am besten schon im ersten Universitätsjahre mit den philosophischen Disziplinen gehört.

b) Dagegen empfiehlt es sich, die Vorlesung über Rechtsphilosophie auf ein späteres Semester zu verschieben, da das Verständnis dieser Vorlesung schon ein gewisses Maß von positiven Rechtskenntnissen voraussetzt.

c) Abgesehen von der Vorlesung über Einführung in die Rechtswissenschaft ist das Rechtsstudium mit der römischen Rechtsgeschichte und dem römischen Privatrecht zu beginnen. Daran schließt sich im folgenden Semester die Vorlesung über die deutsche Rechtsgeschichte und die Grundzüge des deutschen Privatrechts*) und in einem weiteren Semester die Vorlesung über deutsches bürgerliches Recht. Das Handels- und Wechselrecht wird zweckmäßig erst nach dem deutschen bürgerlichen Recht gehört.

d) Die prozessualen Disziplinen sind erst nach dem betreffenden materiellen Rechte zu hören. Zivilprozeß frühestens nach der Vorlesung über den I. Teil des deutschen bürgerlichen Rechts, Strafprozeß nach bezw. mit dem Strafrechte.

e) Die Vorlesungen über Kirchenrecht und Staatsrecht sind nicht vor den privatrechtlichen Vorlesungen zu hören.

f) Die Vorlesungen über Verwaltungsrecht und Völkerrecht sind am zweckmäßigsten an die staatsrechtlichen Vorlesungen anzuschließen, jedenfalls nicht vor diesen zu hören. Sie können ohne Bedenken an das Ende des Studiums gestellt werden. Ebenso die Vorlesung über die Rechtsentwicklung in Bayern.

g) Was die Vorlesungen über Nationalökonomie (allgemeinen und besonderen Teil) und Statistik anlangt, so empfiehlt es sich, diese schon in den ersten Semestern des Fachstudiums zu hören, dagegen setzt die Vorlesung über Finanzwissenschaft zum richtigen Verständnisse staatsrechtliche Kenntnisse voraus und ist daher erst nach den staatsrechtlichen Vorlesungen zu hören.

h) Bezüglich der exegetischen und praktischen Übungen (Seminarien) ist es selbstverständlich, daß die Beteiligung daran nur dann von entsprechendem Erfolge begleitet sein kann, wenn der Studierende die Vorlesung über die betreffende Disziplin bereits gehört hat.

3. Studienplan für die Studierenden der Rechte an der Universität Erlangen.

Obwohl es nach den geltenden Bestimmungen den bayerischen Studierenden der Rechte gestattet ist, im ersten Jahre sich ausschließlich Studien aus dem Lehrkreise der philosophischen Fakultät zu widmen und das Rechtsstudium in den drei folgenden Jahren zu betreiben, empfiehlt es sich doch dringend, bereits im ersten Jahre mit rechtswissenschaftlichen Vorlesungen zu beginnen.

Es muß darauf gehalten werden, den zu bewältigenden Vorlesungsstoff angemessen auf die verfügbare Zahl von Semestern zu verteilen und namentlich nicht zu viele Vorlesungen auf die beiden letzten Semester zu verschieben, damit in diesen Semestern Zeit zu ausgiebiger Teilnahme an Übungen, insbesondere zur Anfertigung schriftlicher Übungsarbeiten und zu häuslichen Repetitionen verbleibt. Die Teilnahme an den exegetischen und praktischen Übungen, namentlich die Anfertigung schriftlicher Arbeiten, kann den Studierenden nicht dringend genug empfohlen werden, wie dies auch in dem

---

*) Die Vorlesungen über römische Rechtsgeschichte und System des römischen Privatrechts, sowie über deutsche Rechtsgeschichte und Grundzüge des deutschen Privatrechts bilden den Gegenstand der frühestens nach drei Semestern abzulegenden Zwischenprüfung.

Ministerial-Erlaß vom 3. Mai 1897 besonders betont ist. Zu beachten ist für bayerische Studierende namentlich, daß, da die schriftliche Vorprüfung zu Beginn des achten Semesters abzulegen ist, in der Hauptsache der Vorlesungsstoff schon in den ersten sieben Semestern absolviert sein muß. Im achten Semester sollte am besten nur noch Beteiligung an Übungen und etwaige Wiederholung früher gehörter Vorlesungen stattfinden.

Als selbstverständlich ergibt sich für bayerische Studierende ferner, daß derjenige Stoff, auf welchen sich das frühestens nach 3 Semestern abzulegende Zwischenexamen erstreckt — römische Rechtsgeschichte und System des römischen Privatrechts, deutsche Rechtsgeschichte und Grundzüge des deutschen Privatrechts — vor Eintritt in dieses Examen gehört und durch Übungen befestigt sein muß.

Mit dem Studium der Rechtswissenschaft haben bayerische Studierende ein eingehendes Studium der Staatswissenschaften zu verbinden.

Dieselben haben in den ersten drei Jahren der Studienzeit acht ordentliche Vorlesungen aus dem Lehrkreise der philosophischen Fakultät zu hören.

Für die Reihenfolge der rechts- und staatswissenschaftlichen Vorlesungen und Übungen lassen sich im einzelnen streng bindende Vorschriften nicht aufstellen. Als Anhaltspunkt dient aber, daß die historischen und privatrechtlichen Vorlesungen die Grundlage des Rechtsstudiums bilden und die öffentlich-rechtlichen im großen und ganzen jenen folgen sollen, ferner, daß der Zivilprozeß erst zu hören ist, wenn das materielle Privatrecht wenigstens großenteils absolviert ist, daß ebenso der Strafprozeß dem materiellen Strafrecht zu folgen hat, daß bei Teilung eines Lehrgegenstandes in einen allgemeinen und einen besonderen Teil dieser nach jenem zu hören ist, daß endlich die Beteiligung an Übungen sich an die theoretischen Vorlesungen über den entsprechenden Lehrgegenstand anschließen muß.

Dem allen nach kann über die Stellung der einzelnen Materien im Studiengange folgendes gesagt werden:

1. Einführung in die Rechtswissenschaft: 1. Semester. — 2. Römische Rechtsgeschichte: 1. oder 2. Semester. — 3. System des römischen Privatrechts: 1. oder 2. Semester. — 4. Römischer Zivilprozeß: 2. oder 3. Semester. — 5. Deutsche Rechtsgeschichte: 1. bis 3. Semester. — 6. Rechtsentwickelung in Bayern: etwa 4. oder 5. Semester (nach Nr. 5). — 7. Grundzüge des deutschen Privatrechts: 2. oder 3. Semester. — Übungen für Anfänger mit Bezug auf obige Gegenstände: 2. bis 4. Semester. — 8. Deutsches bürgerliches Recht: 2. bis 5. Semester, verteilt auf 2 Semester (nach Nr. 3 und 7). — 9. Handels-, Wechsel- und Seerecht, 3. bis 5. Semester (nachdem mindestens der allgemeine Teil von Nr. 8 gehört ist). — 10. Zivilprozeß 4. bis 6. Semester (nach Nr. 8). — 11. Konkursrecht: 5. bis 7. Semester (nach Nr. 10). — Übungen zu 8 bis 11: 4. bis 8. Semester. — 12. Strafrecht: 4. bis 6. Semester. — 13. Strafprozeßrecht: 5. bis 7. Semester (nach Nr. 12). — 14. Allgemeines Deutsches und Bayerisches Staatsrecht: 5. bis 7. Semester. — 15. Verwaltungsrecht: 6. oder 7. Semester (nach Nr. 14). — 16. Kirchenrecht: 4. bis 7. Semester. —

17. Völkerrecht: 6. bis 8. Semester. — 18. Theoretische Nationalökonomie: 3. bis 5. Semester. — 19. Praktische Nationalökonomie: 4. bis 6. Semester (nach Nr. 18). — 20. Finanzwissenschaft: 5. bis 7. Semester. — 21. Statistik: 5. bis 8. Semester. — Übungen zu Nr. 12—21: 5. bis 8. Semester.

III.
Promotionsordnungen der juristischen Fakultäten der drei Landesuniversitäten.

1. Die Promotionsordnung der juristischen Fakultät der Ludwigs-Maximilians-Universität zu München 1905.

§ 1. Die unerläßliche Voraussetzung der Promotion zum Doktor utriusque juris bildet das Bestehen eines Examen rigorosum bei der Fakultät.

§ 2. Diese Zulassung zum Examen rigorosum ist bedingt:

1) Durch das Reifezeugnis eines humanistischen Gymnasiums und den Nachweis eines mindestens dreijährigen Rechtsstudiums auf einer deutschen Universität, wobei die deutsch-österreichischen, schweizerischen und niederländischen Universitäten, sowie die Universität Dorpat nach altem Brauche den deutschen beigezählt werden. Das Rechtsstudium deutscher Reichsangehöriger muß den Vorschriften des § 2 des Gerichtsverfassungsgesetzes entsprechen;
2) bei Ausländern durch den Nachweis einer gleichwertigen Vorbildung;
3) durch die Einreichung einer in deutscher oder lateinischer Sprache geschriebenen Inauguralabhandlung in druckfertiger Gestalt, sowie deren Genehmigung seitens der Fakultät. Die Abhandlung muß wissenschaftlich beachtenswert sein und die Fähigkeit dartun, selbständig wissenschaftlich zu arbeiten. Die Drucklegung, bei welcher der Name des Referenten oder des Fakultätsmitgliedes, welches die Genehmigung beantragt hat, genannt werden muß, hat vor dem Promotionsakt zu erfolgen.

   Der Gesuchsteller hat seinem Gesuche ein Curriculum vitae beizulegen

§ 3. Das Examen rigorosum erstreckt sich auf alle Zweige der Rechtswissenschaft, jedoch mit Vermeidung des Eingehens auf einzelne Partikularrechte als solche.

§ 4. Die Promotion erfolgt durch Ausfertigung und Aushändigung des Doktordiploms.

§ 5. Die Leistungen des Kandidaten werden durch Fakultätsbeschluß festgestellt und im Diplom in folgenden Noten ausgedrückt:

summa cum laude,
magna cum laude,
cum laude,
rite.

§ 6. Von der Inauguralabhandlung sind der Regel nach 110 Exemplare gratis an die Universität abzuliefern; doch bleibt eine Ermäßigung dieser Ziffer für besondere Fälle vorbehalten. Vor Ablieferung dieser Pflichtexemplare wird das Diplom nicht ausgefertigt.

§ 7. Die Gebühren für das Examen rigorosum betragen 80 Mk., die Gebühren ferner für die Promotion selbst 270 Mk.; dabei sind die ersteren bereits bei der Meldung zum Examen zu erlegen, und werden dieselben auch in dem Falle nicht zurückerstattet, wenn das Ergebnis der Prüfung ein ungenügendes ist. Die Gebühren können in keinem Falle erlassen werden, kommen jedoch bei der Promotion von Bewerbern, welche eine von der promovierenden Fakultät gestellte Preisfrage gelöst haben, von Rechts wegen in Wegfall.

§ 8. Auf Ehrenpromotionen, welche die Fakultät vorzunehmen beschließt, finden obige Vorschriften keine Anwendung.

2. Die Promotionsordnung der rechts- und staatswissenschaftlichen Fakultät der Universität Würzburg. In Kraft getreten am 30. März 1906.

§ 1. In der rechts- und staatswissenschaftlichen Fakultät wird der Doktorgrad erteilt:

a) aus dem Gebiet der Rechtswissenschaft (Doctor iuris);
b) aus dem Gebiet der Staatswissenschaften (Doctor rerum politicarum);
c) aus dem Gebiet der Rechts- und Staatswissenschaften (Doctor iuris et rerum politicarum).

§ 2. Wer einen dieser Doktorgrade erwerben will, hat beim Dekanate einzureichen:

1) ein Gesuch, in dem der zu erwerbende Doktorgrad bezeichnet ist;
2) das Absolutorium eines deutschen humanistischen Gymnasiums; im Auslande vorgebildete Kandidaten haben ein dem Absolutorium eines humanistischen deutschen Gymnasiums entsprechendes Reifezeugnis vorzulegen;
3) Zeugnisse, welche ein dreijähriges akademisches Studium der Rechts- und Staatswissenschaften ausweisen;
4) eine in deutscher Sprache verfaßte druckfertige Abhandlung, die im Falle des § 4 a aus dem Gebiete der Rechtswissenschaft, im Falle des § 4 b aus dem Gebiete der Staatswissenschaften, im Falle des § 4 c aus dem einen oder andern Gebiet entnommen sein und am Schluß die ehrenwörtliche Versicherung des Doktoranden enthalten muß, daß er sie — abgesehen von der üblichen seminaristischen Anleitung — ohne fremde Hilfe verfaßt habe, auch andere Quellen und Hilfsmittel als die angegebenen nicht benützt habe;
5) eine Darstellung seines Lebenslaufes und Bildungsganges, wobei auch anzugeben ist, ob und mit welchem Erfolge der Kandidat sich bereits Staatsprüfungen unterzogen und ob er sich bei einer andern Fakultät schon um den Doktorgrad beworben hat;

6) die Quittung der Quästur über die erfolgte Einzahlung von 350 Mk. Gebühren;
7) ein von der öffentlichen Behörde ausgestelltes Zeugnis über tadelfreies Vorleben, soferne nicht der Kandidat noch an einer deutschen Universität immatrikuliert ist oder im staatlichen Vorbereitungsdienst oder in einem öffentlichen Amt sich befindet.

§ 3. Die Dissertation muß wissenschaftlich beachtenswert sein und die Fähigkeit des Kandidaten dartun, selbständig wissenschaftlich zu arbeiten.

Genügt sie dieser Anforderung nicht, so wird sie zurückgewiesen und der Kandidat erhält seine Zeugnisse und seine Gebühren abzüglich 60 Mk. zurück; die Fakultät behält sich das Recht vor, das Manuskript der zurückgewiesenen Abhandlung zurückzubehalten.

Ausnahmsweise kann die Fakultät beschließen, daß die Abhandlung dem Verfasser zur Umarbeitung zurückgegeben und innerhalb einer zu bestimmenden Frist der Fakultät wieder vorgelegt werde.

§ 4. Bei jenen Kandidaten, welchen für Bearbeitung der von der rechts- und staatswissenschaftlichen Fakultät aufgestellten Preisaufgaben der Preis zuerkannt worden ist, vertritt die Preisschrift die Stelle der approbierten Inauguraldissertation.

In diesem Falle werden von den in § 5 Ziff. 6 erwähnten Gebühren die der Fakultät zukommenden 286 Mk. nicht erhoben.

§ 5. Ist eine Abhandlung von der Fakultät angenommen, so wird dem Kandidaten von dem Dekan ein Termin zur Ablegung des mündlichen Examens gestellt, das wenigstens zwei Stunden dauert und zu dem sämtliche ordentliche Mitglieder der Fakultät eingeladen werden.

Im Falle des § 4 a erstreckt sich die mündliche Prüfung auf Zivilrecht, Zivilprozeß, Strafrecht, Strafprozeß, Staats-, Verwaltungs-, Völker- und Kirchenrecht, sowie auf politische Ökonomie, sämtlich mit Einschluß des historischen Teils, im Falle des § 4 b auf Volkswirtschaftslehre, Volkswirtschaftspolitik, Finanzwissenschaft, Statistik, Staats-, Verwaltungs- und Völkerrecht, sämtlich mit Einschluß des historischen Teils.

Im Falle des § 4 c erstreckt sich die Prüfung auf alle im vorigen Absatz benannten Fächer, dauert aber wenigstens $2^1/_2$ Stunden, wobei der Kandidat eingehender in den staatswissenschaftlichen Fächern geprüft wird, wenn die Dissertation eine juristische ist, und eingehender in den juristischen Disziplinen, wenn die Dissertation eine staatswissenschaftliche im engeren Sinne ist

§ 6. Jeder der examinierenden Professoren gibt über das Resultat seiner Prüfung eine Note ab, sodann wird unter besonderer Berücksichtigung des Wertes der Dissertation die in das Diplom aufzunehmende Gesamtnote festgestellt, und zwar in der Abstufung:

I. Note = summa cum laude,
II. „ = magna cum laude,
III. „ = cum laude,
IV. „ = rite.

§ 7. Zieht ein Kandidat sein Gesuch (§ 5) vor der mündlichen Prüfung zurück, so werden von den Gebühren 60 Mk. zurückbehalten.

Besteht ein Kandidat die mündliche Prüfung nicht, so verfällt die Hälfte der Gebühren.

Eine Wiederholung der Prüfung findet nicht statt.

§ 8. Hat der Kandidat die Prüfung bestanden, so hat er seine Abhandlung nach Vornahme etwaiger von der Fakultät verlangten Verbesserungen drucken zu lassen und innerhalb Jahresfrist die jeweils vorgeschriebene Anzahl von Druckexemplaren bei dem Universitätsquästor einzureichen. Wird die Frist nicht eingehalten, so kann die Erteilung des Doktorgrades verweigert werden.

Die gedruckte Abhandlung muß auf dem Titelblatt als Inauguraldissertation der rechts- und staatswissenschaftlichen Fakultät bezeichnet sein, zugleich den Doktorgrad (§ 4) angeben, der erworben wird und auf der Rückseite des Titelblattes den Namen des Referenten enthalten.

§ 9. Nach Ablieferung der Dissertationsexemplare (§ 11) erhält der Promovendus als Verleihungsurkunde das Doktordiplom, welches vom Dekan mit dem Datum des Tages, an welchem die gedruckte Dissertation ihm zugestellt worden ist, ausgefertigt, vom Rektor und Universitätssyndikus mit unterzeichnet und mit dem Fakultäts- und Universitätssiegel versehen wird. Die Kosten der Herstellung des Diploms werden von der Fakultätskasse getragen.

§ 10. Wer sich durch originelle und vorzügliche Schriften ausgezeichnet oder sonst um die Wissenschaft oder um die Förderung des deutschen Rechts- und Staatslebens ausnehmend verdient gemacht hat, kann durch einstimmigen Fakultätsbeschluß zum Doctor honoris causa promoviert werden.

In diesem Falle werden keinerlei Gebühren erhoben. Das Diplom erhält das Datum des Tages, an welchem von der Fakultät die Verleihung des Ehrendoktors beschlossen wurde, es sei denn, daß die Fakultät ausdrücklich einen andern Tag z. B. den der Verkündigung anläßlich einer festlichen Gelegenheit als Verleihungstag bestimmt.

§ 11. Die Söhne der an der hiesigen Universität fungierenden, emeritierten oder verstorbenen ordentlichen, außerordentlichen und Honorarprofessoren, Privatdozenten, Lektoren, Beamten und Bediensteten erhalten im Falle erfolgreicher Promotion die Gebühren abzüglich 88 Mk. zurück.

3. Die Promotionsordnung der Juristen-Fakultät der Universität Erlangen vom 23. Mai 1905.

§ 1. Der Grad des Doktors beider Rechte wird nur auf Grund einer vom Bewerber in deutscher oder lateinischer Sprache verfaßten druckfertigen Inauguraldissertation, sowie einer bei der Fakultät wohlbestandenen mündlichen Prüfung verliehen.

§ 2. Die Inauguraldissertation muß wissenschaftlich beachtenswert sein und die Fähigkeit des Bewerbers zu selbständiger wissenschaftlicher Arbeit dartun.

Der äußeren Form nach muß sie durchaus lesbar geschrieben, paginiert und mit einem Inhaltsverzeichnis versehen sein. Die Zitate aus der Literatur sind nach Band, Seite, Ausgabe und zwar, wo möglich, nach der neuesten Ausgabe des Werkes genau anzugeben. Ferner ist auf besonderem Bogen die ehrenwörtliche Erklärung beizufügen, daß der Verfasser die Arbeit selbständig angefertigt und außer den in einem Literaturverzeichnis anzugebenden Hilfsmitteln keine weiteren benutzt habe. Das Literaturverzeichnis ist ebenfalls auf einen besonderen Bogen zu setzen.

§ 3. Die mündliche Prüfung erstreckt sich auf alle Zweige der Rechtswissenschaft, jedoch mit Vermeidung des Eingehens auf Partikularrechte als solche. Der Kandidat hat tüchtige Schulung und ausgebildetes juristisches Urteil zu beweisen.

Die Prüfung währt zwei Stunden. Nur bei zwingenden Gründen werden gleichzeitig mehrere Bewerber geprüft.

§ 4. Jeder Bewerber um den Doktorgrad hat die Zulassung mittels eines an die Fakultät zu richtenden Schreibens nachzusuchen, welchem er beilegen muß:

1. ein curriculum vitae,
2. den Nachweis des Reifezeugnisses eines deutschen humanistischen Gymnasiums. Die Fakultät kann jedoch bei Angehörigen solcher Bundesstaaten, die den Realabiturienten den Zugang zum Rechtsstudium geöffnet haben, den Nachweis eines Realgymnasial-Reifezeugnisses genügen lassen.

   Ist die Vorbildung im Auslande erworben, so muß ihre Gleichwertigkeit mit der erforderlichen inländischen Vorbildung nachgewiesen werden;
3. den Nachweis eines dreijährigen akademischen Studiums der Rechts- und Staatswissenschaft.

Gleichzeitig hat der Bewerber eine Erklärung darüber abzulegen, ob und mit welchem Erfolge er sich bereits anderen juristischen (Staats- oder Doktor-) Prüfungen unterzog. Bestand ein Bewerber die erste juristische Staatsprüfung nicht, so kann seine Zulassung zur Promotion erst erfolgen, wenn derjenige Zeitraum verflossen ist, nach dessen Ablauf derselbe zur Wiederholung der Staatsprüfung berechtigt wäre. Bewerber, die zweimal in der ersten Staatsprüfung unterlagen, werden überhaupt nicht zugelassen.

§ 5. Der Bewerber hat zuerst die Dissertation einzureichen und sich nach Genehmigung derselben seitens der Fakultät zur mündlichen Prüfung zu stellen.

Die Meldung zum zweiten Teile der Prüfung muß innerhalb eines Jahres nach Bestehen ihres ersten Teiles erfolgen.

Als Noten werden erteilt:

I. ausgezeichnet (summa cum laude),
II. sehr gut (magna cum laude),
III. gut (cum laude),
IV. bestanden (rite).

§ 6. Nach beendeter Prüfung findet die Ernennung zum Doktor durch Erteilung des Doktordiplomes statt. Diese erfolgt erst nach Einlieferung der gedruckten Exemplare der Dissertation. Einzuliefern sind 200 Druckexemplare. Der Name des Referenten ist auf der Innenseite des Titelblattes der Dissertation zu vermerken.

§ 7. Die gesamten Promotionsgebühren betragen 300 Mk. Hiervon sind 110 Mk. mit dem Gesuche einzuzahlen. Der Rest ist zu erlegen, wenn der Bewerber sich zum zweiten Teile der Prüfung meldet.

Wird der Bewerber zurückgewiesen, so verfallen 110 Mk.; der Rest wird zurückerstattet. Im Falle der Einreichung einer neuen Dissertation oder der Wiederholung der mündlichen Prüfung sind 110 Mk. neu einzuzahlen, wenn nicht die Fakultät den Bewerber hiervon befreit.

Für das Diplom sind außerdem 17 Mk. und, wenn es auf Pergament mit Siegelkapsel ausgestellt werden soll, 26 Mk. 43 Pfg. zu entrichten. Diese Beträge werden zuzüglich der Verpackungskosten durch Nachnahme erhoben. (Es empfiehlt sich, diese Beträge nicht mit den Gebührenraten einzuzahlen.)

§ 8. Die Gesuche und Geldsendungen sind an das Dekanat der Juristenfakultät zu richten.

Die 200 Exemplare der Dissertation werden an die Universitätskanzlei gesendet.

IV.

1. Bekanntmachung,

die Verehelichung der Staatsdienstadspiranten und der nur widerruflich im öffentlichen Dienste verwendeten Individuen betreffend vom 20. August 1868 (RBl. S. 1609).

Staatsministerium des k. Hauses und des Aeußern, der Justiz, des Innern, des Innern für Kirchen- und Schulangelegenheiten, der Finanzen, dann Staatsministerium des Handels und der öffentlichen Arbeiten.

Seine Majestät der König haben die Bestimmungen über die Verehelichung der Staatsdienstadspiranten und der nur widerruflich im Staatsdienste verwendeten Individuen einer Revision unterziehen lassen, und Allerhöchst zu bestimmen geruht:

1. Alle für einen öffentlichen Dienst, dessen Übertragung vom Staatsoberhaupte oder einer Staatsbehörde ausgeht, als Adspiranten vorgemerkten Personen, sowie alle in einem derartigen Dienste nur auf Ruf und Widerruf verwendeten Individuen haben vor der Verehelichung oder Wiederverehelichung dem Vorstande derjenigen Stelle oder Behörde, bei welcher sie verwendet oder als Adspiranten vorgemerkt sind, eine schriftliche Anzeige von ihrem Vorhaben und der getroffenen Wahl zu erstatten.

2. Die einkommende Anzeige ist sofort vom dienstlichen Standpunkte aus zu würdigen und hienach

a) wenn ein dienstliches Bedenken nicht obwaltet, dies dem Beteiligten schriftlich zu eröffnen,

b) wenn aber ein dienstliches Bedenken besteht, dem Beteiligten bekanntzugeben, daß er im Falle des Vollzuges seiner Verehelichung die Entlassung aus der Verwendung, beziehungsweise die Streichung aus der Liste der Bewerber um Anstellung zu gewärtigen habe.

3. Individuen, welche unter Nichtbeachtung der vorstehenden Vorschriften eine Ehe schließen, sind sofort von jeder dienstlichen Verwendung zu entfernen, beziehungsweise aus der Liste der Bewerber um Anstellung zu streichen.

4. Die Anzeigen, wie die hierauf ergehenden Eröffnungen sind tax- und stempelpflichtig, allenfallsige Erhebungen jedoch als Amtssache zu behandeln.

5. Gegenwärtige Vorschriften treten mit dem 1. September 1868 an die Stelle der Bekanntmachung vom 14. Juni 1854, die Verehelichung der Staatsdienstadspiranten und der nur widerruflich im Staatsdienste verwendeten Individuen betr.

München, den 20. August 1868.

2. Allerhöchste Verordnung,

die Teilnahme der Staats- und öffentlichen Diener an Vereinen betr. vom 15. März 1850. (RBl. S. 241).

Wir finden Uns bewogen, mit Rücksicht auf das publicirte Gesetz vom 26. Februar d. J. bezüglich der Versammlungen und Vereine den Eid, welchen jeder für den Staats- oder öffentlichen Dienst verpflichtet werdende Diener nach den Verordnungen vom 4. November 1799, 5. März 1804 und 13. September 1814 wegen Nichtteilnahme an geheimen Gesellschaften zu leisten hat, dahin abzuändern:

„daß der Schwörende keinem Vereine, dessen Bildung dem Staate nicht angezeigt ist, angehöre, noch je angehören werde, dann daß derselbe in keinem Verbande mit einem Vereine verbleiben werde, dessen Schließung von der zuständigen Polizeistelle oder Behörde verfügt worden ist, oder an welchem ihm die Teilnahme in Gemäßheit der jeweils bestehenden Disciplinar-Vorschriften untersagt sein wird".

Nach dieser Formel sollen die Neueintretenden verpflichtet werden, und auch Diejenigen sich richten, welche bisher nach der Formel vom 13. September 1814 beeidigt worden sind, und dadurch größere, ihnen jetzt erlassene Verpflichtungen übernommen haben.

Unsere Staatsminister des Hauses und des Äußern, der Justiz, des Innern, des Innern für Kirchen- und Schul-Angelegenheiten, der Finanzen und des Handels und der öffentlichen Arbeiten sind, jeder hinsichtlich der seinem Ministerium Untergebenen, mit dem Vollzuge dieser Verordnung beauftragt, welche im Regierungsblatte und im Amtsblatte der Pfalz bekannt gemacht werden soll.

München, den 15. März 1850.

Sachregister.

(S. bedeutet Seite, die kleinen Ziffern oder das Zeichen * über einem Paragraphen bedeuten die Anmerkungen.)

N.

O.

P.

T.

U.

V.

W.

Z.